KERSTIN HÖNER, MAIKE LOOß, RAINER MÜLLER, ALEXANDER STRAHL (Hg.)

Naturwissenschaften vermitteln:
Von der frühen Kindheit bis zum Lehrerberuf

Naturwissenschaften vermitteln –
Braunschweiger Beiträge zu Lehrerbildung und Fachdidaktik
Bd. 5
Herausgeber: KERSTIN HÖNER, MAIKE LOOß, RAINER MÜLLER, ALEXANDER STRAHL

BoD

Umschlag: ALEXANDER STRAHL und KERSTIN HÖNER
Grafiken und Bilder: bei den jeweiligen Autor_innen
Layout: ALEXANDER STRAHL und ULRIKE HEYER

K. HÖNER, M. LOOß, R. MÜLLER, A. STRAHL (HG.) (2016) *Naturwissenschaften vermitteln: Von der frühen Kindheit bis zum Lehrerberuf.* BoD – Books on Demand, Norderstedt

Aus der Reihe: Naturwissenschaften vermitteln – Braunschweiger Beiträge zu Lehrerbildung und Fachdidaktik Bd. 5

1. Auflage 2016, Braunschweig
Herstellung und Verlag:
BoD – Books on Demand, Norderstedt
ISBN 978-3-7392-1733-8

Inhalt

KERSTIN HÖNER, ALEXANDER STRAHL, VERENA PIETZNER, RAINER MÜLLER, AXEL EGHTESSAD, MAIKE LOOß, KONSTANTIN KLINGENBERG, DAGMAR HILFERT-RÜPPELL 7

Aspekte des naturwissenschaftlichen Unterrichts in der Beurteilung von Lehramtsstudierenden

ALEXANDER STRAHL, KERSTIN HÖNER, RAINER MÜLLER, AXEL EGHTESSAD, VERENA PIETZNER, MAIKE LOOß, KONSTANTIN KLINGENBERG, DAGMAR HILFERT-RÜPPELL 25

Auf alle Fälle Experimente? – Vorstellungen von Lehramtsstudierenden zum naturwissenschaftlichen Unterricht und zum Einsatz von Experimenten

KERSTIN HÖNER, INSKE PREIßLER, MAIKE LOOß, RAINER MÜLLER 59

Geschlechterunterschiede im Hinblick auf Interessen von Kindergartenkindern an Natur und Technik

KERSTIN HÖNER, INSKE PREIßLER, MAIKE LOOß, RAINER MÜLLER 79

Expedition Naturwissenschaften – naturwissenschaftliche Denk- und Arbeitsweisen in der frühkindlichen Bildung vermitteln?

VERENA PIETZNER 105

Das Wissen von Chemielehrkräften über Schülervorstellungen

CHRISTINA BAUMGÄRTNER, KERSTIN HÖNER 121

Diagnose von Schülerleistungen im Chemieunterricht – eine Übersicht

ANNA GIESSEL, KERSTIN HÖNER 173

Mathematisch-naturwissenschaftliche Talente diagnostizieren – eine Fallstudie

DAGMAR HILFERT-RÜPPELL, AXEL EGHTESSAD, MAIKE LOOß, KERSTIN HÖNER 201

Relevanz und Qualität der universitären Lehrerausbildung hinsichtlich der Anforderungen im Referendariat in den naturwissenschaftlichen Fächern aus Sicht der Referendare – Ergebnisse einer niedersachsenweiten Befragung

Vorwort zu Band 5

Im fünften Band der Schriftenreihe „Braunschweiger Beiträge zu Lehrerbildung und Fachdidaktik" werden im Wesentlichen zwei Schwerpunktthemen behandelt.

In vier Beiträgen geht es um Professionalisierungsprozesse über die drei Phasen der Lehrerbildung hinweg – vom Studium über das Referendariat bis zur Berufsphase.

Die Beiträge von Kerstin Höner et al. und Alexander Strahl et al. beschäftigen sich mit Vorstellungen und Einsichten von Lehramtsstudierenden zu verschiedenen Aspekten des naturwissenschaftlichen Unterrichts. Daran anknüpfend beleuchtet der Artikel von Dagmar Hilfert-Rüppell et al. die Relevanz und Qualität der universitären Lehrerbildung im Hinblick auf die Anforderungen im Referendariat. Verena Pietzner widmet sich der dritten Phase der Lehrerbildung hinsichtlich der Kenntnisse von Chemielehrkräften über Schülervorstellungen.

Einen zweiten Schwerpunkt stellen die Beiträge dar, deren Inhalte sich zum weiten Feld der Diagnose zuordnen lassen. In zwei Beiträgen von Kerstin Höner et al. werden empirische Ergebnisse der Begleitforschung eines Kitaprojektes vorgestellt. Der eine Artikel fokussiert dabei auf Geschlechterunterschiede im Hinblick auf Interessen in der frühen Kindheit, während der zweite Artikel sich der Fragestellung widmet, ob naturwissenschaftliche Denk- und Arbeitsweisen bereits im Kitaalter vermittelt werden können.

Anna Giessel und Kerstin Höner gehen der Frage nach, ob und wie sich mathematisch-naturwissenschaftliche Begabungen diagnostizieren lassen und berichten über eine Fallstudie.

Christina Baumgärtner und Kerstin Höner stellen verschiedene Diagnoseinstrumente für den Chemieunterricht im Überblick dar, die sich sicherlich auch in weiten Teilen auf die Fächer Biologie und Physik übertragen lassen.

Dieser Band der Schriftenreihe wendet sich wieder an eine breite Leserschaft: an Studierende der Lehramtsstudiengänge der naturwissenschaftlichen Fächer, an Anwärter_innen und Referendar_innen sowie Lehrkräfte im Beruf.

August 2015

KERSTIN HÖNER, MAIKE LOOß, RAINER MÜLLER, ALEXANDER STRAHL

Aspekte des naturwissenschaftlichen Unterrichts in der Beurteilung von Lehramtsstudierenden

KERSTIN HÖNER, ALEXANDER STRAHL, VERENA PIETZNER, RAINER MÜLLER, AXEL EGHTESSAD, MAIKE LOOß, KONSTANTIN KLINGENBERG, DAGMAR HILFERT-RÜPPELL

Kurzfassung
Mit Hilfe eines Fragebogens wurde untersucht, welche Vorstellungen Lehramtsstudierende verschiedener Fächer vom Lehren und Lernen in den Naturwissenschaften haben. Der Focus der Untersuchung lag in der Erhebung von verschiedenen Aspekten von Scientific Literacy. Die Ergebnisse wurden nach Studienfächern, Studienzielen und Studiendauer differenziert. Die Ergebnisse zeigen, dass es zum Teil Unterschiede zwischen den Gruppen gibt.

1. Einleitung

Naturwissenschaftliche Bildung steht spätestens seit den Ergebnissen von TIMSS und PISA auch in Deutschland auf dem Prüfstand (PISA, 2000; PISA, 2003; PISA, 2006; TIMSS 2000; BOS, BONSEN, BAUMERT, PRENZEL, SELTER & WALTHER, 2008). Verschiedene Studien haben gezeigt, dass das in der Schule erworbene Wissen junger Menschen lückenhaft ist, und dass mit der Dauer der Schulzeit ein zunehmendes Desinteresse an den naturwissenschaftlichen Schulfächern festzustellen ist (GRÄBER, NENTWIG, KOBALLA & EVANS, 2002; HÖNER & GREIWE, 2000). Die Ziele des naturwissenschaftlichen Unterrichts werden seitdem besonders unter dem Aspekt der „Scientific Literacy" (naturwissenschaftliche Grund- bzw. Allgemeinbildung) diskutiert. Scientific Literacy kann als Schnittmenge verschiedener Kompetenzen aus den Bereichen Wissen, Handeln und Bewerten angesehen werden (GRÄBER, NENTWIG & NICOLSON, 2002). Die zu erlangenden Kompetenzen sollen vielfältig nutzbar, anschlussfähig und für das Individuum in der Gesellschaft nützlich sein. Wichtige Auswahlkriterien für Ziele und Inhalte des naturwissenschaftlichen Unterrichts sind z. B. die Anknüpfung an der Lebenswelt und die Orientierung an den Interessen der Jugendlichen. Es fand ein Wandel von einer Orientierung an den Fachdisziplinen hin zu einer Kontextorientierung statt: Der Unterricht soll interdisziplinär angelegt werden, indem ökonomische, technische, gesellschaftliche und ökologische Aspekte miteinander verbunden werden. Allerdings wird auch davor gewarnt, in ein Extrem zu verfallen, da lebensweltliche Kontexte häufig zu komplex sind und eben auch Faktenwissen erfordern (GRÄBER et al., 2002). Schließlich sollen die Schülerinnen und Schüler Verantwortung für den eigenen Lernprozess übernehmen und selbstgesteuert lernen. Diese Selbstverantwortung zielt auf das von der Lehrkraft unabhängige Lernen. Während früher der naturwissenschaftliche Unterricht in den Fächern Biologie, Chemie und Physik erst in der Sekundarstufe I und da, je nach Schulform und Bundesland, ab Klasse 7 bis 9 begann, wird heute in der Regel bereits in der vorschulischen Bildung mit ersten naturwissenschaftlichen Erfahrungen begonnen. Der Unterricht setzt sich dann im Sachunterricht der Grundschulen und anschließend in den Klassenstufen 5 und 6 fort, bevor ein stärker fachlich orientierter Unterricht in den getrennten Fächern (Biologie, Chemie, Physik) stattfindet. Der frühe naturwissenschaftliche Unterricht knüpft in der Regel an Themen aus der Lebenswelt der Kinder an und soll Freude und Interesse an der Beobachtung von Naturphänomenen wecken. Der weiterführende Unterricht hingegen soll zusätzlich in systematischer Weise zum Verstehen von Naturgesetzen und deren Anwendung in verschiedenen Bereichen einführen, so dass wesentliche Kompetenzen im Sinne der Scientific Literacy bereits Ende der Sekundarstufe I entwickelt sein sollen. Im Unterricht der Sekundarstufe II wird die Fachspezifik zunehmend mehr betont, aber auch hier sollen sie in entsprechenden Kontexten vermittelt werden.

Bei der Planung und Durchführung von Unterricht spielen Auffassungen der Lehrpersonen eine wichtige Rolle (TESCH & DUIT, 2004; VON AUFSCHNAITER, 2006). Es scheint deshalb interessant, zu untersuchen, welche Vorstellungen angehende Lehrkräfte zu diesen ausgewählten Aspekten des naturwissenschaftlichen Unterrichts haben, und ob es Unterschiede zwischen verschiedenen Probanden gibt.

2. Ausgangspunkt und Fragestellung der Studie

In einer Studie von JONAS-AHREND (2004) wurden Physiklehrer und einige Physiklehramtsstudierende hinsichtlich ihrer Vorstellungen zum Lehren und Lernen im Physikunterricht untersucht. Im Mittelpunkt stand dabei der Einsatz des Experiments im Unterricht. Die Daten wurden mithilfe eines Fragebogens, anhand von Interviews und einer Videostudie gewonnen. Im sechsten Komplex des verwendeten Fragebogens sollten die Probanden ihre Einschätzungen zu Zielen und Zwecken des Physikunterrichts vor allem unter methodischen und inhaltlichen Aspekten beurteilen. Aussagen zur Bedeutung der Vermittlung von Arbeitsmethoden und Fachwissen, zur Vorbereitung auf einen späteren Beruf, zu fachübergreifenden inhaltlichen Aspekten und zur Anknüpfung an Alltagsvorstellungen und Naturphänomene mussten von den Probanden bewertet werden. Es wurde des Weiteren danach gefragt, wie wichtig das Interesse und die Freude am Unterricht sind und welchen Stellenwert dabei das Durchführen von Experimenten aus vermeintlicher Sicht der Schüler und Schülerinnen und aus Sicht der Probanden hat, wobei nicht zwischen Lehrer- und Schülerexperimenten unterschieden wurde.

Die zu bewertenden Aspekte sind unserer Einschätzung nach nicht nur für den Physikunterricht relevant (s. Tab. 4), sondern für den naturwissenschaftlichen Unterricht insgesamt, da wesentliche Fragestellungen zur Scientific Literacy angesprochen werden. Dieses betrifft den frühen naturwissenschaftlichen Unterricht in der Grundschule und in den Jahrgangsstufen 5 und 6 sowie den Biologie-, Chemie- und Physikunterricht der Sekundarstufe I ab Klasse 7 und der Sekundarstufe II. Die Studie von JONAS-AHREND (2004) bildet den wesentlichen Anknüpfungspunkt für die vorliegende Untersuchung. Die Items wurden lediglich dahingehend modifiziert, dass das Wort „Physik" durch „Naturwissenschaften" ausgetauscht wurde.

Die Items (1, 3a-f, 5a + b)[1] des Fragebogens (s. Tabelle 4) thematisieren das Unterrichtsziel, dass neben dem (notwendigen) Fachwissen vor allem Bezüge zur Umwelt und Gesellschaft hergestellt werden sollen, und dass der Unterricht für die Schülerinnen und Schüler anwendbar und nützlich sein soll. Dies setzt eine Kontextorientierung und Ganzheitlichkeit voraus, wie es auch mit den Items 5 und 6 thematisiert wird.

---

[1] Im ursprünglichen Fragebogen war die Nummerierung der Items verschieden.

Item 4 beschäftigt sich mit affektiven Aspekten des Lernens. Es ist lange bekannt, dass die affektive Haltung gegenüber dem gelernten Inhalt den Lernzuwachs im kognitiven Bereich wesentlich beeinflusst (PFEIFER, HÄUSLER & LUTZ, 1992). Mit Item 8 wird darüber hinaus noch der in den Naturwissenschaften viel diskutierte Genderaspekt aufgegriffen. Aus verschiedenen Untersuchungen ist bekannt, dass die Fächer Chemie und Physik besonders bei den Mädchen unbeliebt sind, sodass seit langem gefordert wird, sich deren Interessen besonders zu widmen (MUCKENFUß, 1995; HÖNER & GREIWE, 2000), obwohl gerade die PISA-Studien zeigen, dass die Mädchen ca. 40 Punkte vor den Jungen liegen, was einem Schuljahr entspricht (PISA, 2006).

Da Experimente im Unterricht aller drei Naturwissenschaften einen wichtigen Stellenwert einnehmen, wird dieser Aspekt einmal als Einschätzung der Meinung, wie Schülerinnen und Schüler das sehen, abgefragt (Item 10) und einmal als eigene Meinung der Probanden (Item 11). Allerdings geht es hier mehr um die motivierende Wirkung und nicht um die Bedeutung des Experiments als Weg der Erkenntnisgewinnung. Hinsichtlich des Einflusses von Experimenten auf die Fachbeliebtheit bzw. Motivation gibt es unterschiedliche Aussagen. In mehreren Untersuchungen konnte gezeigt werden, dass sich (zumindest anfänglich) die Fachbeliebtheit durch Schülerexperimente steigert (DEMUTH, 1981; BECKER et al., 1992; WANJEK, 2001), dass sich der positive Effekt aber mit der Zeit abnutzt (NÜMANN, 1985). Tendenziell wünschen sich Schülerinnen und Schüler aber einen experimentellen Unterricht.

Die Zielsetzung, dass der Unterricht berufsqualifizierend sein soll und damit eher zweckgebunden, wird mit Item 2 abgefragt. Ebenso wird die Bedeutung des selbstständigen Lernens (Item 9) thematisiert, das Voraussetzung für ein lebenslanges Lernen ist. Die Bedeutung des Bearbeitens von Aufgaben im Unterricht ist in den Fächern Biologie, Chemie und Physik vor allem in der Sek. I wahrscheinlich unterschiedlich gewichtet, nimmt aber in der Sek. II einheitlich zu (Item 7).

Die Fragestellungen der vorliegenden Studie lauten:
- Welche der ausgewählten Aspekte des naturwissenschaftlichen Unterrichts halten Lehramtsstudierende für wichtig?
- Lassen sich Gruppen von zukünftigen Lehrkräften ausmachen, die sich in ihren Vorstellungen unterscheiden?

3. Anlage der Untersuchung

Für die anonyme Erhebung der Daten wurden Studierende an drei Universitäten befragt. Die Probanden setzten sich aus Studierenden zusammen, welche eine biologie-, chemie- oder physikdidaktische Veranstaltung oder eine Veranstaltung zum Sachunterricht besuchten. Insgesamt wurden Studierende aller drei Naturwissenschaften (Biologie, Chemie, Physik), der Mathematik und des Sachunterrichts sowie Studierende, die weder Naturwissenschaften oder Mathematik studieren, in die Untersuchung einbezogen Der Fragebogen enthielt neben allgemeinen Angaben zu Alter, Studienfach, Studiendauer den hier vorgestellten Aussagenteil „Zum naturwissenschaftlichen Unterricht".

Da je nach Schulform andere Ansprüche an den naturwissenschaftlichen Unterricht gestellt werden, wurde auch das angestrebte Studienziel (Schulform) erhoben, um zu untersuchen, ob sich die Vorstellungen Studierender mit unterschiedlichem Studienziel voneinander unterscheiden. Das Querschnittsdesign ermöglicht zwar keine zeitliche Entwicklung der Einstellungen abzubilden, kann aber Hinweise darauf geben, ob Studierende höherer Semester andere Einschätzungen haben als die Anfänger.

3.1. Probandenprofile

An der Querschnittserhebung nahmen 237 Studierende der Universitätsstandorte Braunschweig, Heidelberg und Würzburg teil. Aus ökonomischen Gründen handelt es sich bei der Auswahl der Probanden um eine Gelegenheitsstichprobe. Alle Probanden studierten Lehramt, davon 30 % den 2-Fächer-Bachelor-Studiengang und 70 % das „alte" Staatsexamens-Lehramt. Von den 237 Probanden sind 87,3 % weiblich. Die Verteilung der Probanden auf die Semester zeigt Tabelle 1.

Semester	Anteil (%)
1. + 2.	23,6
3. + 4.	42,2
≥5.	33,8

Tab. 1: Verteilung der Probanden auf Semester (N=237)

Das Studienziel „Grundschullehramt" liegt mit 69,1 %, gefolgt vom Haupt-/Realschullehramt, an der Spitze der angestrebten Studienabschlüsse. Der Anteil an Sonderschul- und Gymnasialstudierenden war relativ gering (s. Tab. 2).

Studienziel	%	Studienort	%
Sonderschule	8,6	Braunschweig	30,0
Grundschule	69,1	Heidelberg	56,5
Haupt-/ Realschule	15,9	Würzburg	13,5
Gymnasium	6,4		

Tab. 2: *Verteilung nach Studienziel und Studienort (N=237)*

Die prozentuale Verteilung auf die einzelnen Studienfächer der Probanden ist in Tabelle 3 angegeben. Es ergeben sich in Summe mehr als 100 %, da alle Studierenden mindestens zwei Fächer studieren.

Studienfach	%	Studienfach	%
Biologie	57,1	Germanistik	47,2
Chemie	22,3	Anglistik	4,3
Physik	7,7	Erdkunde	11,2
Mathematik	37,8	Sonstiges*	9,4
Sachunterricht	3,0		

* Religion 4,3 %, Geschichte 3,4 %, Haushalt und Textil 1,7 %

Tab. 3: *Studienfächer (N=237)*

10,1 % der Probanden studieren zwei naturwissenschaftliche Fächer, 30,8 % eine Naturwissenschaft in Kombination mit Mathematik, weitere 32,9 % eine Naturwissenschaft in Kombination mit einem anderen Fach als Mathematik. 50 Probanden (21,3 %) studieren weder eine Naturwissenschaft noch Mathematik oder Sachunterricht.

4. Auswertungen

In der folgenden Tabelle sind die Mittelwerte und Standardabweichungen der Gesamtgruppe angegeben. (5 = „trifft völlig zu" bis 1 = „trifft gar nicht zu")

Item	Mittelwert (N=237)	Standardabweichung
1. Es ist wichtiger, Arbeitsmethoden der Naturwissenschaften zu vermitteln als nur ein umfangreiches Faktenwissen.	4,01	2,12
2. Ziel des naturwissenschaftlichen Unterrichts ist es, auf eine spätere Berufsausbildung und -ausübung vorzubereiten.	3,10	1,56
3. Neben naturwissenschaftlichen Grundlagen gehören		
historische Betrachtungen,	3,22	0,94
technische Anwendungen,	3,93	0,68
Umweltprobleme,	4,43	0,69
Beziehungen zwischen Wissenschaft und Gesellschaft,	3,79	0,95
Ausblicke auf moderne Forschungsgebiete,	3,97	0,86
philosophische Fragestellungen,	2,87	1,15
zu einem zeitgemäßen Naturwissenschaftsunterricht.		
4. Im naturwissenschaftlichen Unterricht ist es wichtiger, Interesse und Freude an der Naturwissenschaft zu wecken, als möglichst viele Fachkenntnisse zu vermitteln.	3,90	0,87
5. Ausgangspunkt für naturwissenschaftliches Denken sollten		
Naturphänomene,	4,10	0,76
Alltagsvorstellungen der SchülerInnen sein.	4,38	0,76

6. Ein projektorientierter Naturwissenschaftsunterricht ist einem fachsystematischen Unterricht vorzuziehen.	3,73	0,94
7. Das Rechnen von Übungs- und Anwendungsaufgaben ist wichtig für das Verstehen von Naturwissenschaft.	3,02	0,93
8. Lehrkräfte sollten sich besonders um das Interesse der Mädchen bemühen.	2,63	1,09
9. Schülerinnen und Schüler müssen angeleitet werden, Naturwissenschaft auch selbstständig aus Büchern zu lernen.	3,26	0,98
10. Die meisten Schülerinnen und Schüler finden naturwissenschaftlichen Unterricht besser, wenn er mit Experimenten durchgeführt wird.	4,38	0,75
11. Ohne Experimente wird ein naturwissenschaftlicher Unterricht langweilig.	4,12	0,92

Tab. 4: Mittelwerte und Standardabweichungen „Zum naturwissenschaftlichen Unterricht"

Tendenziell wird allen Aussagen eher zugestimmt, aber einige Items weisen eine besonders hohe Zustimmung (Mittelwerte > 4) auf. Außerdem ist zu beachten, dass die Standardabweichungen z. T. sehr hoch sind.

Um zu überprüfen, ob sich das Antwortverhalten der Studierenden unterschiedlicher Fächer unterscheidet und ob die Studiendauer und das Studienziel (Schulform) einen Einfluss haben, wurden differenziertere Auswertungen vorgenommen.

4.1. Auswertungen nach Studienfächern

Es wurde der Kruskal-Wallis-Test für die Gruppenvariable „Fachkombinationen" aller Probanden durchgeführt. D.h. es wurde für jede Fachkombination z. B. Biologie/Deutsch, Chemie/Mathematik usw. eine Untergruppe gebildet. Es ergaben sich bei vier Items (Items 3 a, c, f, 8) signifikante Unterschiede. Dabei unterscheiden sich die mittleren Ränge der einzelnen Fachkombinationen der naturwissenschaftlichen Fächer und denen der Mathematik nicht so sehr, sondern nur die Gruppe der Studierenden ohne Naturwissenschaft und ohne Mathematik weist in allen vier Fällen den höchsten mittleren Rang auf. Aufgrund dieses Ergebnisses und um das Problem der vielen einzelnen Fachkombinationen mit unterschiedlicher Probandenzahl zu umgehen, wurde auf eine Einzelbetrachtung verzichtet und eine Aufteilung in zwei Gruppen vorgenommen. Alle Studierenden, die mindestens eine Naturwissenschaft und/oder Mathematik als Studienfach hatten, wurden in einer Gruppe zusammengefasst und alle anderen in einer zweiten Gruppe.

Im Vorfeld wurde auch untersucht, ob sich Unterschiede im Antwortverhalten bei Studieren mit einer oder mit zwei Naturwissenschaften identifizieren lassen. Das war nicht der Fall, so dass sich die beschriebene Zweiteilung der Probanden als sinnvoll erwiesen hat.

Item-Nr.	Aussage	Asympt. Signifikanz	Nawis u./o. Mathe Mittlerer Rang	Ohne Nawi & Mathe Mittlerer Rang
3a	Neben naturwissenschaftlichen Grundlagen gehören historische Betrachtungen zu einem zeitgemäßen Naturwissenschaftsunterricht.	0,000	106,57	145,17
3d	Neben naturwissenschaftlichen Grundlagen gehören Beziehungen zwischen Wissenschaft und Gesellschaft zu einem zeitgemäßen Naturwissenschaftsunterricht.	0,001	107,86	140,57
3f	Neben naturwissenschaftlichen Grundlagen gehören philosophische Fragestellungen zu einem zeitgemäßen Naturwissenschaftsunterricht.	0,002	107,61	139,66

4	Im naturwissenschaftlichen Unterricht ist es wichtiger, Interesse und Freude an der Naturwissenschaft zu wecken, als möglichst viele Fachkenntnisse zu vermitteln.	0,023	110,54	133,34
5a	Ausgangspunkt für naturwissenschaftliches Denken sollten Naturphänomene sein.	0,049	110,95	129,87
6	Ein projektorientierter Naturwissenschaftsunterricht ist einem fachsystematischen Unterricht vorzuziehen.	0,012	110,54	135,78
8	Lehrkräfte sollten sich besonders um das Interesse der Mädchen bemühen.	0,000	106,39	148,29

Tab. 5: Ergebnisse des Mann-Whitney-Tests für die Items mit signifikanten Unterschieden hinsichtlich der Gruppenvariable „Naturwissenschaft und/oder Mathematik" bzw. „ohne Naturwissenschaft und Mathematik" (N=237)

Interessanterweise sind es die Studierenden ohne Naturwissenschaften und ohne Mathematik, die hinsichtlich der interdisziplinären Bezüge (Items 3 a, d, f) und der geringeren Bedeutung der Fachsystematik im Vergleich zu anderen Aspekten häufiger zustimmen (Items 4 und 6). D. h., diese Studierenden schätzen die Berücksichtigung anderer Inhalte, als die rein fachlichen, wichtiger ein als die Studierenden mit Naturwissenschaften und/oder Mathematik. Bei Letzteren steht die Vermittlung von Fachkenntnissen mehr im Mittelpunkt des Unterrichts.

Wie man an den mittleren Rängen der Items 5a und 8 sieht, sind es auch bei diesen beiden Items die Studierenden ohne Naturwissenschaften und Mathematik, die den Items stärker zustimmen. D. h., diese Studierenden meinen eher, dass der Unterricht von Naturphänomenen ausgehen sollte. Interessant ist der Unterschied bei Item 8. Da die Probanden überwiegend Frauen waren, haben diese vielleicht eine subjektiv niedrigere Förderung im naturwissenschaftlichen Unterricht erhalten und deshalb auch andere Studienfächer gewählt, bzw. ihre Interessen liegen in anderen Bereichen. Da der Anteil der Studierenden ohne ein naturwissenschaftliches Fach und ohne Mathematik bei den Studierenden der Sonder- und Grundschule höher ist als bei den Haupt/Realschul- und Gymnasiums-Studierenden, können sich diese Ergebnisse natürlich auch noch mit der Variable Studienziel überschneiden.

4.2. Auswertungen nach Studienziel

In Tabelle 6 sind die Items aufgeführt, bei denen sich signifikante Unterschiede hinsichtlich des Studienziels ergeben haben.

Item-Nr.	Aussage	Asympt. Signifikanz	Studienziel / Richtung der Abweichung
3a	Neben naturwissenschaftlichen Grundlagen gehören historische Betrachtungen zu einem zeitgemäßen Naturwissenschaftsunterricht.	0,003	Haupt/Real geringste Zustimmung
3d	Neben naturwissenschaftlichen Grundlagen gehören Beziehungen zwischen Wissenschaft und Gesellschaft zu einem zeitgemäßen Naturwissenschaftsunterricht.	0,028	Haupt/Real geringste Zustimmung
6	Ein projektorientierter Naturwissenschaftsunterricht ist einem fachsystematischen Unterricht vorzuziehen.	0,007	Sonder/Grund höchste Zustimmung
7	Das Rechnen von Übungs- und Anwendungsaufgaben ist wichtig für das Verstehen von Naturwissenschaft.	0,014	Gymnasium höchste Zustimmung

Tab. 6: Ergebnisse des Kruskal-Wallis-Tests für die Items mit signifikanten Unterschieden hinsichtlich der Gruppenvariablen „Studienziel" (N=237)

Die Unterschiede bei den Items 3a und 3d lassen die Vermutung zu, dass Probanden mit dem Studienziel „Haupt/Realschule" den Aussagen weniger stark zustimmen, da sich dem Schulabschluss an einer Haupt- oder Realschule meist unmittelbar eine berufliche Ausbildung anschließt, die im schulischen Alltag zu einer stärkeren Gewichtung berufsvorbereitender Unterrichtsinhalte führt.

Der höhere mittlere Rang für das Studienziel „Sonder/Grundschule" bei Item 6 resultiert wahrscheinlich daraus, dass ein projektorientiertes Arbeiten an diesen Schulformen eine höhere Priorität genießt.

Das Rechnen von Aufgaben wird bevorzugt von den Studierenden des Lehramtes für Gymnasien für wichtig gehalten (Item 7). Diese Gewichtung kommt möglicherweise durch die stärkere fachwissenschaftliche Ausrichtung im Studium zustande. In der Regel wird aber auch an Gymnasien in den Naturwissenschaften mehr gerechnet als an den anderen Schularten. Umfangreichere, quantitative Betrachtungen spielen auch erst im Unterricht der Sekundarstufe II eine Rolle.

4.3. Auswertungen nach Studiendauer

Um zu untersuchen, ob sich die Studiendauer auf die Bewertungen auswirkt, wurden die Semester zu folgenden Gruppen zusammengefasst: 1. und 2. Semester, 3. und 4. Semester, höher als 5. Semester. In Tabelle 7 sind die Items mit signifikanten Unterschieden angegeben.

Item-Nr.	Aussage	Asympt. Signifikanz	Semester/ Richtung der Abweichung
3a	Neben naturwissenschaftlichen Grundlagen gehören historische Betrachtungen zu einem zeitgemäßen Naturwissenschaftsunterricht.	0,027	$\geq$ 5. Sem. höchste Zustimmung
3f	Neben naturwissenschaftlichen Grundlagen gehören philosophische Fragestellungen zu einem zeitgemäßen Naturwissenschaftsunterricht.	0,003	$\geq$ 5. Sem. höchste Zustimmung

| 5b | Ausgangspunkt für naturwissenschaftliches Denken sollten Alltagsvorstellungen der Schülerinnen sein. | 0,002 | $\geq$ 5. Sem. höchste Zustimmung |
| 10 | Die meisten Schülerinnen und Schüler finden naturwissenschaftlichen Unterricht besser, wenn er mit Experimenten durchgeführt wird. | 0,005 | 1. + 2. Sem. höchste Zustimmung |

Tab. 7: Ergebnisse des Kruskal-Wallis-Tests für die Items mit signifikanten Unterschieden hinsichtlich der Gruppenvariablen „Studiendauer" (N=237)

Mittelwertunterschiede nach bisheriger Studiendauer

Die höhere Zustimmung zu den Items 3a und 3f bei den Probanden höherer Semester (fünf oder mehr) weisen offenbar auf ein differenzierteres Bild dieser Probanden hinsichtlich fachübergreifender Kompetenzvermittlung von Unterricht hin bzw. auf eine größere Erfahrung mit dem Fach, da gerade historische und philosophische Bezüge erst später erkannt und verstanden werden. Studierende höherer Semester haben erkannt, dass neben Fachkenntnissen andere Inhalte für Schülerinnen und Schüler von Bedeutung sind. Ebenso haben sie bereits stärker realisiert (Item 5b), dass das Anknüpfen an die Alltagsvorstellungen der Schülerinnen und Schüler sinnvoll ist. Beim Item 10 sind es die Studierenden der Anfangssemester, die hier stärker zustimmen. Es kann vermutet werden, dass die unteren Semester noch nicht so viele methodische Variationsmöglichkeiten kennen gelernt haben, die in der Regel erst in höheren Semestern vermittelt werden. Eventuell kommt hier aber auch die größere Nähe zum eigenen Unterricht zum Ausdruck, weil sie selbst besonders die Experimente im Unterricht geschätzt haben. Dieses Ergebnis wird von MARKIC und EILKS (2011) bestätigt, die in einer Studie eine deutliche Veränderung der Sichtweise auf den Chemieunterricht während des Studiums feststellen konnten.

5. Zusammenfassung und Diskussion

Für die durchgeführte deskriptive Studie wurde ein Fragebogen verwendet, der für den Physikunterricht bereits aus der Literatur vorlag. Viele Aussagen des Fragebogens greifen Aspekte auf, die die Scientific-Literacy-Diskussion zu den Zielen des naturwissenschaftlichen Unterrichts wiedergeben und nicht nur für den Physikunterricht interessant sind. Der Fragebogen scheint geeignet, Vorstellungen von Studierenden und/oder Lehrkräften zu den ausgewählten Aspekten zu erfassen. Es ist aber möglich, dass die Aussagekraft der Ergebnisse eventuell dadurch eingeschränkt ist, dass die verwendeten Begriffe von den Befragten und den Befragern unterschiedlich definiert und interpretiert werden können.

Folgende Aussagen haben von allen Studierenden besonders hohe Zustimmungen erhalten (Mittelwerte > 4):

- die Vermittlung von Arbeitsmethoden ist wichtiger als reines Faktenwissen
- Umweltprobleme gehören in den naturwissenschaftlichen Unterricht
- Naturphänomene und Alltagsvorstellungen sollen Ausgangspunkte im naturwissenschaftlichen Unterricht sein
- Experimente gehören unter motivationalen Aspekten in den Unterricht

Studierende höherer Semester (> 5. Sem.) stimmten stärker als die Studienanfänger zu, dass neben den jeweils fachwissenschaftlichen Inhalten auch historische und philosophische Fragestellungen unterrichtsrelevant sind. Ebenso haben sie (vermutlich) in didaktischen Veranstaltungen gelernt, dass Alltagsbezüge der Unterrichtsinhalte förderlich für die Motivation sein können. Ähnliches trifft auf die Aussage zu, dass Experimente alleine nicht ausreichen, um einen interessanten, anregenden Unterricht zu gestalten. Studierende höherer Semester haben hier bereits eine differenziertere Sichtweise. Die Fachsystematik steht zu Studienbeginn noch mehr im Vordergrund, erst im Laufe des Studiums werden interdisziplinäre Bezüge für wichtiger erachtet. Die methodischen Variationsmöglichkeiten werden in der Regel auch erst später im Studium behandelt. Differenziert man die Ergebnisse nach Studierenden der Naturwissenschaften und/oder der Mathematik und nach Studierenden ohne diese Fächer, zeigt sich, dass die Fachsystematik für erstere entscheidender ist. Studierende nichtnaturwissenschaftlicher Fächer finden, dass Naturphänomene als Ausgangspunkt im Unterricht dienen sollten, und dass das Interesse der Mädchen besonders berücksichtigt werden müsste.

Hinsichtlich des Studienziels (Schulform) halten Studierende des Haupt- und Realschullehramts historische Bezüge sowie Beziehungen zwischen Wissenschaft und Gesellschaft für weniger wichtig bei der Vermittlung.

Studierende des Sonderschul- bzw. Grundschullehramts halten projektorientierten Unterricht für besonders wichtig. Das Rechnen von Aufgaben nimmt dagegen bei den Studierenden des gymnasialen Lehramts einen höheren Stellenwert ein.

Leider ist der Vergleich mit den Ergebnissen von JONAS-AHREND (2004) nur zum Teil möglich. In der Untersuchung von JONAS-AHREND wurden 48 Physiklehrkräfte befragt. Die meisten waren männlich und als Gymnasiallehrer tätig. Außerdem wurden 26 Physiklehramtsstudierende befragt. Es wird keine Angabe dazu gemacht, welches andere Unterrichts- oder Studienfach die Probanden hatten. Ebenso wird nicht angegeben, welches Studienziel (Schulform) die Studierenden anstrebten und in welchem Semester sie sich befanden bzw. wie hoch der Anteil der männlichen Studierenden war. JONAS-AHREND fand heraus, dass es überwiegend Übereinstimmung in der Bewertung der Aussagen zwischen den Lehrkräften und den Studierenden gab. D. h. die Studierenden hatten bereits ähnliche Vorstellungen, obwohl sie in der Regel noch nicht selber unterrichtet haben. Signifikante Unterschiede gab es nur bei zwei Items. Den Lehrkräften sind historische Bezüge wichtiger als den Studierenden, umgekehrt erscheint es den Studierenden wichtiger, Freude und Interesse an der Physik zu wecken.

Insgesamt stimmen die Mittelwerte der hier vorgestellten Studie recht gut mit der Studie von JONAS-AHREND überein. Interessante Unterschiede gibt es bei den Items 2, 3 f, 4 und 8. Die Physikstudierenden aus der Studie von JONAS-AHREND halten es für wichtiger, sich um die Interessen der Mädchen zu kümmern. Hier könnte tatsächlich der Unterschied zwischen der Frage für den Physikunterricht und der Frage im Kontext für alle Naturwissenschaften sichtbar werden, da gerade der Physikunterricht bei den Mädchen sehr unbeliebt ist (MUCKENFUß, 1995; HÖNER & GREIWE, 2000; ELSTER, 2000; KRÖLL, 2010), während das für den Biologieunterricht nicht zutrifft. Ein weiterer Unterschied ergibt sich bei der Aussage zur Berufsvorbereitung des Unterrichts. Dieser Aussage haben die Physikstudierenden aus der Literatur weniger zugestimmt als die hier vorgestellten Probanden. Ein möglicher Grund dafür könnte evtl. das angestrebte Studienziel der Schulform sein, wie es sich bei der Differenzierung der Probanden zeigte. Das Antwortverhalten der Gym-Studierenden ähnelt denen der Physikstudierenden aus der Literatur.

Danksagung:

Wir danken Frau Prof. Dr. EVA GLÄSER für die Bearbeitung der Fragebögen an der Universität Heidelberg.

6. Literatur

BECKER, H.-J., GLÖCKNER, W., HOFFMANN, F., JÜNGEL, G. (1992): Fachdidaktik Chemie. Köln, Aulis Verlag Deubner, 2. Aufl.

BOS, W., BONSEN, M., BAUMERT, J., PRENZEL, M., SELTER, C., WALTHER, G. (Hrsg) (2008): TIMSS 2007. Mathematische und naturwissenschaftliche Kompetenzen von Grundschulkindern in Deutschland im internationalen Vergleich. Münster/New York/München/Berlin, Waxmann.

DEMUTH, R. (1981): Schülerexperimente im Chemieunterricht (I). Zur Frage der Schülermotivation für das Fach Chemie. NiU Physik/Chemie 29, 256-259.

ELSTER, D. (2000): Mädchenförderung im naturwissenschaftlichen Unterricht, PLUS LUCIS 1/2000, 20-23.

GRÄBER, W., NENTWIG, P., KOBALLA, T., EVANS, R. (Hrsg.) (2002): Scientific Literacy – Der Beitrag der Naturwissenschaften zur allgemeinen Bildung. Opladen, Leske + Budrich.

GRÄBER, W., NENTWIG, P., NICOLSON, P. (2002): Scientific Literacy – von der Theorie zur Praxis. In: Gräber, W., Nentwig, P., Koballa, T., Evans, R. (Hrsg.) (2002): Scientific Literacy – Der Beitrag der Naturwissenschaften zur allgemeinen Bildung Opladen, Leske + Budrich, 135-145.

HÖNER, K., GREIWE, T. (2000): Chemie – nein danke? Eine empirische Untersuchung affektiver und kognitiver Aspekte des Chemieunterrichts der Sekundarstufe I in Abhängigkeit von der Jahrgangsstufe. Chim. did. 26, H. 1, Nr. 82, 25-55.

JONAS-AHREND, G. (2004): Physiklehrervorstellungen zum Experiment im Physikunterricht. In: H. NIEDERER, H. FISCHLER (Hrsg.): Studien zum Physiklernen, Band 34, Berlin, Logos Verlag.

KRÖLL, D. (Hrsg.) (2010): <<Gender und MINT>> Schlussfolgerungen für Unterricht, Beruf und Studium. Tagungsband, Universität Kassel, Kassel: university press.

MARKIC, S., EILKS, I. (2011): Die Veränderung fachbezogener Vorstellungen angehender Chemielehrkräfte über Unterricht während der Ausbildung – eine Cross-Level Studie. CHEMKON 18, Nr.1, 14-18.

MUCKENFUß, H. (1995): Lernen im sinnstiftenden Kontext – Entwurf einer zeitgemäßen Didaktik des Physikunterrichts. Berlin, Cornelsen.

NÜMANN, W. (1985): Schülerübungen zwischen Aufwand und Ertrag. PdN-Ch. 34, H. 6, 42-44.

BAUMERT, J., KLIEME, E., NEUBRAND, M., PRENZEL, SCHIEFELE, U., SCHNEIDER, W., STANAT, P., TILLMANN, K.-J., WEIß, M. (2001): PISA 2000. Basiskompetenzen von Schülerinnen und Schülern im internationalen Vergleich. Opladen, Leske + Budrich.

PRENZEL, M., BAUMERT, J., BLUM, W., LEHMANN, R., LEUTNER, D., NEUBRAND, M., PEKRUN, R., ROLFF, H. G., ROST, J., SCHIEFELE, U. (Hrsg.) (2004): PISA 2003. Der Bildungsstand der Jugendlichen in Deutschland – Ergebnisse des zweiten internationalen Vergleichs. Münster, Waxmann.

PRENZEL, M., ARTELT, C., BAUMERT, J., BLUM, W., HAMANN, M., KLIEME, E., PEKRUN, R. (PISA-Konsortium Deutschland, Hrsg.) (2007): PISA 2006. Die Ergebnisse der dritten internationalen Vergleichsstudie. Zusammenfassung. http://archiv.ipn.uni-kiel.de/PISA/zusammenfassung_PISA2006.pdf (letzter Zugriff 12.05.2015).

TESCH, M. & DUIT, R. (2004): Experimentieren im Physikunterricht - Ergebnisse einer Videostudie, ZfDN 10, 71-87.

TIMSS (2000): TIMSS/III-Deutschland. Der Abschlussbericht. Zusammenfassung ausgewählter Ergebnisse der Dritten Internationalen Mathematik- und Naturwissenschaftsstudie zur mathematischen und naturwissenschaftlichen Bildung am Ende der Schullaufbahn. http://www.timss.mpg.de/TIMSS_im_Ueberblick/TIMSSIII-Broschuere.pdf (letzter Zugriff 17.5.2011)

VON AUFSCHNAITER, C. (2006): Videobasierte Analysen von Lern- und Lehrprozessen in physikalischen Kontexten. In: GDCP Bern, Band 27, 2007; LIT Verlag, 122-135.

WANJEK, J. (2001): *Einflüsse von Alltagsorientierung und Schülerexperimenten auf Erfolg von Chemie*unterricht. Dissertation, Universität Münster.

Auf alle Fälle Experimente?
– Vorstellungen von Lehramtsstudierenden zum naturwissenschaftlichen Unterricht und zum Einsatz von Experimenten –

ALEXANDER STRAHL, KERSTIN HÖNER, RAINER MÜLLER, AXEL EGHTESSAD, VERENA PIETZNER, MAIKE LOOß, KONSTANTIN KLINGENBERG, DAGMAR HILFERT-RÜPPELL

Kurzfassung
Welche Aspekte des naturwissenschaftlichen Unterrichts erachten Lehramtsstudierende für wichtig? Wie beurteilen sie den Einsatz von Experimenten? Zur Beantwortung dieser Frage wurde ein Fragebogen entwickelt, der vorgegebene Aussagen und offene Fragen enthielt.
Die Ergebnisse wurden nach Studienfächern und Studiendauer differenziert und teilweise Expertenmeinungen gegenübergestellt. Es ergibt sich, dass die befragten Lehramtsstudierenden in den betrachteten Dimensionen eine adäquate Vorstellung zum naturwissenschaftlichen Unterricht haben, die sich im Laufe des Studiums verfeinert.
Der Inhalt wurde bereits teilveröffentlicht STRAHL ET AL. 2013.

1. Einleitung

Der Erfolg des naturwissenschaftlichen Unterrichts in Deutschland gilt nach den Ergebnissen internationaler Vergleichsstudien als eher unbefriedigend (PISA, 2000, 2003, 2006). Eine bildungspolitische Folge daraus war und ist, dass in vielen Bundesländern inzwischen bereits im Sachunterricht der Grundschulen und dann in den Klassenstufen 5 und 6 mit dem naturwissenschaftlichen Unterricht begonnen wird, bevor der Unterricht in den getrennten Fächern (Biologie, Chemie, Physik) stattfindet. Der frühe naturwissenschaftliche Unterricht knüpft in der Regel an Themen aus der Lebenswelt der Schülerinnen und Schüler an und soll Freude an der Beobachtung von Naturphänomenen wecken. Der weiterführende Unterricht soll hingegen systematisch in das Verständnis von Naturgesetzen und deren Anwendung in verschiedenen Bereichen einführen. Dazu ist es notwendig, die naturwissenschaftlichen Basiskonzepte zu verstehen und spezifische naturwissenschaftliche Kompetenzen zu erwerben, die der jeweiligen Fachlogik folgen. Dieses ist Teil der angestrebten „Naturwissenschaftlichen Grundbildung (Scientific Literacy)", die bereits im Unterricht der Sekundarstufe I erworben werden soll, bevor im Unterricht der Sekundarstufe II die Fachspezifik zunehmend mehr betont wird.

Von verschiedenen Verbänden (DPG, 2005) wird dabei für den frühen naturwissenschaftlichen Unterricht gefordert, dass die Erfahrungswelt und die Interessenlage der Schüler und Schülerinnen berücksichtigt wird. Dabei steht die Entwicklung von Kompetenzen der naturwissenschaftlichen Erkenntnisgewinnung im Vordergrund. Einen besonderen Stellenwert nimmt dabei das Durchführen von Experimenten ein. Die Schülerinnen und Schüler sollen die Bedeutung des Experiments für die Erkenntnisgewinnung erfahren und grundlegende Methoden des Experimentierens kennenlernen (Beobachten, Messen, Protokollieren, ...) (DPG, 2005).

Es gilt als unumstritten, dass Experimente zum naturwissenschaftlichen Unterricht gehören. Unter Experimenten verstehen wir dabei Anordnungen, die ein wiederholtes Beobachten möglich machen mit dem Ziel, Hypothesen über naturwissenschaftliche Theorien zu prüfen. Durch die experimentelle Methode im Unterricht sollen Schülerinnen und Schüler in die naturwissenschaftlichen Denk- und Arbeitsweisen eingeführt werden, sowie Wege der Erkenntnisgewinnung und neue Einsichten vermittelt bekommen.

Neben dem Erkenntnisgewinn haben Experimente im Unterricht häufig noch eine Reihe anderer Funktionen. Sie dienen z. B. der Veranschaulichung und der Motivation. Schulexperimente sind in der Regel vorgeplant und so aufgebaut, dass gerade das herauskommt, was gezeigt werden soll, d. h., sie werden eher selten für den eigenen Erkenntnisgewinn eingesetzt, sondern illustrieren Theorien und Modelle. Damit sind Schulexperimente keine Forschungsexperimente im eigentlichen Sinne, was sie nicht zwingend oberflächlich oder ungenau macht. Dass das Experiment in weiten Teilen den naturwissenschaftlichen Unterricht prägt, zeigten z. B. TESCH & DUIT, 2004, VON AUFSCHNAITER, 2006 und BRÜCKMANN ET AL., 2007 in Videostudien.

Da bei der Planung und Durchführung von Unterricht Auffassungen der Lehrperson eine wichtige Rolle spielen (TESCH & DUIT, 2004), stellt sich die Frage, welche Vorstellungen angehende Lehrkräfte zu verschiedenen Aspekten des naturwissenschaftlichen Unterrichts und zum Einsatz von Experimenten haben. Dieser Frage wird in dieser Untersuchung nachgegangen. Obwohl bei vielen Aspekten die „Nature of Science"-Debatte berührt wird, steht sie hier nicht im Mittelpunkt der Untersuchung (HÖNER ET AL., 2010).

2. Forschungsstand

Das Verständnis von Wissenschaft, welches den Schülerinnen und Schülern vermittelt wird, hängt entscheidend von der Vorstellung und dem Wissen der Lehrenden ab. TESCH & DUIT, 2004 zeigten, dass bei der Planung von Unterricht die Auffassungen und Einstellungen der Lehrkräfte über die Natur der Naturwissenschaften eine wichtige Rolle spielen.

Der naturwissenschaftliche Unterricht enthält immer auch wissenschaftstheoretische Aspekte, die im Unterricht meist nicht genannt, geschweige denn erläutert werden. Dennoch erhalten Schülerinnen und Schüler durch die Unterrichtsgestaltung zumindest implizit eine Vorstellung von naturwissenschaftlichen Arbeitsweisen. Dieses liegt u. a. daran, dass sich auch die Lehrkräfte ihrer eigenen wissenschaftstheoretischen Auffassung zu Experimenten nicht bewusst sind, und sie deshalb explizit bei der Unterrichtsgestaltung kaum eine Rolle spielen (TIMMER, 1999).

BLEICHROTH ET AL. 1991 schlagen vor, Experimente in der Schule grundsätzlich nur als „Versuche" zu bezeichnen, um diese von den wissenschaftlichen Experimenten eindeutig zu trennen. Da im heutigen Sprachgebrauch aber Lehrkräfte eher von „Experimenten" sprechen, schließen wir uns in dieser Arbeit der Formulierung von REINHOLD 1996 an, dass das Experimentieren als „ein bestimmtes Vorgehen gesehen wird, um die Grenze zwischen Wissen und Nichtwissen zu verschieben....In diesem Rahmen bezeichnet der Begriff ‚Experiment' den Objekt- oder Naturprozess." Die Bedeutung des Experiments im naturwissenschaftlichen Unterricht wurde und wird in den Fachdidaktiken intensiv diskutiert. Der Einsatz von Experimenten wurde hinsichtlich der Zielsetzungen aus wissenschaftstheoretischer, lernpsychologischer und unterrichtspraktischer Sicht vielfach untersucht (LAZAROWITZ & TAMIR, 1994, HOFSTEIN & LUNETTA, (2004), HOFSTEIN, 2004). Häufig sind die genannten Ziele dabei aber nicht einheitlich (WOOLNOUGH & ALLSOP, 1985, HODSON 1993, LUNETTA ET AL., 2007, HOFSTEIN & MAMLOK-NAAMAN, 2007). Unter dem Aspekt des kognitiven Wissenszuwachses gibt es bisher kaum fundierte empirische Untersuchungen zur Bedeutung von Experimenten im naturwissenschaftlichen Unterricht, wie die Ergebnisse der GDCP-Tagung aus dem Jahre 1992 gezeigt haben (BEHRENDT, 1992). Im englischsprachigen Raum liegen dazu kritische Publikationen vor (HODSON, 1990, CLOUGH & CLARK, 1994, LUNETTA, 1998, ROTH, 1995, ROTH & DUIT, 1997, LUNETTA ET AL., 2007). Dort wird u. a. festgestellt, dass Experimente zwar nützlich sein können, aber für das Verstehen naturwissenschaftlicher Prinzipien nicht entscheidend sind. Erheblich für den Lernerfolg ist die Verknüpfung von Experimenten mit anderen kognitiven Lernerfahrungen (HODSON, 1993, TOBIN, 1990).

Aus einer umfangreichen internationalen Studie, die in den 90er Jahren durchgeführt wurde (NIEDDERER ET AL., 1992, WELZEL ET AL., 1998), war das Hauptziel die Verknüpfung von Theorie und Praxis. Die Motivation der Schülerinnen und Schüler spielte dagegen nur eine untergeordnete Rolle. Insgesamt wurden von den Lehrkräften aber fast ausschließlich schülerbezogene Aspekte für den Einsatz von Experimenten genannt und kaum Aspekte für die eigene Arbeit. Hinsichtlich der Wirksamkeit für den Lernzuwachs der Schülerinnen und Schüler durch Experimente gibt es widersprüchliche Aussagen (BRUHN, 1973, NÜMANN, 1985, HOFSTEIN & LUNETTA, 1982, RUTHERFORD, 1993, GALLAGHER 1987). In den meisten Fällen wurde kein Zuwachs im kognitiven Bereich festgestellt (BRUHN, 1973, NÜMANN, 1985), wohl aber im motivationalen Bereich (z. B. BRUHN, 1973).

In den verschiedenen Lehrplänen bzw. Curricula der Bundesländer wird dem Experimentieren ein hoher Stellenwert in allen drei naturwissenschaftlichen Fächern zugeschrieben. Aspekte, die dort genannt werden, sind z. B.: selbstständiges Experimentieren, Motivation, geistige und manuelle Tätigkeiten verknüpfen, erschließen von Sachverhalten (vgl. z. B. NK 2007, MFAUWDN-W, 2008).

Fragt man Schülerinnen und Schüler nach ihrer Meinung zu Experimenten, so zeigt sich, dass sie damit handwerkliche Ziele verstehen, aber auch das Entdecken neuer Phänomene und Zusammenhänge (DENNY, 1986). Schülerexperimente mit Laborgeräten werden dabei deutlich bevorzugt (BEHRENDT, 1990).

Die Untersuchung von JONAS-AHREND (2004) erfasst Lehrervorstellungen zum Schwerpunkt Experimente im Physikunterricht. Die Daten wurden mithilfe eines Fragebogens, eines Interviews und einer Videostudie gewonnen. Dabei ergaben sich folgende Hauptgründe für den Einsatz von Experimenten: Anschauung und unerlässlich für das Verstehen physikalischer Zusammenhänge (kognitive Komponente), Motivation, besseres Lernklima, soziale Beziehungen (affektiv-soziale Komponente) und Gestaltungselement des Unterrichts (unterrichtsmethodische Komponente).

3. Fragestellung der Untersuchung

Die Studie von JONAS-AHREND (2004) bildet einen wesentlichen Anknüpfungspunkt für die vorliegende Untersuchung. Diese greift auf den sechsten Komplex des Fragebogens von JONAS-AHREND (2004) und auf einen Teil der offenen Fragen zurück. Bei den offenen Fragen wurde eine Beschränkung auf folgende Aspekte vorgenommen: Gründe für den Einsatz von Experimenten, Nutzen bzw. Nichtnutzen von Experimenten, Merkmale wissenschaftlicher Experimente und Unterschiede zu Schulexperimenten. Für die vorliegende Studie wurde die Fragestellung von JONAS-AHREND (2004) in folgenden Punkten verändert: (1) Es werden Studierende anstatt im Beruf stehende Lehrkräfte betrachtet, (2) es werden Veränderungen im Verlauf des Studiums betrachtet. Die im Hintergrund stehende Vermutung war dabei, dass sich während des Studiums eine zunehmende Einsicht in die Vorgehensweise des wissenschaftlichen Arbeitens und der Stellung des Experiments im Unterricht entwickelt. Darüber hinaus wurde die Fragestellung dahingehend erweitert, dass Studierende aller drei Naturwissenschaften (Biologie, Chemie, Physik), der Mathematik, des Sachunterrichts sowie Studierende anderer Fächer in die Untersuchung einbezogen wurden, um unterschiedliche Vorstellungen in den Fächergruppen erfassen zu können. Da je nach Schulform andere Ansprüche an den naturwissenschaftlichen Unterricht gestellt werden, sollte auch erhoben werden, ob sich die Vorstellungen Studierender mit unterschiedlichen Studienzielen unterscheiden. Zur Minimierung von Standorteffekten wurden Studierende an drei Universitäten befragt.

In expliziter Form lauteten die Fragestellungen:

- Welche Aspekte naturwissenschaftlichen Unterrichts halten Lehramtsstudierende für wichtig?
- Welche Vorstellungen haben Lehramtsstudierende zum Einsatz von Experimenten und deren Nutzen?
- Welche Unterschiede sehen Lehramtsstudierende zwischen wissenschaftlichen Experimenten und Schulexperimenten?

4. Anlage der Untersuchung

Die durchgeführte Studie hat ein deskriptives Design, da nur eine einmalige Erhebung erfolgte. Die Probanden wurden mithilfe eines Fragenbogens befragt. Da alle Probanden dieselben Fragen mit denselben Formulierungen und in derselben Reihenfolge gestellt wurden, handelt es sich um eine standardisierte Untersuchung.

4.1. Struktur des Fragebogens

Der Fragebogen gliederte sich in die folgenden Themenkomplexe:

a) Teil 1: Allgemeine Angaben und Codierung.

b) Teil 2: Zum naturwissenschaftlichen Unterricht
In diesem Teil sollten die Probanden Ziele und Zwecke des naturwissenschaftlichen Unterrichts vor allem unter methodischen und inhaltlichen Aspekte Ansichten beurteilen. Auf einer fünfstufigen Skala mussten Aussagen zur Bedeutung der Vermittlung von Arbeitsmethoden und Fachwissen, zur Vorbereitung auf einen späteren Beruf, zu fachübergreifenden inhaltlichen Aspekten und zur Anknüpfung an Alltagsvorstellungen und Naturphänomenen bewertet werden. Die Items wurden der Untersuchung von JONAS-AHREND (2004) entnommen und lediglich dahingehend modifiziert, dass das Wort „Physik" durch „Naturwissenschaften" ausgetauscht wurde.

c) Teil 3: Offene Fragen zum Experiment im naturwissenschaftlichen Unterricht.

Hier sollte zu vier Fragen aus dem Bereich „Experimente im naturwissenschaftlichen Unterricht" Stellung genommen werden. Die Fragen waren nicht mit einer Bewertungsskala belegt, sondern sollten frei beantwortet werden. Die Fragen 1-4 (s. Abschnitt 6) wurden mit leichten Umformulierungen aus der Untersuchung von JONAS-AHREND (2004) entnommen. Diese offene Fragestellung wurde verwendet, um zunächst zu ermitteln, welche Vorstellungen der Probanden über Experimente bestehen. Aus den Antworthäufigkeiten kann geschlossen werden, was den Studierenden spontan wichtig und wesentlich erscheint. Aus den offenen Antworten sollen dann Kategorien entwickelt werden, die in nachfolgenden Untersuchungen genutzt werden können.

4.2. Probandenprofile

An der Untersuchung nahmen 237 Studierende der Universitätsstandorte Braunschweig, Heidelberg und Würzburg teil. Alle studierten Lehramt, davon 2-Fächer-Bachelor-Studiengang (30 %) und auf „altes" (Staatsexamens-) Lehramt (70 %). 207 Probanden (87,3 %) sind weiblich. 175 Probanden (73,8 %) waren zum Messzeitpunkt jünger als 25 Jahre. 13,5 % stammten aus dem 7. Semestern und aufwärts (s. Tab. 2). Aus zeitökonomischen Gründen handelt es sich bei der Auswahl der Probanden um eine Gelegenheitsstichprobe.

Das Studienziel Grundschullehramt liegt mit 69,1 %, gefolgt vom Haupt-/Realschullehramt an der Spitze der angestrebten Studienabschlüsse. Der Anteil an Sonderschul- und Gymnasialstudierenden war relativ gering (s. Tab. 3).

Semester	Anteil (%)	Semester	Anteil (%)
1.	0,4	7.	6,8
2.	23,2	8.	5,1
3.	7,6	9.	0,8
4.	34,6	10.	0,4
5.	5,5	12.	0,4
6.	15,2		

***Tab. 1:** Semesterverteilung der Probanden (N=237)*

Studienziel	%	Studienort	%
Sonderschule	8,6	Braunschweig	30,0
Grundschule	69,1	Heidelberg	56,5
Haupt-/Realschule	15,9	Würzburg	13,5
Gymnasium	6,4		

Tab. 2: Verteilung nach Studienziel und Studienort (N=237)

Verteilung auf die einzelnen Studienfächer der Probanden zeigt die folgende Tabelle. Es ergeben sich in Summe mehr als 100 %, da alle Studierenden mindestens zwei Fächer studieren.

Studienfach	%	Studienfach	%
Biologie	57,1	Germanistik	47,2
Chemie	22,3	Anglistik	4,3
Physik	7,7	Erdkunde	11,2
Mathematik	37,8	Sonstiges*	9,4
Sachunterricht	3,0		

* Religion 4,3 %, Geschichte 3,4 %, Haushalt und Textil 1,7 %

Tab. 3: Studienfächer (N=237)

Bei den Studienfächern studieren 50 Probanden (21,3 %) weder eine Naturwissenschaft noch Mathematik oder Sachunterricht. Der Anteil dieser Studierenden ist signifikant höher (Spearman Rho: 0,329; $p < 0{,}01$) bei den „alten" Staatsexamensabschlüssen.

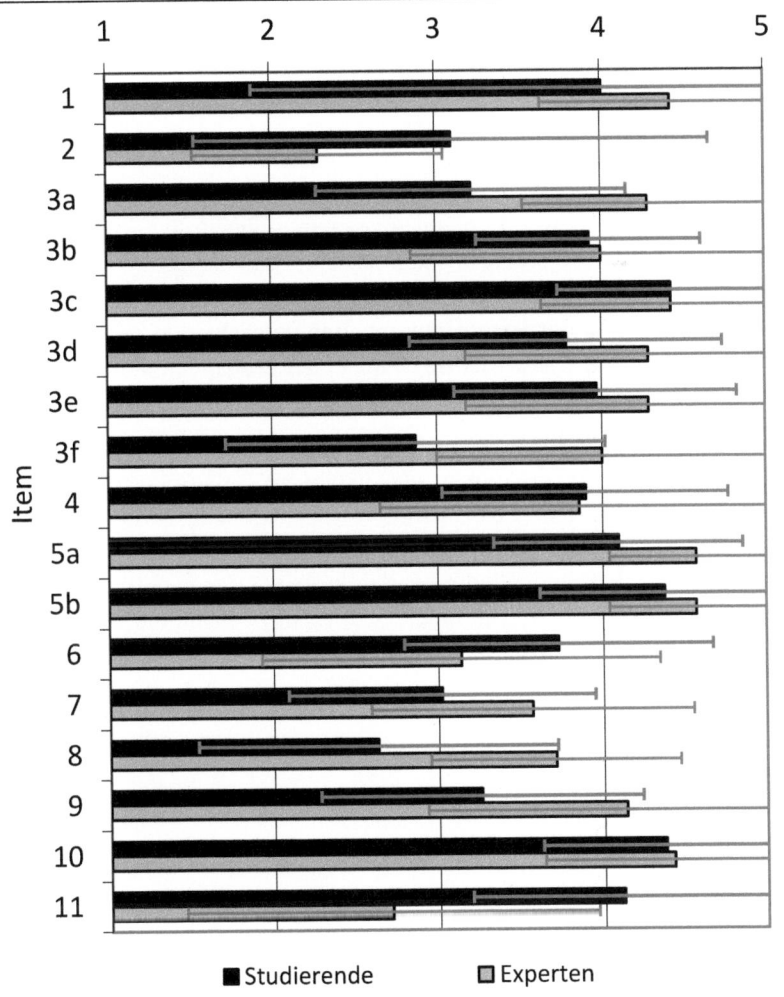

Abb. 1: Mittelwerte und Fehlerindikatoren der Items Teil (2). Antwortskala: 1 = „stimme ich gar nicht zu" bis 5 = „stimme ich voll zu".

4.3. Durchführung und Auswertung

Zu Beginn wurde die Instruktion zu den Fragebögen verlesen. An allen drei Befragungsorten wurden die Fragebögen innerhalb fachdidaktischer Lehrveranstaltungen anonym ausgefüllt. Die Teile wurden nacheinander, ohne Möglichkeiten auf den bereits bearbeiteten Teil zurück zugreifen, ausgefüllt.

4.4. Ergebnisse von Teil (2): Zum naturwissenschaftlichen Unterricht

In Teil (2) des Fragebogens sollten Aussagen zu Zielen und Zwecken des naturwissenschaftlichen Unterrichts beurteilt werden. Das Antwortverhalten der Probanden wurde mit dem einer Expertengruppe von sieben Lehrenden der Didaktik der Naturwissenschaften verglichen. In Tabelle 1 sind die Mittelwerte und Standardabweichungen der Probanden und der Expertengruppe aufgeführt.

Bei den Items 2, 3 a, 3 f, 8 und 11 gibt es deutliche Unterschiede zwischen den Mittelwerten der Probanden und denen der Experten. Exemplarisch sollen drei Beispiele näher betrachtet werden. Item 2 („Ziel des naturwissenschaftlichen Unterrichts ist es, auf eine spätere Berufsausbildung und -ausübung vorzubereiten") findet bei den Probanden eine mittlere Zustimmung, während die Expertengruppe dem eher nicht zustimmt. Dies könnte auf ein geringeres Bewusstsein um die Wichtigkeit naturwissenschaftlichen Unterrichts für eine naturwissenschaftliche Grundbildung (Scientific Literacy) bei den Probanden hinweisen.

Item	Mittelwert (N=237)	Standardabw.	Mittelwert Exp. (N=7)	Standardabw. Exp.
1. Es ist wichtiger, Arbeitsmethoden der Naturwissenschaften zu vermitteln als nur ein umfangreiches Faktenwissen.	4,01	2,12	4,43	0,79
2. Ziel des naturwissenschaftlichen Unterrichts ist es, auf eine spätere Berufsausbildung und -ausübung vorzubereiten.	3,10	1,56	2,29	0,76
3. Neben naturwissenschaftlichen Grundlagen gehören				
historische Betrachtungen,	3,22	0,94	4,29	0,76
technische Anwendungen,	3,93	0,68	4,00	1,15
Umweltprobleme,	4,43	0,69	4,43	0,79

Item				
Beziehungen zwischen Wissenschaft und Gesellschaft,	3,79	0,95	4,29	1,11
Ausblicke auf moderne Forschungsgebiete,	3,97	0,86	4,29	1,11
philosophische Fragestellungen,	2,87	1,15	4,00	1,00
zu einem zeitgemäßen Naturwissenschaftsunterricht.				
4. Im naturwissenschaftlichen Unterricht ist es wichtiger, Interesse und Freude an der Naturwissenschaft zu wecken, als möglichst viele Fachkenntnisse zu vermitteln.	3,90	0,87	3,86	1,21
5. Ausgangspunkt für naturwissenschaftliches Denken sollten				
Naturphänomene,	4,10	0,76	4,57	0,53
Alltagsvorstellungen der SchülerInnen sein.	4,38	0,76	4,57	0,53
6. Ein projektorientierter Naturwissenschaftsunterricht ist einem fachsystematischen Unterricht vorzuziehen.	3,73	0,94	3,14	1,21
7. Das Rechnen von Übungs- und Anwendungsaufgaben ist wichtig für das Verstehen von Naturwissenschaft.	3,02	0,93	3,57	0,98
8. Lehrkräfte sollten sich besonders um das Interesse der Mädchen bemühen.	2,63	1,09	3,71	0,76
9. Schülerinnen und Schüler müssen angeleitet werden, Naturwissenschaft auch selbstständig aus Büchern zu lernen.	3,26	0,98	4,14	1,21
10. Die meisten Schülerinnen und Schüler finden naturwissenschaftlichen Unterricht besser, wenn er mit Experimenten durchgeführt wird.	4,38	0,75	4,43	0,79
11. Ohne Experimente wird ein naturwissenschaftlicher Unterricht langweilig.	4,12	0,92	2,71	1,25

Tab. 4: *Mittelwerte und Standardabweichungen zu Teil 2: zum naturwissenschaftlichen Unterricht: (1 = „stimme ich gar nicht zu", 5 = „stimme ich voll zu")*

Die bei der Probandengruppe deutlich geringere Zustimmung bei Item 8 („Lehrkräfte sollten sich besonders um das Interesse der Mädchen bemühen") lässt sich evtl. durch den anderen Altersschnitt erklären und dadurch, dass der Großteil der Probanden weiblich ist. Dies könnte daran liegen, dass die Probanden zum allergrößten Teil ein vom Bestreben nach Gleichberechtigung bemühtes Schulsystem durchlaufen haben, sodass das Bewusstsein um das grundsätzliche Problem geringer ist.

Dem Item 11 („Ohne Experimente wird ein naturwissenschaftlicher Unterricht langweilig.") stimmen die Studierenden stark zu, während die Experten hier eine mittlere Position beziehen. Dies lässt sich wahrscheinlich darauf zurückführen, dass die Studierenden noch geringere Kenntnisse im Hinblick auf die methodische Vielfalt im naturwissenschaftlichen Unterricht haben. Das Balkendiagramm mit den Fehlerindikatoren (s. Abb. 1) zeigt aber auch, dass die Abweichungen der Mittelwerte noch im Bereich der Standardabweichungen liegen.

Berücksichtigt man die umgekehrte Codierrichtung, dann stimmen die Mittelwerte recht gut mit denen der Literatur überein (JONAS-AHREND 2004). Allerdings wurden diese Fragen dort nur von 26 Studierenden bearbeitet.

Da die Unterschiede zwischen den Werten der Expertengruppe und denen der Probandengruppe z. T. auf unterschiedliche Vorstellungen hinweisen, ist es interessant, zu untersuchen, ob sich diese Unterschiede durch Aufteilen der Gesamtstichprobe relativieren lassen. Einerseits können diese Unterschiede einer zeitlichen Abhängigkeit unterliegen (d. h. dass sich evtl. bei höheren Semestern Veränderungen in der Einstellung der Studierenden z. B. hinsichtlich der Ziele naturwissenschaftlichen Unterrichts aufzeigen lassen). Andererseits können solche Unterschiede auch in der Wahl des Studienziels begründet sein (Gymnasium/Haupt-, Realschule/Grund-, Sonderschule) bzw. mit den Studienfächern variieren.

4.5. Faktorenanalyse

Mit einer Faktorenanalyse wurde die Anzahl der Dimensionen reduziert, um die Daten nicht auf der Ebene der Einzelitems auszuwerten. Obwohl die Daten ordinalskaliert sind, wurden äquidistante Abstufungen angenommen, sodass die Daten als intervallskaliert betrachtet werden können (RAITHEL 2006). Es zeigte sich, dass Item 8 hohe Nebenladungen auf fast allen Faktoren hatte. Nach Weglassen dieses Items 8 ergaben sich sieben Faktoren mit einem Eigenwert > 1. Nur zwei der sieben Faktoren umfassen mindestens drei Items. Die Zuordnungen zeigt Tabelle 5. Die Summe der Faktorladungen der sieben erhaltenen Faktoren erklären 62,51 % der Gesamtvarianz bei der Extraktion. Die beiden Faktoren mit ausreichender Itemanzahl erklären nur 27,00 % der Gesamtvarianz. (Reliabilitätsprüfung siehe Anhang)

Faktor 1: Interdisziplinäre Bezüge	Ladung
3a Neben naturwissenschaftlichen Grundlagen gehören historische Betrachtungen zu einem zeitgemäßen Naturwissenschaftsunterricht.	0,754
3d Neben naturwissenschaftlichen Grundlagen gehören Beziehungen zwischen Wissenschaft und Gesellschaft zu einem zeitgemäßen Naturwissenschaftsunterricht.	0,662
3b Neben naturwissenschaftlichen Grundlagen gehören technische Anwendungen zu einem zeitgemäßen Naturwissenschaftsunterricht.	0,646
3f Neben naturwissenschaftlichen Grundlagen gehören philosophische Fragestellungen zu einem zeitgemäßen Naturwissenschaftsunterricht.	0,645
3c Neben naturwissenschaftlichen Grundlagen gehören Umweltprobleme zu einem zeitgemäßen Naturwissenschaftsunterricht.	0,637
Faktor 2: Aspekte, die Vorrang vor der Fachsystematik haben	**Ladung**
4 Im naturwissenschaftlichen Unterricht ist es wichtiger, Interesse und Freude an der Naturwissenschaft zu wecken, als möglichst viele Fachkenntnisse zu vermitteln.	0,713
5b Ausgangspunkt für naturwissenschaftliches Denken sollten Alltagvorstellungen der SchülerInnen sein.	0,672
6 Ein projektorientierter Naturwissenschaftsunterricht ist einem fachsystematischen Unterricht vorzuziehen.	0,510

Tab. 5: Faktoren der Faktorenanalyse ohne Item 8 (Faktorladungen aus der rotierten Komponentenmatrix) (N = 237)

4.6. Auswertung auf Faktorenebene hinsichtlich Studienfach, Studiendauer und Studienziel

Um zu überprüfen, ob sich das Antwortverhalten der Studierenden unterschiedlicher Fächer unterscheidet, wurde eine Unterteilung in zwei Subgruppen vorgenommen. Alle Studierende, die mindestens eine Naturwissenschaft und/oder Mathematik als Studienfach hatten, wurden der ersten Gruppe zugeordnet, alle anderen der zweiten Gruppe. Eine genauere Aufteilung in einzelne Fächer ist nicht möglich, da sehr viele Fachkombinationen vorkamen und sich Subgruppen mit sehr unterschiedlichen Probandenzahlen ergeben hätten.

Der Mann-Whitney-Test für die beiden Subgruppen der Studienfächer ergibt für beide Faktoren signifikante Unterschiede (s. Tab. 6).

		mittlerer Rang	
Faktor	asympt. Signif.	Nawis u./o. Mathe	ohne Nawi & Mathe
1	0,002	102,94	135,83
2	0,027	105,04	128,15

Tab. 6: Mann-Whitney-Test für die Subgruppen (mit/ohne NaWi) (N = 237)

Interessanterweise sind es die Studierenden ohne eine Naturwissenschaft und Mathematik, die hier bezüglich der interdisziplinären Bezüge und der geringeren Bedeutung der Fachsystematik im Vergleich zu anderen Aspekten häufiger zustimmen. D. h., diese Studierenden schätzen die Berücksichtigung anderer Inhalte als die rein fachlichen wichtiger ein als die Studierenden mit Naturwissenschaften und/oder Mathematik. Bei Letzteren steht die Vermittlung von Fachkenntnissen mehr im Mittelpunkt des Unterrichts.

Um die Entwicklung der Einstellung im Verlauf des Studiums zu diesen beiden Dimensionen zu erfassen, wurden die Unterschiede bei den einzelnen Studienjahrgängen im Vergleich zur Gesamtheit der Probanden untersucht. Dabei wurden die Semester zu folgenden Gruppen zusammengefasst: 1. und 2. Semester, 3. und 4. Semester, höher als 5. Semester. Es ergaben sich Unterschiede bei den mittleren Rängen für den Faktor 2 (asympt. Signifikanz: ,019; Mann-Whitney). Die Zustimmung zu den Aussagen in Faktor 2 nimmt mit der Studiendauer deutlich zu: 1. + 2. Sem. = 89,65, 2. + 3. Sem. = 114,10, ≥ 5. Sem. = 121,50. D. h., Studierende höherer Semester haben erkannt, dass neben Fachkenntnissen andere Inhalte für Schülerinnen und Schüler von Bedeutung sind.

Hinsichtlich des Studienziels gibt es keine signifikanten Unterschiede bei den beiden Faktoren. Dieses erstaunt etwas, da angenommen werden konnte, dass Studierende des gymnasialen Lehramts die Vermittlung von Fachkenntnissen als wichtiger erachten.

Da nur wenige Items in den beiden Faktoren berücksichtigt werden, wurden auch die nicht enthaltenen Einzelitems auf Mittelwertunterschiede hin untersucht.

4.6.1 Mittelwertunterschiede einzelner Items nach Studienfächern

Wie bei der Auswertung der Faktorenanalyse wurden die Probanden in zwei Gruppen unterteilt: Studierende mit mindestens einer Naturwissenschaft und/oder Mathematik als Studienfach und alle anderen Studienfächer.

Die folgende Tabelle zeigt die signifikanten Ergebnisse des Mann-Whitney-Tests für diejenigen Items, die nicht in den bereits betrachteten Faktoren vorkommen.

		mittlerer Rang	
Item	asym. Signif.	NaWis u./o. Mathe	ohne Nawi & Mathe
5a Ausgangspunkt für naturwissenschaftliches Denken sollten Naturphänomene der SchülerInnen sein.	0,049	110,95	129,87
8 Lehrkräfte sollten sich besonders um das Interesse der Mädchen bemühen.	0,000	106,39	148,29

Tab. 7: Mann-Whitney-Test für weitere Items (N = 237)

Wie man an den mittleren Rängen sieht, sind es auch bei diesen beiden Items die Studierenden ohne Naturwissenschaften und Mathematik, die den Items stärker zustimmen. D. h., diese Studierenden meinen eher, dass der Unterricht von Naturphänomenen ausgehen sollte. Interessant ist auch der Rangwertunterschied bei Item 8. Da die Probanden überwiegend Frauen waren, haben diese vielleicht besonders unter der mangelnden Förderung im naturwissenschaftlichen Unterricht gelitten und deshalb auch andere Studienfächer gewählt, bzw. ihre Interessen liegen in anderen Bereichen.

4.6.2 Mittelwertunterschiede einzelner Items nach bisheriger Studiendauer

Wie schon bei den Faktoren wurden die Semester zu folgenden Gruppen zusammengefasst: 1. und 2. Semester, 3. und 4. Semester, höher als 5. Semester. Da sich keine signifikanten Unterschiede für die Gesamtheit der Items des Faktors 1 hinsichtlich der Studiendauer ergaben, werden diese Items hier einzeln betrachtet.

Item	Signifikanz Kruskal Wallis	Jahrgang/ Richtung der Abweichung
3a Neben naturwissenschaftlichen Grundlagen gehören historische Betrachtungen zu einem zeitgemäßen Naturwissenschaftsunterricht.	0,027	$\geq$ 5. Sem. höchste Zustimmung
3f Neben naturwissenschaftlichen Grundlagen gehören philosophische Fragestellungen zu einem zeitgemäßen Naturwissenschaftsunterricht.	0,003	$\geq$ 5. Sem. höchste Zustimmung
10 Die meisten Schülerinnen und Schüler finden naturwissenschaftlichen Unterricht besser, wenn er mit Experimenten durchgeführt wird.	0,005	1. + 2. Sem. höchste Zustimmung

Tab. 8: Mittelwertunterschiede nach bisheriger Studiendauer (N = 237)

Die höheren Mittelwerte bei den Items 3a und 3f bei den Probanden im 5. oder einem höheren Semester weisen offenbar auf ein differenzierteres Bild dieser Probanden hinsichtlich fachübergreifender Kompetenz hin. Ähnliches gilt für Item 10. Es kann vermutet werden, dass die unteren Semester noch nicht realisiert haben, dass zu einem guten Unterricht mehr als Experimente gehören. Methodische Variationsmöglichkeiten werden in der Regel erst in höheren Semestern vermittelt.

4.6.3 Mittelwertunterschiede einzelner Items nach Studienziel

Tab. 9 zeigt die Auswertung der Ergebnisse nach Studienzielen. Es werden diejenigen Items aufgeführt, die für eines der Studienziele einen signifikanten Mittelwertunterschied zur Gesamtheit der Probanden aufweisen.

Die Mittelwertunterschiede bei den Items 3a und 3d. lassen die Vermutung zu, dass Probanden mit dem Studienziel „Haupt/Realschule" den Aussagen weniger stark zustimmen, da sich dem Schulabschluss an einer Haupt- oder Realschule meist unmittelbar eine berufliche Ausbildung anschließt, die im schulischen Alltag zu einer Beschränkung auf berufsvorbereitende Unterrichtsinhalte führt.

Item	Signifikanz Kruskal Wallis	Studienziel und Richtung der Abweichung
3a Neben naturwissenschaftlichen Grundlagen gehören historische Betrachtungen zu einem zeitgemäßen Naturwissenschaftsunterricht.	0,003	Haupt/Real geringste Zustimmung
3d Neben naturwissenschaftlichen Grundlagen gehören Beziehungen zwischen Wissenschaft und Gesellschaft zu einem zeitgemäßen Naturwissenschaftsunterricht.	0,028	Haupt/Real geringste Zustimmung
6 Ein projektorientierter Naturwissenschaftsunterricht ist einem fachsystematischen Unterricht vorzuziehen.	0,007	Sonder/Grund höchste Zustimmung
7 Das Rechnen von Übungs- und Anwendungsaufgaben ist wichtig für das Verstehen von Naturwissenschaft.	0,014	Gymnasium höchste Zustimmung

Tab. 9: Mittelwertunterschiede nach Studienziel (N = 237)

Der höhere Mittelwert für Studienziel „Sonder/Grundschule" bei Item 6 resultiert wahrscheinlich daraus, dass ein projektorientiertes Arbeiten an diesen Schulformen eine höhere Priorität genießt.

Die Mathematisierung des Unterrichts und insbesondere das Aufgabenrechnen werden bevorzugt von den Studierenden des Lehramtes für Gymnasien für wichtig gehalten (Item 7). Diese Gewichtung resultiert möglicherweise aus einer stärkeren fachwissenschaftlichen Ausrichtung in ihrem Studium. In der Regel spielen umfangreichere, quantitative Betrachtungen auch erst im Unterricht der Sekundarstufe II eine Rolle.

5. Auswertung und Ergebnisse von Teil (3):
Offene Fragen zum Experiment im naturwissenschaftlichen Unterricht

In Teil (3) sollten die Probanden vier Fragen aus dem Bereich „Experimente im naturwissenschaftlichen Unterricht" in einem offenen Antwortformat beantworten:

1. Aus welchen Gründen/Motiven würden Sie Experimente im naturwissenschaftlichen Unterricht einsetzten?
2. Unter welchen Voraussetzungen/Bedingungen sind Experimente nach Ihrer Meinung in der Schule nur von geringem Nutzen?
3. Welches sind nach Ihrer Meinung die Merkmale eines wissenschaftlichen Experiments?
4. Unterscheiden sich nach Ihrer Meinung die Kennzeichen eines wissenschaftlichen Experiments und eines Schulexperiments? Wenn ja: Wo liegen die Unterschiede?

In der Arbeit von JONAS-AHREND (2004), der ein Teil der Fragen (z. T. mit leichten Modifikationen) entnommen wurde, findet sich keine Auswertung der entsprechenden Items. Dadurch war ein Vergleich unserer Probandengruppe mit im Beruf stehenden Lehrkräften aus der Arbeit von JONAS-AHREND nicht möglich.

Die Auswertung der offenen Fragen erfolgte mittels eines Kategoriensystems, mit dessen Hilfe die Auswertung der Fragebögen in einem mehrstufigen Prozess erfolgte:

1. Vorschläge für Antwortkategorien wurden von sechs Auswertern anhand von je zehn unterschiedlichen Fragebögen erstellt.
2. Die Vorschläge wurden verglichen und diskutiert. Für jede der Fragen wurden dabei Antwortkategorien erstellt.
3. Um eine Codierung zu entwerfen, ordneten zwei Personen die Antworten von zwanzig zufällig ausgewählten Fragebögen in das Kategoriensystem ein. Die Einordnungen wurden verglichen.
4. Auf der Grundlage dieses Vergleichs wurde das Kategoriensystem noch einmal überarbeitet. Beispielaussagen wurden als Ankerbeispiele für die Codierung identifiziert.
5. Die Schritte 3-4 wurden wiederholt, bis eine Konvergenz des Verfahrens zu erkennen war.
6. Die Auswertung des vollständigen Satzes von 237 Fragebögen erfolgte durch eine Person mithilfe der erstellten Codierung. Zweifelsfälle wurden nach Rücksprache mit zwei weiteren Personen codiert. Eine stichprobenartige Überprüfung der eingeordneten Aussagen ergab keine nennenswerten Abweichungen.

5.1. Gründe für das Experimentieren im naturwissenschaftlichen Unterricht

Beim Codieren der Aussagen zu Frage 1 wurden zwölf Kategorien gefunden, wobei im Durchschnitt drei Antworten pro Proband zugeordnet werden konnten (Minimum 1, Maximum 6).

Das Antwortverhalten ist in Abbildung 2 dargestellt. An der Zahl der Nennungen (139 ≈ 59 %) fällt auf, dass mehr als die Hälfte der Befragten als Ziel des Experimentierens die Vermittlung der wissenschaftlichen Methodik nennt. Offenbar sieht die Mehrzahl der Probanden das Experiment als wesentlichen Bestandteil der wissenschaftlichen Methode an und betrachtet es als notwendig, diese Arbeitsweise im naturwissenschaftlichen Unterricht zu vermitteln.

Aufgrund der gegebenen Antworten erscheint es sinnvoll, die beiden Kategorien „Motivation" und „Interesse für Naturwissenschaften entwickeln" zusammenzufassen, da es fragwürdig ist, ob die Probanden hier wirklich zwischen einem „länger angelegten Interesse" und einer „kurzfristigen Motivation" unterscheiden. Damit haben gut 68 % (161) der Probanden diesen Aspekt angegeben. Experimentieren wird also als anregende Tätigkeit betrachtet. Eine weitere große Gruppe der Probanden (98 ≈ 41%) geht davon aus, dass durch das Experimentieren das selbstständige Denken und Handeln der Schülerinnen und Schüler gefördert wird.

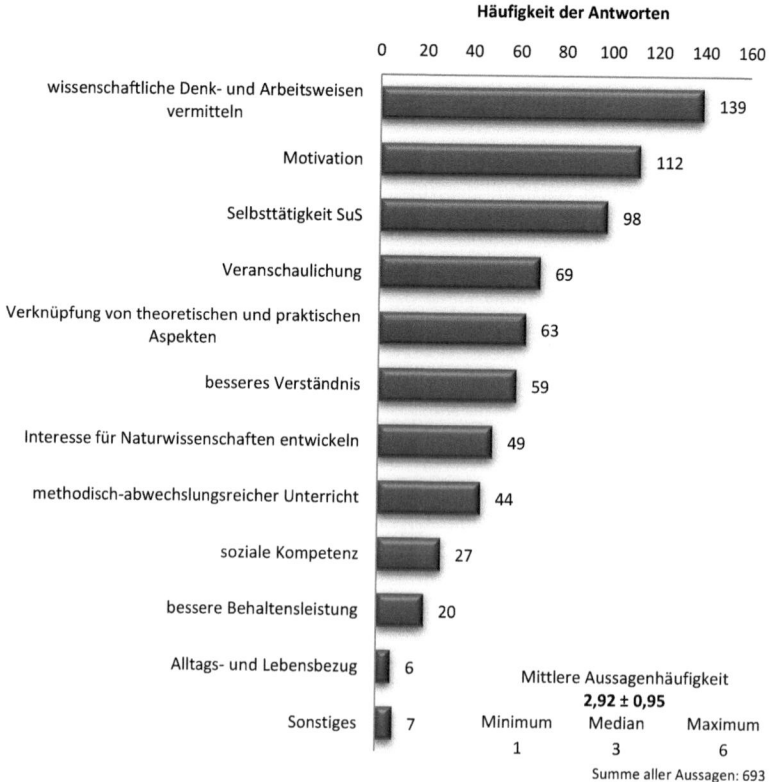

Abb. 2: Frage 1 - Aus welchen Gründen/Motiven würden Sie Experimente im naturwissenschaftlichen Unterricht einsetzen? 237 Fragebögen und 693 zugeordneten Antworten.

29 % (69) gaben an, dass Experimentieren zur ‚Veranschaulichung' der Unterrichtsinhalte genutzt werden kann. Nimmt man den Punkt ‚besseres Verständnis' (59 ≈ 25 %) mit hinzu, so ergibt sich (bei 24 Doppelnennungen) ein Anteil von 44 %.

Auffallend ist, dass nur sehr wenige Nennungen (6 ≈ 3%) für den Punkt ‚Alltags- und Lebensbezug' gezählt werden konnten. Ein Alltagsbezug von Experimenten wird von den Probanden offenbar kaum gesehen.

Die Kategorie Sonstiges setzt sich aus verschiedenen Aussagen zusammen, wie z. B. „gehört dazu", „Kenntnisnachweis", „Themeneinstieg", „Bezug zum Lehrplan", „Schüler sollen lernen, mit Misserfolgen umzugehen" und „Exemplarische Bedeutung".

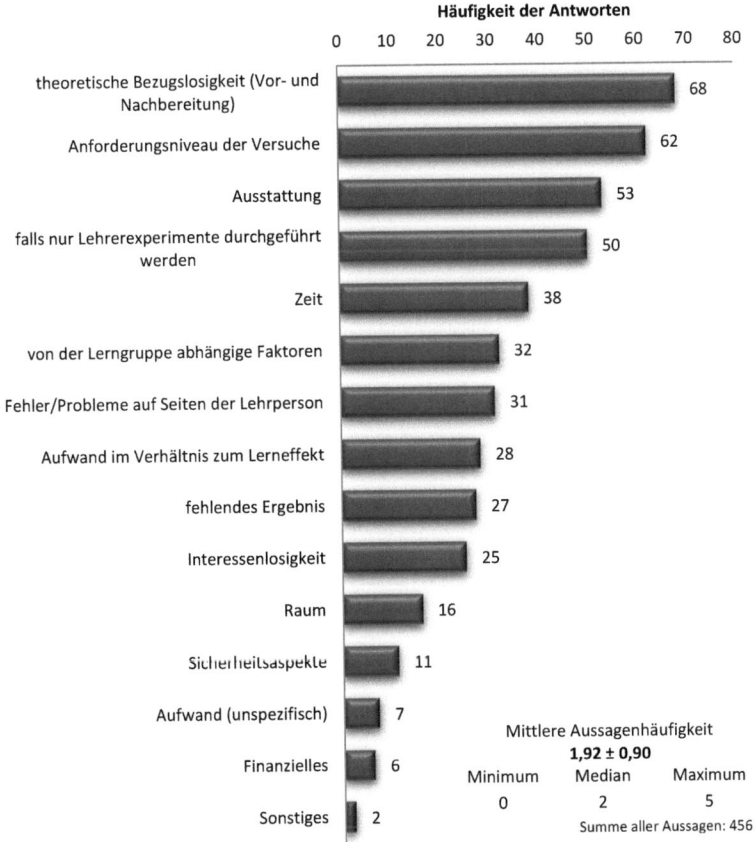

Abb. 3: Frage 2 - Unter welchen Voraussetzungen/Bedingungen sind Experimente nach Ihrer Meinung in der Schule nur von geringem Nutzen? (N = 237)

Bei der Auswertung dieser Frage gab es keinen Unterschied zwischen den Probanden der verschiedenen Studienfächer (s. o.). Unterschiede ergaben sich aber bei der Auswertung nach Studiendauer für die folgenden Aspekte: Veranschaulichung (asympt. Signifikanz: 0,033; mittlere Rangplätze 1. + 2. Sem. = 137,06; 3. + 4. Sem. = 113,96; $\geq$ 5 Sem. = 112,74), Verknüpfung von theoretischen und praktischen Aspekten (asympt. Signifikanz: 0,00; mittlere Rangplätze 1. + 2. Sem. = 135,13; 3. + 4. Sem. = 118,54; $\geq$ 5 Sem. = 108,34). Beide Aspekte wurden von den Probanden in der Reihenfolge abnehmender Studiendauer häufiger genannt.

Ein signifikanter Unterschied ergab sich bei der Nennung „methodisch abwechslungsreicher Unterricht" im Hinblick auf das Studienziel (asympt. Signifikanz: 0,053: mittlere Rangplätze Sonderschule = 115,8; Grundschule = 113,48; Haupt/Realschule = 136,58; Gymnasium = 108,03). Dieser Aspekt wird von Studierenden des Haupt/Realschullehramts häufiger genannt.

5.2. Geringer Nutzen von Experimenten im Unterricht

Die Aussagen zur zweiten Frage (Unter welchen Voraussetzungen/Bedingungen sind Experimente nach Ihrer Meinung in der Schule nur von geringem Nutzen?) konnten in fünfzehn Kategorien zusammengefasst werden. Es wurden im Durchschnitt zwei Antworten gegeben (minimal 0 und maximal 5). Das Antwortverhalten ist in Abbildung 3 veranschaulicht. Am häufigsten genannt wurde als Grund für einen geringen Nutzen von Experimenten die Kategorie ‚theoretische Bezugslosigkeit' (also eine mangelnde Einbettung und Interpretation der Experimente). Auf diese Kategorie entfielen 68 Nennungen (29 %); eine ähnliche Anzahl (62 $\approx$ 26 %) wurde bei der Gruppe ‚Anforderungsniveau der Versuche' gefunden. Fasst man die Kategorien ‚Ausstattung, Zeit, Raum und Finanzielles' als externe Beschränkungen zusammen, so fallen darauf 48 % der Nennungen. Interessanterweise wird auch die Kategorie ‚falls nur Lehrerexperimente durchgeführt werden' mit 21 % relativ häufig genannt. D. h. für ca. ein Fünftel der Studierenden steht die ‚Selbsttätigkeit' der Schülerinnen und Schüler im Mittelpunkt.

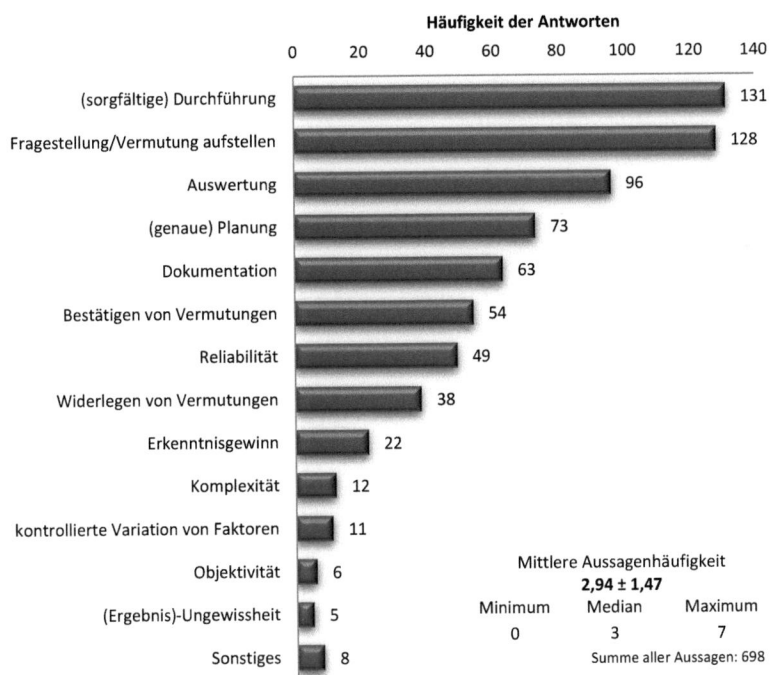

Abb. 4: *Frage 3 - Welches sind nach Ihrer Meinung die Merkmale eines wissenschaftlichen Experiments? 237 Fragebögen und 698 zugeordnete Antworten.*

Im Hinblick auf das Studienfach gibt es bei den Nennungen nur einen signifikanten Unterschied. Der Zeitfaktor wird von den Studierenden der Naturwissenschaften und/oder Mathematik deutlich häufiger genannt (asympt. Signifikanz: 0,014). Diese Studierenden haben wahrscheinlich schon in Praktika die Erfahrung gemacht, dass das Experimentieren sehr zeitaufwändig sein kann. Hinsichtlich der Studiendauer ergibt sich ein Unterschied bei der Kategorie ‚Fehler/Probleme Lehrperson' (asympt. Signifikanz: 0,034: mittlere Rangplätze 1. + 2. Sem. = 131,01; 3. + 4. Sem. = 114,17; $\geq$ 5. Sem. = 116,67). Hier kommt möglicherweise zum Ausdruck, dass sich Studierende niedriger Semester noch unsicherer beim Experimentieren fühlen. In Abhängigkeit vom Studienziel wurde nur die Kategorie ‚Finanzielles' unterschiedlich häufig genannt (asympt. Signifikanz: 0,039: mittlere Rangplätze Sonderschule = 114, Grundschule = 116,89, Haupt/Realschule = 114, Gymnasium = 129,53).

5.3. Merkmale eines wissenschaftlichen Experiments

Zur Frage nach den Merkmalen eines wissenschaftlichen Experiments konnten vierzehn Antwortkategorien identifiziert werden (Abb. 4). Es wurden im Durchschnitt drei Antworten angegeben (minimal 0 und maximal 7).

Sowohl ‚(sorgfältige) Durchführung' (131 ≈ 55 %), als auch ‚Fragestellung/Vermutung aufstellen' (128 ≈ 54 %) wurden von über der Hälfte der Befragten angegeben. Unter der Gruppe ‚Auswertung' (96 ≈ 41%) wurden auch Aussagen zusammengefasst wie „Schlussfolgerung" oder „Ergebnis und Reflexion". Fasst man die Blöcke ‚Bestätigen von Vermutungen' und ‚Widerlegen von Vermutungen' zusammen, so ergeben sich (92 ≈ 39 %) Nennungen. Interessant ist hierbei, dass die positive Formulierung ‚Bestätigung' gegenüber der Negativen ‚Widerlegen' häufiger genannt wurde. Bemerkenswert ist auch, dass aus wissenschaftlicher Sicht wichtige Faktoren wie ‚Objektivität' (6 ≈ 3 %) und ‚kontrollierte Variation von Faktoren' (5 ≈ 2 %) nur sehr selten genannt wurden. Auch Punkte wie Ergebnisoffenheit wurden nicht angeführt.

Hinsichtlich des Studienfachs gab es bei dieser Antwortauswertung keinen Unterschied. Bei den Antworten ‚Reliabilität' (asympt. Signifikanz: 0,042: 1. + 2. Sem. = 107,2; 3. + 4. Sem. = 118,2; ≥ 5. Sem. = 138,15) und ‚Objektivität' (asympt. Signifikanz: 0,035: 1. + 2. Sem. = 116; 3. + 4. Sem. = 117,19; ≥ 5. Sem. = 123,31) zeigen sich Unterschiede bei der Studiendauer. Studierende höherer Semester haben diese Antworten häufiger gegeben. In Abhängigkeit vom Studienziel wurden die Kategorien ‚Erkenntnisgewinnung' (asympt. Signifikanz: 0,001: mittlere Rangplätze Sonderschule = 106; Grundschule = 113,24; Haupt/Realschule = 134,34; Gymnasium = 129,30) und ‚Komplexität' (asympt. Signifikanz: 0,045: mittlere Rangplätze Sonderschule = 111; Grundschule = 116,07; Haupt/Realschule = 117,3; Gymnasium = 134,3) unterschiedlich häufig benannt.

5.4. Unterschied zwischen wissenschaftlichem und Schulexperiment

Von den 237 Befragten geben 22 (≈ 9 %) „nein" an, d. h., für sie gibt es keinen Unterschied zwischen schulischen und wissenschaftlichen Experimenten. Hierbei gibt es keine Unterschiede hinsichtlich Studienfach, Studiendauer und Studienziel.

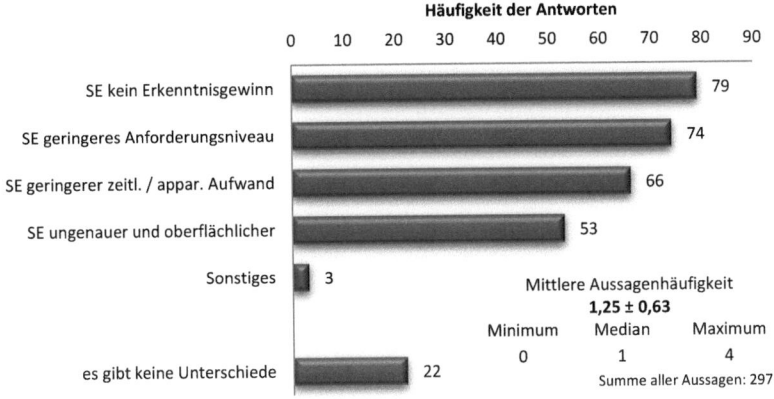

Abb. 5: *Frage 4 - Unterscheiden sich Ihrer Meinung nach die Kennzeichen eines wissenschaftlichen Experiments und eines Schulexperiments? Wenn ja: Wo liegen die Unterschiede? (N = 237)*

Die Aussagen zur Frage, worin die Unterschiede zwischen wissenschaftlichem Experiment und Schulexperiment bestehen, ließen sich in 5 Kategorien einteilen (Abb. 5). Dabei wurden auch die jeweils inversen Aussagen berücksichtigt (Beispiel: ‚Schülerexperiment ungenau und oberflächlich', aber auch das Gegenteil ‚wissenschaftliche Experimente sorgfältiger und genauer'). Im Durchschnitt wurde nur eine Antwort (Minimal 0 und Maximal 4) gegeben; vierzehn Mal blieb die Frage unbeantwortet.

Es lassen sich vier Antwortkategorien identifizieren, die eine ähnliche Antworthäufigkeit aufweisen (zwischen 53 ≈ 28 % und 79 ≈ 39 %). Dass pro Proband im Schnitt nur eine Antwort gegeben wurde, lässt sich so interpretieren, dass jeweils nur der wesentlichste Aspekt genannt wurde. Interessant ist, dass die Studierenden den Schulexperimenten generell ein geringeres Anforderungsniveau und eine größere Ungenauigkeit attestieren.

Dieses geringere Anforderungsniveau wird signifikant häufiger von Studierenden ohne Naturwissenschaft und/oder Mathematik angegeben (asympt. Signifikanz: 0,045). Dass der zeitliche und apparative Aufwand geringer ist, meinen vor allem Studierende der ersten beiden Semester (asympt. Signifikanz 0,004). Hinsichtlich des Studienziels lassen sich keine Unterschiede bei den Aussagen feststellen.

6. Diskussion und Zusammenfassung

Insgesamt haben die hier befragten Lehramtsstudierenden angemessene Vorstellungen zum naturwissenschaftlichen Unterricht allgemein und zu Experimenten entwickelt. Dabei ist erfreulich, dass die Studierenden höherer Semester (> 5. Sem.) neben den jeweils fachwissenschaftlichen Inhalten auch erkannt haben, dass historische und philosophische Fragestellungen durchaus unterrichtsrelevant sind. Ebenso haben sie (vermutlich) in didaktischen Veranstaltungen gelernt, dass Alltagsbezüge der Unterrichtsinhalte förderlich für die Motivation sein können. Ähnliches trifft auf die Aussage zu, dass Experimente alleine nicht ausreichen, um einen interessanten, anregenden Unterricht zu gestalten. Studierende höherer Semester haben hier bereits mehr Kompetenzen erworben.

Von den ausgewählten Aspekten des naturwissenschaftlichen Unterrichts aus Teil 2 sind allen Studierenden folgende besonders wichtig (Mittelwerte > 4):

- die Vermittlung von Arbeitsmethoden ist wichtiger als reines Faktenwissen
- Umweltprobleme gehören in den naturwissenschaftlichen Unterricht
- Naturphänomene und Alltagsvorstellungen sollen Ausgangspunkte im naturwissenschaftlichen Unterricht sein
- Experimente gehören unter motivationalen Aspekten in den Unterricht

Aus den siebzehn Einzelitems konnten zwei Faktoren sinnvoll interpretiert werden: ‚interdisziplinäre Bezüge', ‚Aspekte, die Vorrang vor der Fachsystematik haben'. Dabei ist die Fachsystematik für Studierende der Naturwissenschaften entscheidender als für Studierende anderer Fächer. Auch steht die Fachsystematik zu Studienbeginn noch mehr im Vordergrund. Im Laufe des Studiums werden interdisziplinäre Bezüge des Unterrichts für wichtiger erachtet. Dabei halten Studierende des Haupt- und Realschullehramts historische Bezüge sowie Beziehungen zwischen Wissenschaft und Gesellschaft für weniger wichtig bei der Vermittlung. Studierende nichtnaturwissenschaftlicher Fächer finden, dass Naturphänomene als Ausgangspunkt im Unterricht dienen sollten, und dass das Interesse der Mädchen besonders berücksichtigt werden müsste.

Auch die Auswertung der offenen Fragen zum Experiment ergab sinnvolle Vorstellungen der Studierenden. Beim Einsatz von Experimenten stehen der Kompetenzerwerb wissenschaftlicher Denk- und Arbeitsweisen sowie motivationale Aspekte im Vordergrund. Als ebenfalls wichtig werden die Aspekte Veranschaulichung, Verständnisförderung und methodische Variation benannt. Die Förderung sozialer Kompetenzen spielt bei den Studierenden dagegen kaum eine Rolle. Den Studierenden scheint auch klar, dass ein Experiment immer mit einer Theorie verknüpft werden sollte und umgekehrt. Bei den Gründen für das Nichtdurchführen von Experimenten werden überwiegend äußere Gegebenheiten, wie Raum, Ausstattung und ähnliches genannt. Studierende des gymnasialen Lehramts geben hier signifikant häufiger auch ‚Finanzielles' an. Dies hängt sicherlich damit zusammen, dass die Experimente in der gymnasialen Oberstufe teilweise apparativ etwas aufwendiger sind.

Die wesentlichen Merkmale eines wissenschaftlichen Experiments werden adäquat wiedergegeben. Neben dem Aufstellen von Hypothesen und der anschließenden Verifizierung oder Falsifizierung werden vor allen Dingen die sorgfältige Planung und Durchführung aufgeführt. Der Aspekt der ‚Objektivität' wird nur von Studierenden der höheren Semester häufiger benannt und die ‚Erkenntnisgewinnung' öfter von Studierenden der Studiengänge Haupt/Realschule sowie des Gymnasiums. Hinsichtlich der Unterschiede zum Schulexperiment wurden von 81 % der Probanden Unterschiede genannt. Erstaunlich ist hier, dass viele der Befragten meinen, dass Schulexperimente keinen Erkenntnisgewinn bringen, dies aber bei der Frage zum Einsatz von Experimenten sehr häufig benannt haben.

Die Vorstellungen der Studierenden decken sich im Wesentlichen mit den in der Literatur genannten Aspekten (JONAS-AHREND 2004). Dazu gehören zum einen Themen aus der Erfahrungswelt der Schülerinnen und Schüler, deren Interessenlagen dadurch berücksichtigt werden können sowie die im Vordergrund stehende naturwissenschaftliche Erkenntnisgewinnung, für die Experimente eine besondere Bedeutung haben. Die Studierenden haben auch erkannt, dass die Verknüpfung von Theorie und Praxis eines der Hauptziele des naturwissenschaftlichen Unterrichts ist. Aber auch andere Funktionen von Experimenten wie z. B. motivationale Aspekte und die Veranschaulichung sind den Studierenden bewusst.

Die vorliegende Untersuchung zeigt, dass Studierende zum Experimentieren im Wesentlichen die gleichen Einstellungen besitzen, die JONAS-AHREND bei Physiklehrkräften für den Physikunterricht gefunden hat, und die dort zu drei Komponenten zusammengefasst wurden: kognitive Komponente, affektive Komponente und unterrichtsmethodische Komponente. Lediglich die sozialen Aspekte, die bei JONAS-AHREND mit der affektiven Komponente zusammengefasst wurden, spielen bei den Vorstellungen der Lehramtsstudierenden dieser Studie eine untergeordnete Rolle.

7.Literatur:

BEHRENDT, H. (1990): Physikalische Schulversuche. Didaktische Theorie, methodische Praxis und die Einstellung von Schülern zur Auswahl der Versuchsgeräte, Kiel, Dissertation.

BEHRENDT, H. (Hg.) (1992): Zur Didaktik der Physik und Chemie – Vorträge auf der Tagung für Didaktik der Physik/Chemie in Hamburg, September 1991, Alsbach.

VON AUFSCHNAITER, C. (2006): Videobasierte Analysen von Lern- und Lehrprozessen in physikalischen Kontexten. In GDCP Bern Band 27, 2007; LIT Verlag, S. 122-135.

BLEICHROTH, W., DAHNCKE, H., JUNG, W., KUHN, W., MERZYN, G., WELTNER, K. (1991): Fachdidaktik Physik. Köln, Aulis-Verlag Deubner.

BRÜCKMANN, M., DUIT, R., TESCH, M., FISCHER, H., KAUERTZ, A., REYER, Th., GERBER, B., KNIERIM, B., & LABUDDE, P. (2007): The Potential of Videostudies in Research on Teaching and Learning Science. In: R. PINTO & D. COUSO (Hrsg.): Contributions from Science Education Research. Dordrecht, NL, Springer, S.77-92.

BRUHN, J. (1973): Lernziele des affektiven Bereichs von Unterrichtsmedien. In: H. SCHMIDT (Hrsg.): ZdPuC.Hannover, S. 196 ff

CLOUGH, M. P., CLARK, R. L. (1994). Creative Constructivism: Challenge Your Students With an Authentic Science Experience, The Science Teacher 61 (7), 46-49.

DENNY, M. (1986): Science practicals: what do pupils think? European Journal of Science Education, Vol. 8, S. 325-336.

DEUTSCHE PHYSIKALISCHE GESELLSCHAFT E. V. in Zusammenarbeit mit: Verein zur Förderung des Mathematischen und Naturwissenschaftlichen Unterrichts MNU, Gesellschaft Deutscher Naturforscher und Ärzte, Gesellschaft Deutscher Chemiker, Mathematisch Naturwissenschaftlicher Fakultätentag MNFT, Verband Deutscher Ingenieure VDI, Science on Stage Deutschland e. V., Bad Honnef, 9.7.2005: http://www.dpg-physik.de/dpg/gliederung/ag/ags/informationen/nawi5_6.pdf (Zugriff am 15.6.2015)

DUSCHL, R. A., WRIGHT, E. (1989): A case study of high school teachers' decision making models for planning and teaching science. In: Journal of Research in Science Teaching, 26, 6, 467-501.

GALLAGHER, J. J. (1987): A summary of research in science education. In: Science Education 71 (3), 351-355.

HODSON, D. (1990): A critical look at practical work in school science. School Science Review, 71 (256), 33-40.

HODSON, D. (1993): Re-thinking old ways: towards a more critical approach to practical work in school science, Studies in Science Education 22, 85-142.

HÖNER, K., STRAHL, A., MÜLLER, R., EGHTESSAD, A., PIETZNER, V., LOOß, M., KLINGENBERG, K., GLÄSER, E. (2010): Das Wissenschaftsverständnis von Lehramtsstudierenden, chim.& ct. Did., Nr. 103, 36, 16-41.

HOFSTEIN, A., LUNETTA, V. (1982): The Role of the Laboratory in Science Teaching: Neglected Aspects of Research. In: Review of Educational Research, Vol. 52, 2, 201-217.

HOFSTEIN, A., Lunetta, V. N. (2004): The Laboratory in Science Education: Foundations of the 21st Century, Science Education 88, 28-54.

HOFSTEIN, A. (2004): The laboratory in chemistry education: Thirty years of experience with developments, implementation and evaluation. Chemistry Education Research and Practice 5, 247-264.

HOFSTEIN, A., MAMLOK-NAAMAN, R. (2007): The laboratory in science education: the state of the art. Chemical Education Research and Practice 8 (2), 105-107.

JONAS-AHREND, G. (2004): Physiklehrervorstellungen zum Experiment im Physikunterricht. In: H. NIEDERER, H. FISCHLER (Hrsg.): Studien zum Physiklernen, Band 34, Berlin, Logos Verlag, 2004.

LAZAROWITZ, R., Tamir, P. (1994). Research on Using Laboratory Instruction in Science. In: GABEL, D. L. (Ed.): Handbook of Research on Science Teaching and Learning. New York, Macmillan, 94-130.

LUNETTA, V. N. (1998): The School Science Laboratory: Historical Perspectives and Centers for Contemporary Teaching. In: FENSHEM, P. (Ed.): Developments and dilemmas in science education, London, Falmer Press, 169-188.

LUNETTA, V. N., HOFSTEIN, A., CLOUGH, M. (2007): Learning and teaching in the school science laboratory: an analysis of research, theory, and practice, In: LEDERMANN, N., ABEL, S. (Eds.): Handbook of research on science education, NJ: Lawrence Erlbaum, Mahwah, 393-441.

MINISTERIUM FÜR SCHULE UND WEITERBILDUNG DES LANDES NORDRHEIN-WESTFALEN (2008): Kernlehrplan Chemie (G8), Sek. I, Gymnasium, Ritterbach Verlag.

NIEDDERER, H., BETHGE, T., MEYLING, H., SCHECKER, H. (1992): Epistemological Beliefs of Students in High School Physics. Paper presented at the annual meeting of the National Association of Research in Science Teaching (NARST), Boston.

NIEDERSÄCHSISCHES KULTUSMINISTERIUM (2007): Kerncurriculum für das Gymnasium Schuljahrgänge 5-10. Naturwissenschaften, Unidruck, Hannover. http://db2.nibis.de/1db/cuvo/datei/kc_gym_nws_07_nib.pdf (letzter Zugriff 16.6.2015)

NÜMANN, W. (1985): Schülerübungen zwischen Aufwand und Ertrag, PdN-Ch. 34, H. 6

OSBORNE, J. (1990): Sacred cows in physics – towards a redefinition of physics education. In: Physics Education, 25, 189-196.

PISA 2000: BAUMERT, J., KLIEME, E., NEUBRAND, M., PRENZEL, SCHIEFELE, U., SCHNEIDER, W., STANAT, P., TILLMANN, K.-J., WEIß, M. (2001). PISA 2000. Basiskompetenzen von Schülerinnen und Schülern im internationalen Vergleich. Opladen, Leske + Budrich.

PISA 2003: PRENZEL, M., BAUMERT, J., BLUM, W., LEHMANN, R., LEUTNER, D., NEUBRAND, M., PEKRUN, R., ROLFF, H.-G., ROST, J., SCHIEFELE, U. (Hrsg.) (2004). PISA 2003. Der Bildungsstand der Jugendlichen in Deutschland – Ergebnisse des zweiten internationalen Vergleichs. Münster, Waxmann.

PISA 2006: PRENZEL, M., ARTELT, C., BAUMERT, J., BLUM, W., HAMANN, M., KLIEME, E., PEKRUN, R. (PISA-Konsortium Deutschland, Hrsg.): PISA 2006. Die Ergebnisse der dritten internationalen Vergleichsstudie. Zusammenfassung, 2007. URL: http://archiv.ipn.uni-kiel.de/PISA/Zusfsg_PISA2006 _national.pdf (letzter Zugriff 18.6.2015).

RAITHEL, J. (2006): Quantitative Forschung, Verlag für Sozialwissenschaften, Wiesbaden, S. 40

REINHOLD, P. (1996): Offenes Experimentieren und Physiklernen. Kiel, IPN.

ROTH, W.-M. (1995): Affordances of computers in teacher-student interactions: The case of Interactive Physics^{TM}. Journal of Research in Science Teaching, 32, 329-347.

ROTH, W.-M., DUIT, R. (1997): Learning in real time: How understandings emerge from physics students' laboratory activities. In: M. G. SHAFTO, P. LANGLEY (Eds.), Proceedings of the Ninth Annual Conference of the Cognitive Science Society (p. 1028). Mahwah, NJ: Lawrence Erlbaum Associates.

RUTHERFORD, F. J. (1993): Hands-on: A Means to an End. In: 2061 TODAY, Vol. 3, March 1993

STRAHL, A., EGHTESSAD, A., HÖNER, K., MÜLLER, R., LOOß, M., HILFERT-RÜPELL, D., PIETZNER, V. (2013): Auf alle Fälle Experimente? Vorstellungen von Lehramtsstudierenden zum Einsatz von Experimenten. In: S. BERNHOLT (Hrsg.), Inquiry-based Learning - Forschendes Lernen (S. 629-631). Kiel: IPN-Verlag.

TESCH, M. & DUIT, R. (2004): Experimentieren im Physikunterricht - Ergebnisse einer Videostudie, ZfDN *10*, 71-87.

TIMMER, O. (1999): Die Wissenschaftstheorie Karl Poppers, Pädagogik der Naturwissenschaften – Physik 4/48, S. 32

TOBIN, K. G. (1990): Research on science laboratory activities; in pursuit of better questions and answers to improve learning. School Science and Mathematics, 90, 403-418.

WELZEL, M., HALLER, K., BANDIERA, M., HAMMELEY, D., KOUMARAS, P., NIEDDERER, H., PAULSEN, A., ROBINAULT, K., VON AUFSCHNAITER, S. (1998): Ziele, die Lehrende mit experimentellen Arbeiten in der naturwissenschaftlichen Ausbildung verbinden - Ergebnisse einer europäischen Umfrage, *ZfDN 4*, 29-44.

WOOLNOUGH, B. E., ALLSOP, T. (1985): Practical work in Science. Cambridge: Cambridge University Press.

Anhang:

Reliabilitätsprüfung

Items des Faktors 1: 1 Faktor, 46,359 %, Cronbachs α = 0,701, KMO = 0,745

Item-Skala-Statistiken

Item	Skalenmittelwert, wenn Item weggelassen	Skalenvarianz, wenn Item weggelassen	Korrigierte Item-Skala-Korrelation	Cronbachs Alpha, wenn Item weggelassen
3a	15,01	5,974	0,501	,632
3b	14,31	7,161	0,427	,669
3c	13,81	7,121	0,429	,668
3d	14,45	5,976	0,488	,638
3f	15,38	5,227	0,494	,645

Items des Faktors 2: 1 Faktor, 45,052 %, Cronbachs α = 0,381, KMO = 0,555

Item-Skala-Statistiken

Item	Skalenmittelwert, wenn Item weggelassen	Skalenvarianz, wenn Item weggelassen	Korrigierte Item-Skala-Korrelation	Cronbachs Alpha, wenn Item weggelassen
4	8,13	1,594	,275	,184
5b	7,64	1,912	,216	,308
6	8,29	1,611	,185	,377

Fragebogen

E II. Zum naturwissenschaftlichen Unterricht

Wie stehen Sie zu folgenden Aussagen zum naturwissenschaftlichen Unterricht?

Drücken Sie den Grad Ihrer Zustimmung durch Ankreuzen auf der fünfstufigen Skala aus (**links** bedeutet volle Zustimmung, **rechts** volle Ablehnung der Aussage).

Dieser Aussage	stimme ich voll zu				stimme ich gar nicht zu
1. Es ist wichtiger, Arbeitsmethoden der Naturwissenschaften zu vermitteln als nur ein umfangreiches Faktenwissen.	☐	☐	☐	☐	☐
2. Ziel des naturwissenschaftlichen Unterrichts ist es, auf eine spätere Berufsausbildung und -ausübung vorzubereiten.	☐	☐	☐	☐	☐
3. Neben naturwissenschaftlichen Grundlagen gehören *historische Betrachtungen,*	☐	☐	☐	☐	☐
technische Anwendungen,	☐	☐	☐	☐	☐
Umweltprobleme,	☐	☐	☐	☐	☐
Beziehungen zwischen Wissenschaft und Gesellschaft,	☐	☐	☐	☐	☐
Ausblicke auf moderne Forschungsgebiete,	☐	☐	☐	☐	☐
philosophische Fragestellungen, zu einem zeitgemäßen Naturwissenschaftsunterricht.	☐	☐	☐	☐	☐

4. Im naturwissenschaftlichen Unterricht ist es wichtiger, Interesse und Freude an der Naturwissenschat zu wecken, als möglichst viele Fachkenntnisse zu vermitteln.	☐	☐	☐	☐	☐
5. Ausgangspunkt für naturwissenschaftliches Denken sollten *Naturphänomene*, *Alltagsvorstellungen* der SchülerInnen sein.	☐☐	☐☐	☐☐	☐☐	☐☐
6. Ein projektorientierter Naturwissenschaftsunterricht ist einem fachsystematischen Unterricht vorzuziehen.	☐	☐	☐	☐	☐
7. Das Rechnen von Übungs- und Anwendungsaufgaben ist wichtig für das Verstehen von Naturwissenschaft.	☐	☐	☐	☐	☐
8. Lehrkräfte sollten sich besonders um das Interesse der Mädchen bemühen.	☐	☐	☐	☐	☐
9. Schülerinnen und Schüler müssen angeleitet werden, Naturwissenschaft auch selbständig aus Büchern zu lernen.	☐	☐	☐	☐	☐
10. Die meisten Schülerinnen und Schüler finden naturwissenschaftlichen Unterricht besser, wenn er mit Experimenten durchgeführt wird.	☐	☐	☐	☐	☐
11. Ohne Experimente wird ein naturwissenschaftlicher Unterricht langweilig.	☐	☐	☐	☐	☐

Geschlechterunterschiede im Hinblick auf Interessen von Kindergartenkindern an Natur und Technik

KERSTIN HÖNER, INSKE PREIßLER, MAIKE LOOß, RAINER MÜLLER

Kurzfassung
Das Projekt „Expedition Naturwissenschaften" hat das Ziel, naturwissenschaftliche Denk- und Arbeitsweisen bereits in der vorschulischen Bildung unter gleichzeitiger Berücksichtigung des Genderaspekts zu fördern. Zu Beginn des Projektes wurden neben den Kindern auch die Eltern und Erzieherinnen[1] befragt, ob in ihrer Wahrnehmung Geschlechterunterschiede bei den Kindern vorhanden sind. Schwerpunkte der Kinderbefragungen waren die geschlechterdifferenzierenden Wahrnehmungen der Kinder in Bezug auf sich selbst und ihre eigenen Tätigkeiten sowie die von Männern und Frauen bzw. ihrer Mütter und Väter. Darüber hinaus wurden Fragen zu Vorerfahrungen mit Experimenten gestellt.

1. Einleitung

In Deutschland fehlt es an Nachwuchskräften in den Bereichen Technik und Naturwissenschaften. Für die Lösung dieses Nachwuchsproblems spielt u. a. die Gewinnung von Frauen für den sogenannten MINT-Bereich eine zentrale Rolle. Es ist bekannt, dass Frauen bereits sehr früh im Lebenslauf das Interesse an den MINT-Fächern verlieren, und dass sich bei jeder Bildungs- und Karrierestufe die Anzahl der Frauen in den MINT -spezifischen Berufen verringert (leakingpipeline) (SOLGA, PFAHL 2009).

Auch wenn noch nicht eindeutig geklärt ist, welche Mechanismen wann dazu führen, dass sich Mädchen abwenden, scheint erwiesen, dass die (un-) gewollte geschlechtsspezifische Sozialisation, die bereits im Vorschulalter

---

[1] Da an unserer Erhebung ausschließlich Frauen teilgenommen haben, wird im gesamten Text von Erzieherinnen gesprochen.

wirksam wird, eine große Rolle spielt. Schon in der frühen Kindheit wird das Interesse von Jungen und Mädchen an Naturwissenschaften und Technik unterschiedlich gefördert, was zu einem nicht unerheblichen Teil mit geschlechtsstereotypen Zuweisungen zusammenhängt (SOLGA, PFAHL 2009).

Seit 2004 ist in allen Bundesländern im Rahmen der Bildungs- und Orientierungspläne oder entsprechender Empfehlungen für Kindertageseinrichtungen die Entwicklung der individuellen Geschlechtsidentität von Mädchen und Jungen verankert. Wichtig ist dabei die Chancengleichheit, so dass die Kinder nicht durch stereotype Sichtweisen und Zuschreibungen in ihren Erfahrungsmöglichkeiten eingeschränkt werden, sondern ihr Verhaltensrepertoire erweitern können (ROHRMANN 2009, z. B. MK 2007).

Obwohl die Genderthematik in Kindertageseinrichtungen in Deutschland bereits seit ca. 10 Jahren zunehmend diskutiert wird, sind konkrete Maßnahmen noch unklar, wichtig erscheint aber die Verankerung einer geschlechtsbewussten Sichtweise (ROHRMANN 2009).

Bisher gibt es nur wenige Untersuchungen, die Mädchen und Jungen und deren Beschäftigung mit Phänomenen aus Natur und Technik vor dem Schuleintritt geschlechterdifferenziert wissenschaftlich untersuchen (SOLGA, PFAHL 2009).

Das Projekt „Expedition Naturwissenschaften" versucht einen Teil der vorhandenen Lücke zu schließen.

2. Geschlechtsbezogene Entwicklung

Die theoretische Diskussion über den relativen Einfluss biologischer Faktoren und der Erziehung (Sozialisation) auf die geschlechtsspezifische Verhaltensdifferenzierung bewegt sich zunehmend in Richtung einer interaktiven Erklärung beider Einflüsse. In der Praxis wurden bisher biologische Faktoren und Erziehung meist separat betrachtet. Dies liegt vor allem daran, dass Effekte des sozialen Umfeldes und der kulturellen Gendererwartungen ubiquitär und somit besser beobachtbar sind und dadurch biologische Beiträge überschatten. Während die Entwicklung der Geschlechtsorgane auf die Chromosomen und pränatale Hormone zurückgeführt wurde, wurden Verhaltensunterschiede überwiegend durch das soziale Umfeld erklärt (WALLEN, HASSETT 2009). Man nahm an, dass sich ein Junge wie ein Junge verhält, weil er mit einem Penis geboren wird und seine Eltern und andere Personen ihn wie einen Jungen behandeln; entsprechendes galt für Mädchen.

Es ist aber bisher nicht möglich, exakt anzugeben, wie sich die biologischen Voraussetzungen von Mädchen und Jungen unterscheiden. Studien zur kognitiven Entwicklung von Vorschulkindern haben gezeigt, dass Jungen und Mädchen gleiche kognitive Fähigkeiten haben, sodass es bisher keinen eindeutigen Beweis für angeborene Unterschiede gibt (SPELKE 2005). Richtig ist aber sicherlich, dass Mädchen und Jungen gar nicht anders können – und dies auch sollen, als die Erfahrung zu machen, dass es einen Unterschied macht, ob man eine Frau oder ein Mann ist.

Die Erziehung stellt einen elementaren Grundstein für die Ausprägung von Geschlechterdifferenzen dar (GLASER ET AL. 2004). Ein Kleinkind sammelt geschlechtsbezogene Eindrücke schon bevor es überhaupt Jungen und Mädchen, Frauen und Männer benennen kann. Kinder unterscheiden beide Geschlechter, indem sie erkennen, dass Männer und Frauen unterschiedlich aussehen, sich unterschiedlich verhalten und unterschiedliche Vorlieben und Aufgaben haben. Babys sind bereits im ersten Lebensjahr in ihrer Wahrnehmung differenziert genug, um solche Unterschiede zu spüren (BISCHOF-KÖHLER 2006). Die Kinder erwerben so mit der Zeit kollektive Vorstellungen bis sie die Geschlechtsrollenvorstellungen verinnerlicht haben (FRIED 2004).

In der Geschlechterforschung fand bisher häufig eine Konzentration auf geschlechtsspezifische bzw. -typische Sozialisationsbedingungen und Benachteiligungen statt. Die Betonung dieser Unterschiede kann möglicherweise gerade die Geschlechtsstereotype produzieren, deren Überwindung angestrebt wird. In den Vordergrund neuerer Forschungsansätze tritt deshalb die Förderung individueller Unterschiede und Vielfältigkeiten bei beiden Geschlechtern sowie die Konstruktionsprozesse, mit denen geschlechtsbezogene Zuordnungen im Alltag von Mädchen und Jungen „selbst" hergestellt werden (doinggender) (ROHRMANN 2009).

Da die ersten Lebensjahre der Kinder für die Entwicklung ihrer Geschlechtsidentität eine bedeutende Rolle spielen, kann man davon ausgehen, dass Kindertageseinrichtungen ein bedeutendes Strukturierungselement und somit ein zentraler Ort sind, an dem solche Konstruktionsprozesse stattfinden. Die pädagogischen Bezugspersonen und die von ihnen gestalteten Umwelten haben einen Einfluss darauf, wie Kinder sich selber als Mädchen oder Jungen wahrnehmen lernen.

Im Zusammenhang mit der frühkindlichen Erziehung wird immer wieder diskutiert, inwieweit es problematisch ist, dass in Kindergärten und auch noch in den Grundschulen überwiegend weibliche Bezugspersonen zur Verfügung stehen, das Sozialisationsfeld also überwiegend weiblich ist (ROHRMANN 2009). Die Erzieherinnen gestalten im Normalfall ihren Tagesablauf gemäß ihrer weiblichen Interessen. In Kindertagesstätten existiert in vielen Fällen ein Mangel an dem, was Jungen helfen könnte, ihre männliche Geschlechterrolle auszuloten. Gleichzeitig bedeutet die Beschränkung auf typisch weibliche Spiel- und Beschäftigungsmöglichkeiten auch eine Beschränkung der Kompetenzen und Möglichkeiten der Mädchen (ROHRMANN 2005; KASÜSCHKE, KLEES-MÖLLER 2002, 2004). Insgesamt lässt sich dennoch schwer sagen, in wie weit das Verhalten der Erzieherinnen bzw. auch die räumliche Gestaltung des Kindergartens Einfluss auf die gendertypische Entwicklung haben. Es gibt bisher keine Studien, die einen entsprechenden Zusammenhang nachweisen.

Hinsichtlich der vorschulischen Sozialisation gibt es nur wenige Studien, die Mädchen und Jungen und deren Beschäftigung mit natur- und technikwissenschaftlichen Phänomenen wissenschaftlich untersuchen. Diese fokussieren meist auf den familiären Kontext und weisen darauf hin, dass Mädchen und Jungen in gleichem Maße ein Interesse an der Erforschung ihrer natürlichen und technischen Umwelt besitzen. Bekannt ist jedoch, dass bereits in der frühen Kindheit das Interesse an Naturwissenschaften und Technik von Jungen und Mädchen unterschiedlich gefördert wird. Dies wird mit einer (un-)gewollten geschlechtsspezifischen Sozialisation durch Eltern, Erzieherinnen und Peers erklärt (HAGEMANN-WHITE 1984; SCHWARZE, WENTZEL 2007). Mädchen werden seltener an technikbezogene oder allgemein forschende Aktivitäten herangeführt als Jungen (SOLGA, PFAHL 2009). Hinweise darauf liefern auch einige Ergebnisse der PISA-Studie 2006. Mit Hilfe der Daten eines Elternfragebogens konnte untersucht werden, welche Rolle das Berufsfeld der Eltern für die Kompetenzentwicklung und Berufserwartung der Kinder spielen. Es zeigte sich, dass Jugendliche dann höhere Kompetenzwerte in den Naturwissenschaften aufweisen, wenn Mutter und Vater einen naturwissenschaftsbezogenen Beruf ausüben. Mädchen erzielen darüber hinaus höhere Kompetenzwerte, wenn der Vater einen naturwissenschaftsbezogenen Beruf ausübt (PISA-KONSORTIUM 2007).

3. Ziel des Projektes und der Studie

Ziel der vorliegenden Studie ist eine Evaluation des Ist-Zustands im Hinblick auf einige Aspekte der Geschlechter(differenzen)wahrnehmung in der frühkindlichen-vorschulischen familiären und institutionellen Erziehung. Die Wahrnehmung der Geschlechterdifferenzen wird aus Sicht der Eltern, der Erzieherinnen und der Kinder selbst untersucht. Die Untersuchung gliedert sich in das Projekt „Expedition Naturwissenschaften" ein. Darin wird in Zusammenarbeit von Universität, Volkshochschule und Kindertagesstätten ein Bildungscurriculum für Erzieherinnen in Kindertagesstätten im Bereich der Naturwissenschaften unter Berücksichtigung des Genderaspektes entwickelt, bei dem auch das Elternhaus aktiv eingebunden wird.

3.1. Testinstrumente und Durchführung

Die beiden Fragebögen und der Interviewleitfaden wurden von den Projektverantwortlichen für die Erhebung neu entwickelt und in einer Pilotstudie hinsichtlich ihrer Eignung (Validität) überprüft.

Eltern- und Erzieherinnenfragebogen enthielten eine kurze Projektbeschreibung und einige Erläuterungen zu den Zielen der Befragung. Der Geschlechteraspekt wurde allerdings nicht explizit erwähnt.

Der Elternfragebogen enthielt neben Angaben zur eigenen Person (Alter, Ausbildung, Tätigkeiten im Bereich Naturwissenschaften) Angaben zu den Kindern (Geschlecht, Alter), Fragen zu besonderen Interessen der eigenen Kinder und zu Fördermaßnahmen. Weiterhin wurde gefragt, ob die Kinder häufig Fragen zu Natur und Technik stellen.

Während die Eltern konkret nach den eigenen Kindern gefragt wurden, waren diese Fragen im Erzieherinnenfragebogen allgemein für die Kinder formuliert. Auch der Erzieherinnenfragebogen enthielt Fragen zur eigenen Person. Die Erzieherinnen wurden weiterhin direkt gefragt, ob es aus ihrer Sicht Unterschiede bei Jungen und Mädchen hinsichtlich der Herangehensweise an naturwissenschaftliche Phänomene gibt und worin diese Unterschiede bestehen.

Der strukturierte Interviewleitfaden für die Kinder enthielt Fragen zur Selbstwahrnehmung als Junge/Mädchen, zu den jeweiligen Spielzeugen und zu Unterschieden bei den Tätigkeiten von Frauen/Männern bzw. Müttern/Vätern. Hinsichtlich der naturwissenschaftlichen Vorerfahrungen wurden die Kinder gebeten, zu beschreiben, was ein Versuch bzw. ein Experiment ist und was man dabei macht. Es wurden beide Begriffe „Versuch" und „Experiment" verwendet, weil im Vorfeld nicht klar war, welcher Begriff den Kindern geläufiger ist. Des Weiteren gab es vier Karten, auf denen die Durchführung eines Experiments in kindgerechten Bildern dargestellt war. Diese Karten sollten von den Kindern in die richtige Ablaufreihenfolge gebracht werden. Abschließend wurden die Kinder gefragt, wie sie vorgehen, wenn sie wissen möchten, wie etwas funktioniert. Die Interviews wurden von geschulten Interviewern in Anwesenheit der Erzieherinnen durchgeführt und aufgezeichnet. Die Dauer der Interviews betrug ca. 5 Minuten.

3.2. Ergebnisse des Elternfragebogens

Insgesamt wurden 98 Fragebögen abgegeben. Der überwiegende Teil (66,3%) wurde von den Müttern ausgefüllt, 28,6% von den Vätern und 5,1% von beiden Elternteilen. 48,5 % der Eltern gaben an, dass ihre Ausbildung etwas mit Naturwissenschaften zu tun hatte, aber nur 28,6 % sind zurzeit noch beruflich damit beschäftigt. In beiden Fällen sind es signifikant öfter die Väter, die mit Naturwissenschaften zu tun hatten oder haben.

Nur 13,7% der Kinder nehmen an Fördermaßnahmen teil. Beispiele für Arten der Fördermaßnahmen sind: Logopädie (häufig), Sport, Musikschule, Sprachen (DAF, Englisch), Malen. Die Teilnahme an Fördermaßnahmen ist dabei unabhängig vom Geschlecht der Kinder, korreliert aber signifikant mit dem Alter. Die jüngeren Kinder nehmen häufiger an Fördermaßnahmen teil.

Auf die Frage „Hat ihr Kind besondere Interessen?" antworteten 74,7% der Eltern mit „ja" und 25,3 % mit „nein". Die folgende Tabelle gibt exemplarisch einige genannte Beispiele wieder, die in die drei Kategorien Technik, Natur und Sonstiges eingeteilt wurden.

Interesse von Kindergartenkindern an Natur und Technik

Technik	Natur	Sonstiges
Autos, LKW	Tiere	Lesen
Eisenbahn	Gartenleben	Spiele
Lego, Werken	Menschlicher Körper	Malen
Motorräder	Wetter	Musik
Fahrrad		Sport
Werkzeug		Rätsel

Tab. 1: Elternangaben zu den Interessen ihrer Kinder (N = 98)

Eine Überprüfung der Häufigkeiten der Nennungen zeigte, dass Mädchen und Jungen ungefähr gleich häufig in den Kategorien vertreten sind.

71,1 % der Eltern gaben an, dass ihr Kind häufig Fragen zu Natur und Technik stellt. Eine Korrelationsanalyse dieser Antwort mit dem Alter der Kinder ergab die schwach signifikante Tendenz ($p = .037$), dass die älteren 5-6 jährigen Kinder häufiger Fragen zu Natur und Technik stellen als die jüngeren. Hinsichtlich des Geschlechts gab es keinen Unterschied.

Die Eltern wurden aufgefordert, Beispielfragen zu benennen. Da es eine Vielzahl von Aussagen gab, wurde auch hier versucht, diese in ein Kategoriensystem einzuordnen.

Die Tabelle 2 stellt einige Beispiele und ihre Zuordnung in die Kategorien dar. Dabei wurden die Antworten der Eltern als Gesamtaussage gewertet und nicht einzelne Unterfragen unterteilt.

Biologie	Warum schläft der Igel im Winter?
	Wie heißt das Tier? Was frisst das Tier? Wie lebt es?
	Warum machen Kühe Milch? Warum wachsen Blätter am Baum?

Technik	Funktionsweise bestimmter Dinge, z.B. optische Prozesse, wie sich Licht im Wasser/Glas verhält.
	Warum braucht unser Auto Diesel und kein Benzin?
	Was ist Atomkraft?
Chemie	Warum löscht Wasser Feuer?
	Warum geht der Kuchen hoch (im Backofen)?
Wetter	Warum geht die Sonne nie so auf, dass wir hinterm Haus mit der Sonne frühstücken können?
	Woher kommen Wolken? Warum regnet es?
Technik und Natur	Warum essen Enten Brot, können es auch Affen essen?
	Wie funktioniert eine Farbwechsellampe?
	Wie wird der Akku in der elektrischen Zahnbürste aufgeladen?
	Was ist das für ein Tier/eine Pflanze? Wie entsteht ein Tsunami?
	Fragen zum Thema Tiere+ Pflanzen, wieso rollt ein Rad?
	Fragen zu Pflanzen, Tieren, Autos, Motoren, Fallen bauen und 100.000 weitere

***Tab. 2**: Elternangaben zu typischen Fragen der Kinder (N = 98)*

Die Zuordnung von Jungen und Mädchen in die einzelnen Kategorien ist im folgenden Diagramm dargestellt. Wie man erkennt, besteht der größte Unterschied in der Kategorie „Technik und Natur". D. h. die Eltern von Jungen haben sehr viel häufiger Beispielfragen formuliert, die neben Fragen zur Natur auch Fragen zu technischen Vorgängen beinhalten. Der Chi-Quadrat-Test ergibt mit einer asymptotischen Signifikanz von .023 einen signifikanten Zusammenhang. Dies könnte darauf hindeuten, dass sich Jungen etwa in gleichem Maße wie Mädchen für biologische Phänomene interessieren, aber auch für technische Prozesse. Andererseits sind in der reinen Kategorie Technik die Mädchen ungefähr gleich häufig vertreten, sodass sich kein wirklicher Unterschied feststellen lässt.

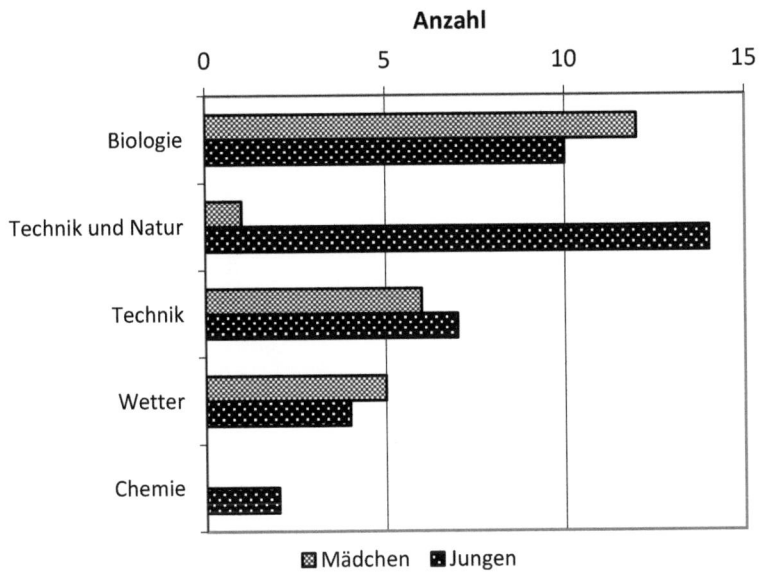

Abb. 1: *Aufteilung von Jungen und Mädchen bei den Kategorien der Beispielfragen. (N = 98)*

Es lässt sich zusammenfassend feststellen, dass aus den Angaben der Eltern keine Unterschiede zwischen Jungen und Mädchen in Bezug auf Interessen oder typische Fragen erkennbar sind.

3.3. Ergebnisse des Erzieherinnenfragebogens

Die Datenauswertung erfolgte auf der Basis von 14 Fragebögen. Die Erzieherinnen sind im Mittel 12 Jahre in ihrem Beruf tätig. Nur bei 30,8 % der Erzieherinnen kamen naturwissenschaftliche Inhalte in der Ausbildung vor.

84,6 % der Erzieherinnen geben an, dass die Kinder häufig Fragen zu naturwissenschaftlichen Phänomenen stellen. 66,7 % meinen, dass Mädchen und Jungen unterschiedliche Herangehensweisen an naturwissenschaftliche Phänomene haben. 33,3% sagten, dass es keine Unterschiede gibt. Interessanterweise sind es signifikant öfter die älteren Erzieherinnen (asympt. Signifikanz: .043), die auch länger im Beruf tätig sind (asympt. Signifikanz: .048), die sagen, dass es keinen Unterschied bei Jungen und Mädchen gibt.

Die Unterschiede werden meist recht allgemein mit den „unterschiedlichen Interessen" begründet. Es gibt aber auch eine Reihe von Antworten, die dem klassischen Geschlechterstereotyp entsprechen, wonach Mädchen emotional und ängstlich sind und einfacher etwas hinnehmen, während Jungen als rational gesehen werden, die hinterfragen und etwas ausprobieren.

3.4. Ergebnisse der Kinderinterviews

Insgesamt wurden 61 Interviews durchgeführt. 55,7 % der befragten Kinder sind Mädchen und 44,3% Jungen. Das Durchschnittsalter der Kinder betrug 4,46 ± 0,91 Jahre mit der in der Grafik dargestellten Aufteilung in Jungen und Mädchen.

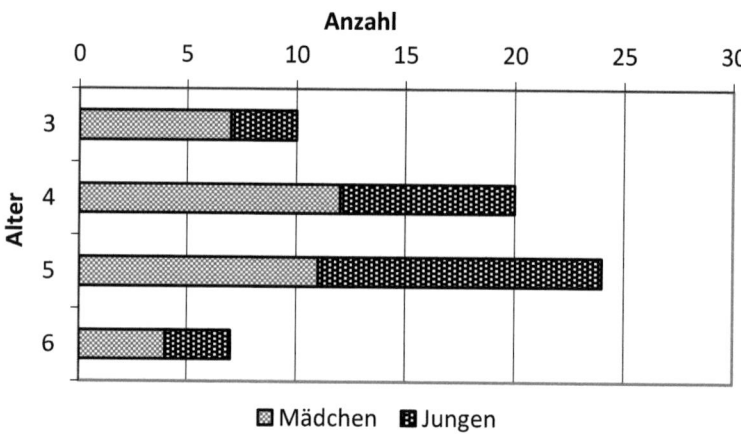

Abb. 2: *Altersverteilung der interviewten Kinder (N = 61)*

Für die weiteren Auswertungen wird das Alter zu den Gruppen 1 (3- und 4-Jährige) und 2 (5- und 6-Jährige) zusammengefasst, sodass in beiden Gruppen der Geschlechteranteil ungefähr gleich ist.

Auf die Frage „Wie ist es für dich, ein Junge/Mädchen zu sein?" gaben 75,4% der Kinder an, dass sie es gut finden, dem eigenen Geschlecht anzugehören. 18% machten dazu unabhängig vom Alter keine Aussage („weiß nicht"). Jeweils nur 3,3% sagten, dass sie es nicht gut finden bzw. sagten ausdrücklich, dass sie nicht dem anderen Geschlecht angehören möchten.

Die Kinder wurden gefragt, ob Jungen und Mädchen mit den gleichen Sachen spielen. Die Verteilung der Antworten ist in der folgenden Grafik dargestellt.

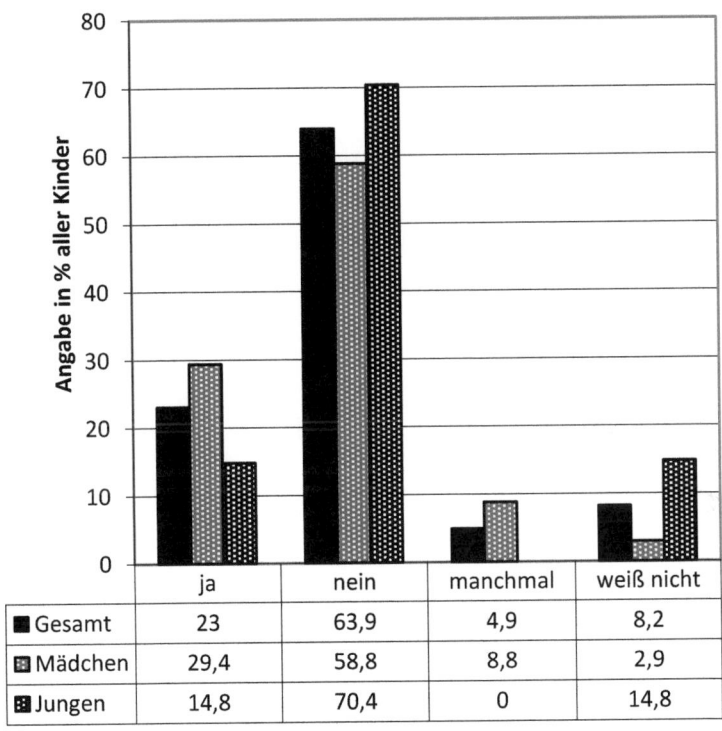

	ja	nein	manchmal	weiß nicht
■ Gesamt	23	63,9	4,9	8,2
▨ Mädchen	29,4	58,8	8,8	2,9
▩ Jungen	14,8	70,4	0	14,8

Abb. 3: *Prozentuale Verteilung der Antworten auf die Frage „Spielen Jungen und Mädchen mit den gleichen Sachen?" (N = 61)*

Auch wenn die Mädchen häufiger sagen, dass Jungen und Mädchen mit den gleichen Sachen spielen, und die Jungen dieses eher verneinen, sind die Unterschiede nicht signifikant.

Die Antworten auf die Fragen „Womit spielen Mädchen? Womit spielen Jungen?" wurden in verschiedene Kategorien eingeteilt. Die Zuordnung wurde von drei unabhängigen Codierern vorgenommen und erzielte eine 100 % Übereinstimmung.

Frage 2b: Womit spielen Jungen? (in %)				Womit spielen Mädchen? (in %)			
Antwort	Gesamt	Anteil Mädchen	Anteil Jungen	Antwort	Gesamt	Anteil Mädchen	Anteil Jungen
Technisches Spielzeug	59,0	50	70,4	Technisches Spielzeug	8,2	2,9	14,8
Puppen	0	0	0	Puppen	47,5	50	44,4
Sonstiges	13,1	14,7	11,1	Sonstiges	14,8	17,6	11,1
Gleiche Sachen	11,5	20,6	0	Gleiche Sachen	11,5	20,6	0
Weiß nicht	16,4	14,7	18,5	Weiß nicht	18,0	8,8	29,6

Tab. 3: *Antwortverteilung auf die Frage nach geschlechtsspezifisch bevorzugtem Spielzeug. (N = 61)*

Auch hier gibt es hinsichtlich des Geschlechts keinen signifikanten Unterschied bei den Antworten. Auffällig ist aber, dass Jungen und Mädchen „Puppen" als typisches Mädchenspielzeug benennen und eher technisches Spielzeug als typisch für Jungen. 11,5 % der Kinder geben bei dieser Frage wiederum an, dass Jungen und Mädchen mit den gleichen Sachen spielen. Dies sind vor allem die jüngeren Kinder, die auch seltener die geschlechtstypischen Spielzeuge benennen.

Auf die Frage, ob Männer und Frauen das gleiche machen, antworteten 23 % der Kinder mit ja, 62,3 % mit nein, 3,3 % sagten manchmal und 11,5 % konnten dazu keine Aussage machen. Auch wenn die Mädchen (26,5 %) etwas häufiger als die Jungen (18,5 %) aussagten, dass Männer und Frauen das gleiche machen, ist dieser Unterschied nicht signifikant. Mit „ja" antworteten dagegen signifikant häufiger die jüngeren Kinder.

Im Anschluss wurde genauer gefragt, was Frauen und Männer bzw. Mütter und Väter machen. Die Antworten wurden erneut in Kategorien zusammengefasst (s. Tab. 4 und 5).

Antwort	Anteil gesamt in %	Anteil aller Mädchen in %	Anteil aller Jungen in %
weiß nicht	32,2	30,3	34,6
Haushalt/Kinder	30,5	33,3	26,9
arbeitet	16,9	18,2	15,4
Sonstiges	20,3	18,2	23,1

Tab. 4 Antwortverteilung auf die Frage „Was macht Mama?" (n=61)

Antwort	Anteil gesamt in %	Anteil aller Mädchen in %	Anteil aller Jungen in %
weiß nicht	28,8	30,3	26,9
arbeitet	32,2	33,3	30,8
Computer	5,1	9,1	0
Haushalt	1,7	0	3,8
Sonstiges	32,2	27,3	38,5

Tab. 5 Antwortverteilung auf die Frage „Was macht Papa?" (N = 61)

Bei beiden Fragen zu den Tätigkeiten der Eltern zeigt sich kein signifikanter Unterschied bei den Antworten der Jungen und der Mädchen. Hinsichtlich des Alters ergeben sich hier aber eindeutige Unterschiede. Die 3- und 4-Jährigen Kinder sagen hochsignifikant häufiger, dass sie nicht wissen, was die Eltern machen als die 5- und 6-Jährigen (Chi-Quadrat-Test, p $\leq$ .001 für die Mütter und p $\leq$ .05 für die Väter).

Auf die Frage, was man bei einem Versuch/Experiment macht, gaben 72,1 % der Kinder keine Antwort. Dabei war der Anteil der Mädchen (76,5 %) etwas höher als der der Jungen (66,7 %). Dies kann aber auch damit zusammenhängen, dass der Anteil der Mädchen bei den jüngeren Kindern etwas höher ist. Nur 13,1 % aller Kinder beschreiben dann tatsächlich ein Experiment bzw. äußern sich zum Experimentieren. Der Anteil der Mädchen beträgt dabei 5,9% und der der Jungen 22,2%.

Auf vier Karten war der Ablauf einer Versuchsdurchführung kindgerecht dargestellt, die Karten sollten von den Kindern in die richtige Reihenfolge sortiert werden. Nur 14,1 % der Kinder gelang es, die richtige Reihenfolge herzustellen (Mädchen = 9,1%, Jungen = 20,8%). Keines der Kinder konnte erklären, wie es bei der Anordnung der Karten vorgegangen war, auch die Beschreibung der Sachverhalte auf den Karten bereitete den Kindern große Schwierigkeiten.

Auf die Frage, was die Kinder machen, wenn sie wissen möchten, wie etwas funktioniert, antworteten 36,1 % mit „weiß nicht". Die restlichen Antworten wurden zu zwei Kategorien zusammengefasst (1 = Person(en) fragen, 2 = nachdenken und/oder ausprobieren) und in Kreuztabellen hinsichtlich eines Zusammenhangs mit dem Alter oder Geschlecht ausgewertet. Unabhängig vom Geschlecht befragen 79,1% eine oder mehrere Personen und 28,1% denken selber nach bzw. probieren es aus. Die Kreuztabelle „jmd. fragen/selber ausprobieren" versus Altersgruppe (3/4 und 5/6) zeigt von der Tendenz her, dass die jüngeren Kinder eher jemanden fragen und die älteren Kinder eher selber nachdenken und ausprobieren.

4.Zusammenfassung und Diskussion

Die zeitliche Bestimmung einzelner Stufen der geschlechtsbezogenen Entwicklung ist schwierig, die Forschungsergebnisse dazu sind zahlreich und z. T. widersprüchlich (HAGEMANN-WHITE 1984, FAGOT, LEINBACH 1993; TRAUTNER 2002; ROHRMANN, THOMA 1998; OERTER 1998). Dies liegt u. a. daran, dass Kinder im Alter von 1 bis 2 Jahren nicht direkt befragt werden können. Grundlage für Interpretationen sind Beobachtungen. Aber selbst bei der Erfassung beobachtbaren Verhaltens gibt es erheblichen Spielraum sowohl bei der Auswahl der Methodik und bei den jeweiligen Fragestellungen sowie bei der Interpretation der Ergebnisse. Es scheint aber Konsens, dass vor allem das dritte Lebensjahr für die Prozesse der Geschlechterdifferenzierung und der Entwicklung der Geschlechtsidentität eine besonders wichtige Phase ist (ROHRMANN 2009). In der vorliegenden Untersuchung wurde festgestellt, dass Interviews auch mit 3-jährigen Kindern z. T. noch schwierig sind.

Ebenfalls unterschiedlich sind die Annahmen, ab wann ein Kind sein eigenes Geschlecht erkennen und zuordnen kann. Während erste Selbstkategorisierungsprozesse bereits Ende des ersten Lebensjahres stattfinden, haben aber auch noch zweijährige Kinder Schwierigkeiten, ihr eigenes Geschlecht anzugeben. Dreijährige haben in der Regel keine Probleme mehr damit (ROHRMANN 2009). Dieses wurde auch in unserer Untersuchung bestätigt.

Die Kinder sind ab einem Alter von drei Jahren in der Lage, sich ihrem eigenen Geschlecht zuzuordnen. Darüber hinaus wurde festgestellt, dass die Kinder das eigene Geschlecht positiv bewerten.

In der vorgenommenen Befragung zeigte sich, dass Kinder bereits in einem frühen Entwicklungsstadium Spielzeug geschlechtsspezifisch zuordnen. Zwar sagen 23 % der Kinder – darunter mehr Mädchen, dass Jungen und Mädchen auch mit den gleichen Sachen spielen, aber eindeutig überwiegt aus Sicht von Mädchen und Jungen, dass Mädchen mit Puppen spielen und Jungen mit technischem Spielzeug. Diese Tendenz nimmt mit steigendem Alter zu. Bei den 3-Jährigen ist die Einteilung noch nicht ganz so deutlich festgelegt.

In der Literatur gibt es unterschiedliche Aussagen zur Frage der Bevorzugung geschlechtstypischen Spielzeugs. In einigen Studien wurde sie bereits gegen Ende des 1. Lebensjahres beobachtet, von anderen dagegen erst Ende des 2. Lebensjahres (Bischof-Köhler 2002; Campbell, Shirley & Caygill 2002, Largo 2001). Häufig zeigte sich, dass Mädchen sich lieber mit Puppen beschäftigen und stärker an ihrer Kleidung interessiert sind, während Jungen das Spiel mit Bauklötzen und Autos bevorzugen (Fried 2004; Turner et al. 1993; Eisenberg, Wolchik 1985; Frasher et al. 1980; Perry et al. 1984; Sutton-Smith, Rosenberg 1963; Blank-Mathieu 2008; Eckes, Trautner 2000; Rohrmann 2008). Allerdings tendieren die Mädchen auch dazu, mit beiden Spielzeugarten zu spielen, während dies bei den Jungen nicht der Fall ist (Wallen, Hassett 2009), dies deckt sich mit unseren Beobachtungen. Auch Niesel (2001) kommt zu der Aussage, dass sich Mädchen auch für männliche Aktivitäten interessieren, dieses aber umgekehrt für die Jungen nicht gilt.

Woher diese Unterschiede resultieren, ist bisher nicht eindeutig geklärt. Aus mehreren Untersuchungen ist aber bekannt, dass verschiedenes Spielzeug mit unterschiedlichen Aktivitäten verbunden wird und dass daraus die Unterschiede resultieren könnten (Campbell et al. 2000; Eisenberg et al. 1982; Miller 1987). Die Vorliebe für Spielzeug ist ein komplexer kognitiver Prozess, der durch sensorische und motorische Prozesse festgelegt wird. Die Unterschiede könnten also aus der visuellen Aufmerksamkeit resultieren (William, Pleil 2008).

Auch im Hinblick auf die Tätigkeiten von Männern und Frauen finden sich bereits die Geschlechtsrollenstereotype, dass Frauen und Männer unterschiedliche Dinge tun. Der Haushalt ist überwiegend den Müttern überlassen, während die Väter arbeiten gehen. Jungen und Mädchen nehmen diese Unterschiede bereits in der frühen Kindheit so wahr, Jungen bereits etwas eher. Die 3- bis 4-Jährigen sagen aber noch häufiger als die 5 bis 6-Jährigen, dass sie nicht wissen, was die Eltern machen.

Hinsichtlich der Vorerfahrungen mit Experimenten zeigte sich hier kein signifikanter Unterschied zwischen Jungen und Mädchen. Nur 13,1 % der Kinder beschreiben ein Experiment, darunter allerdings mehr Jungen. Ebenso gelang es den Jungen etwas häufiger, Karten, die den möglichen Ablauf eines Experiments zeigen, in die richtige Reihenfolge zu bringen.

Geschlechtsunabhängig gab die deutliche Mehrheit der Kinder an, dass sie jemanden fragen, wenn sie wissen wollen, wie etwas funktioniert. Nur 28 % der Jungen und Mädchen geben an, dann etwas selber auszuprobieren bzw. nachzudenken. Darunter ist der Anteil der 5- bis 6-Jährigen größer als der der 3- und 4-Jährigen.

In der Wahrnehmung der Eltern bzw. der Mütter bestehen bei den Interessengebieten der Kinder keine Unterschiede zwischen Jungen und Mädchen. Dies trifft auch auf die Aussage zu, dass die Kinder unabhängig vom Geschlecht häufig Fragen zu Natur und Technik stellen. Allerdings sind es eher die älteren 5- und 6-jährigen Kinder, die solche Fragen stellen.

Während die Eltern nicht explizit zu Unterschieden zwischen Jungen und Mädchen gefragt wurden und die geschlechtsspezifische Auswertung nur anhand der Gesamtdaten des Fragebogens untersucht wurden, war dies bei den Erzieherinnen anders. Zwei Drittel der Erzieherinnen meinen, dass es Unterschiede in der Herangehensweise an naturwissenschaftliche Phänomene bei Jungen und Mädchen gibt. Begründet wurde dies mit unterschiedlichen Interessen, aber auch mit geschlechtsstereotypischen Charakteristika, wonach Mädchen eher emotional und ängstlich sind, Jungen eher rational sind und etwas ausprobieren. Beachtenswert ist, dass besonders die jüngeren Erzieherinnen den Jungen und Mädchen geschlechtstypische Verhaltensweisen bei der Herangehensweise an naturwissenschaftliche Phänomene attestieren. Insgesamt wurde aber auch von den Erzieherinnen ähnlich wie bei den Eltern festgestellt, dass sich die Vorschulkinder stark für naturwissenschaftliche Phänomene interessieren.

Zusammenfassend lässt sich festhalten, dass die 3- bis 6-jährigen Kinder bereits geschlechterdifferenzierende Vorstellungen haben. Hinsichtlich bisheriger naturwissenschaftlicher Erfahrungen und Kompetenzen lässt sich kein signifikanter Unterschied zwischen den Jungen und Mädchen feststellen. Unterschiede zeigen sich hier eher in Abhängigkeit vom Alter, was sich mit der kognitiven Entwicklung begründen lässt.

Hinsichtlich der naturwissenschaftlichen Kompetenzen in Abhängigkeit von Alter und Geschlecht, stimmen unsere Ergebnisse recht gut mit denen von UNUTKAN (2006) überein. Sie beschäftigte sich in einer Studie mit der Schulreife von Vorschulkindern hinsichtlich ihrer wissenschaftlichen Denkfähigkeiten. Ziel der Untersuchung war es, die Schulreife von Kindern mit Vorschulerziehung und Kindern ohne Vorschulerziehung zu vergleichen. Es zeigte sich, dass Kinder mit Vorschulerziehung größere Kompetenzen beim wissenschaftlichen Denken haben, diese Fähigkeiten mit dem Alter zunehmen, es aber keinen Unterschied beim Geschlecht gibt.

Bei bisherigen Projekten steht häufig die Mädchenförderung im Vordergrund. Aufgrund des schlechten Bildungserfolgs von Jungen erscheint es aber unerlässlich, auch die Probleme und Bedürfnisse der Jungen zu berücksichtigen. Es scheint erwiesen, dass nur ein gemeinsamer Lernprozess mit gleicher Beteiligung von Mädchen und Jungen positive Veränderungen im Bezug auf eine differenzierte und individuelle Geschlechterwahrnehmung bewirken kann (SOLGA, PFAHL 2009).

Ein wichtiger Ansatzpunkt unseres Projektes ist es deshalb, Jungen und Mädchen gleichermaßen die Chance zur Beschäftigung mit naturwissenschaftlichen Themen zu ermöglichen und dieses wissenschaftlich durch teilnehmende Beobachtungen zu begleiten. Mit Hilfe dieser Beobachtungen soll versucht werden, genauer festzustellen, ob und wenn ja, welche Unterschiede es hinsichtlich der Interessen und der Herangehensweise an naturwissenschaftliche Phänomene zwischen Jungen und Mädchen, aber auch welche Varianzen es innerhalb der Geschlechter gibt. Da es Beschäftigungsmöglichkeiten mit biologischen, chemischen und physikalischen Phänomenen gibt, soll auch überprüft werden, ob sich die Interessen der Kinder in diesen Domänen unterscheiden.

5. Literatur

BISCHOF-KÖHLER, D. (2002): Von Natur aus anders. Die Psychologie der Geschlechtsunterschiede. Stuttgart: Kohlhammer.

BISCHOF-KÖHLER, D. (2006): Von Natur aus anders. Die Psychologie der Geschlechterunterschiede. Stuttgart: Kohlhammer.

BLANK-MATHIEU, M. (2008): Jungen im Kindergarten. In: W. TISCHNER, M. MATZNER (Hg.): Handbuch Erziehung und Bildung von Jungen. Weinheim: Beltz S. 78-90.

CAMPBELL, A., SHIRLEY, L., CAYGILL, L. (2002): Sex-typed preferences in three domains. Do two-year-olds need cognitive variables?, British Journal of Psychology 93 (2), 203-217.

ECKES, T., TRAUTNER, H. M. (Hg) (2000): The developmental social psychology of gender. Mahwah, NJ: Lawrence Erlbaum Associates.

EISENBERG, N., WOLCHIK, S. A. (1985): Parental socialization of young children's play: a short-term longitudinal study. Child Dev. 56, 1506-1513.

FAGOT, B., LEINBACH, M. D. (1993): Sex-role development in young children: From discrimination to labeling. Child Developmental Review, 13, 205-224.

FRASHER, R. S., NURSS, J. R., BROGAN, D. R. (1980): Children's toy preferences revisited: implications for early childhood education. Child Care Q 9, 26-31.

FRIED, L. (2004): Junge oder Mädchen? Der kleine Unterschied in der Erziehung. Das Familienhandbuch des Staatsinstituts für Frühpädagogik (IFP).

GLASER, E., KLIKA, D., PRENGEL, A. (2004): Handbuch Gender- und Erziehungswissenschaften. Bad Heilbrunn: Julius Klinkhardt.

HAGEMANN-WHITE, C. (1984): Sozialisation: weiblich – männlich?: Alltag und Biographie von Mädchen. Opladen: Leske + Budrich.

KASÜSCHKE, D., KLEES-MÖLLER, R. (2004): Mädchen und Jungen in Kindertageseinrichtungen. Theoretische Modelle, Jugendhilfepraxis und Forschungsbedarf. In: K. BRUHNS (Hg.): Geschlechterforschung in der Kinder- und Jugendhilfe. Praxisstand und Forschungsperspektiven. Wiesbaden: VS Verlag für Sozialwissenschaften, S. 187-202.

KASÜSCHKE, D., KLEES-MÖLLER, R. (2002): Mädchen und Jungen in Kindertageseinrichtungen. Zum Stand der Umsetzung geschlechtsbezogener Handlungsansätze. In: WERTHMANNS-REPPEKUS; BÖLLERT, KARIN (Hg.) (2002). Materialien zum elften Kinder- und Jugendhilfebericht. Band 3: München: Verlag Deutsches Jugendinstitut, S. 59-73.

LARGO, R. H. (2001): Babyjahre. Die frühkindliche Entwicklung aus biologischer Sicht. Überarbeitete Neuauflage, München: Piper.

MILLER, C. L. (1987): Qualitative differences among gender-stereotyped toys – implications for cognitive and social-development in girls and boys. Sex Roles 16, 473-487.

NIESEL, R. (2001): Geschlechterdifferenzierende Pädagogik im Kindergarten – neue Perspektiven. Bildung, Erziehung, Betreuung von Kindern in Bayern 6 (2), 28-31.

OERTER, R. (1998): Kindheit. Die Identifikation mit dem eigenen Geschlecht. In: R. OERTER; L. MONTADA (Hg.) Entwicklungspsychologie. Weinheim: Beltz,,4. Aufl., 268-277.

PERRY, D. G., WHITE, A. J., PERRY, L. C. (1984): Does early sex typing result from children's attempts to match their behavior to sex role stereotypes? Child Dev. 55, 2114-2121.

ROHRMANN, T. (2008A): Zwei Welten? Geschlechtertrennung in der Kindheit: Forschung und Praxis im Dialog. Opladen: BudrichUniPress.

PISA-Konsortium Deutschland: PRENZEL, M., ARTELT, C., BAUMERT, J., BLUM, W., HAMMANN, M., KLIEME, E., PEKRUN, R. (Hg.) (2008). PISA 2006 in Deutschland. Die Kompetenzen der Jugendlichen im dritten Ländervergleich. Münster: Waxmann.

ROHRMANN, T. (2008): Zwei Welten? Geschlechtertrennung in der Kindheit. Opladen: BudrichUniPress

ROHRMANN, T. (2009): Gender in Kindertageseinrichtungen. Ein Überblick über den Forschungsstand. München: Deutsches Jugendinstitut e. V..

ROHRMANN, T., THOMA, P. (1998): Jungen in Kindertagesstätten. Ein Handbuch zur geschlechtsbezogenen Pädagogik. Freiburg: Lambertus.

SCHWARZE, B., WENZEL, W. (2007): "Zeit, dass sich was dreht" – Technik ist auch weiblich! Instrumente zur Herstellung von Chancengleichheit in technischen und naturwissenschaftlichen Ausbildungen in Nordrhein-Westfalen. Bielefeld: Kompetenzzentrum Technik – Diversity – Chancengleichheit e. V.

SPELKE, E. S. (2005): Sex Differences in Intrinsic Aptitude for Mathematics and Science? American Psychologist Vol. 60, No. 9, 950-958.

SOLGA, H., PFAHL, L. (2009): Doing Gender im technisch-naturwissenschaftlichen Bereich. In: J. MILBERG (Hg.): Förderung des Nachwuchses in Technik und Naturwissenschaft. Berlin: Springer, 155-219.

Sutton-Smith, B., Rosenberg, B. G. (1963): Development of sex differences in play choices during preadolescence. Child Dev. 34, 119-126.

Trautner, H. M. (2002): Entwicklung der Geschlechtsidentität. In: R. Oerter, L. Montada (Hg.): Entwicklungspsychologie. Weinheim: Beltz, 648-674.

Turner, P. J., Gervai, J., Hinde, R. A. (1993): Gender-typing in young children: preferences, behavior, and cultural differences. Br. J. Dev. Psychol. 11, 323-342.

Unutkan, O. P. (2006): A Study of Pre-School Children's school Readiness Related to Scientific Thinking Skills. Turkish Online Journal of Distance Education Vol. 7, No.4, Article 6

Wallen, K., Hassett, J. M. (2009): Sexual Differentiation of Behaviour in Monkeys: Role of Prenatal Hormones. J. Neuroendocrinol. 21 (4) 421-426.

Williams, C. L., Pleil, K. E. (2008): Why do monkey and human males prefer trucks? Comment on "Sex differences in rhesus monkey toy preferences parallel those of children" by Hassett, Wallen. Hormones and Behavior 54, 355-358.

Expedition Naturwissenschaften
– naturwissenschaftliche Denk- und Arbeitsweisen in der frühkindlichen Bildung vermitteln? –

KERSTIN HÖNER, INSKE PREIßLER, MAIKE LOOß, RAINER MÜLLER

Kurzfassung
In den Bildungsplänen für Kindertagesstätten wird gefordert, dass Kinder spielerisch experimentieren sollen, um Erfahrungen mit der belebten und unbelebten Natur zu machen. Neben einer Auseinandersetzung mit naturwissenschaftlichen Phänomenen sollen die Kinder dazu angeregt werden, grundsätzliche Denk- und Arbeitsweisen in den drei Naturwissenschaften kennenzulernen, z. B. Vermuten, Experimentieren, Ordnen (FTHENAKIS 2009). Im Rahmen des Projektes „Expedition Naturwissenschaften" haben die VHS Braunschweig, die TU Braunschweig, IFdN (Institut für Fachdidaktik der Naturwissenschaften) und zwei evangelischen Kindertagesstätten in Braunschweig zwei Jahre lang ein Konzept erprobt, das diesen Anforderungen gerecht wird. Im Folgenden werden das Konzept und einige Ergebnisse der Begleitforschung vorgestellt.

1. Das Konzept – Grundlagen

Die Hauptziele des Projektes bestanden darin, bei Kindern im Vorschulalter Interesse für die Beschäftigung mit naturwissenschaftlichen Phänomenen zu wecken und die Entwicklung naturwissenschaftlicher Denk- und Arbeitsweisen zu fördern.

Das Projekt orientiert sich an neueren Forschungsergebnissen, die belegen, dass Vorschulkinder schon Grundfertigkeiten und -fähigkeiten in Bezug auf die Hypothesenbildung, die Logik von Hypothesenprüfung, die Revidierbarkeit von Vermutungen, das Experimentieren und die Prinzipien der Kausalität haben (FTHENAKIS 2009, KOERBER 2006, LÜCK 2003, LÜCK & RISCH 2007, MICHALIK 2008). BULLOK und SODIAN (2003) wiesen nach, dass Kinder „bereits mit drei bis vier Jahren kausale Schlüsse nach ähnlichen Prinzipien wie Erwachsene ziehen können" (zitiert nach MICHALIK 2008). Nach KOERBER (2006) ist ein Grundverständnis für die Logik der Hypothesenprüfung nachzuweisen, das sie u. a. beim Verstehen von Experimenten anwenden können. Die oben genannten Forschungsergebnisse bilden die Legitimation, dass die Kinder sich nicht nur mit naturwissenschaftlichen Experimenten beschäftigen sollen, sondern auch Wege der Erkenntnisgewinnung beschreiten können, so wie es auch in den Erziehungs- und Bildungsplänen für Kindertagesstätten verankert ist (KOERBER 2006).

Die Entwicklung bereichsübergreifender Kompetenzen für wissenschaftliches Denken und Handeln wird durch Tätigkeiten wie Experimentieren, Beobachten, Vergleichen usw. gefördert und entwickelt sich bei der Beschäftigung mit den Inhalten weiter. Dabei geht es nicht um die Vorverlagerung eines systematischen schulischen Lernens, dennoch spielt der Erwerb von inhaltlichem Wissen für die Entwicklung des Denkens eine zentrale Rolle.

Ein Grundgedanke bei der Entwicklung des Projektes bestand in der gemeinsamen Planung der Konzeption mit den Erzieherinnen, damit deren pädagogische Expertise von Anfang an mit einfließen konnte. Da die meisten Erzieherinnen aber keine naturwissenschaftliche Ausbildung durchlaufen haben, mussten sie zuerst ihre eigenen naturwissenschaftlichen Kompetenzen erweitern. Dafür wurden seitens der TU-Mitarbeiter/-innen experimentelle Workshops zu verschiedenen biologischen, chemischen und physikalischen Themen angeboten. Gemeinsam wurden dann geeignet erscheinende Themenfelder ausgewählt, wobei einerseits das Alter der Kinder und andererseits auch die Möglichkeiten der Einbeziehung des Elternhauses berücksichtigt wurden. Ein regelmäßiger Arbeitskreis aller Beteiligten hat die Experimentierblöcke projektbegleitend ausgearbeitet. Anders als bei anderen bereits bestehenden Initiativen, die Experimente für Kindergärten bereitstellen (z. B. SONNENTALER, Kids and science...), stand bei der Entwicklung der Lerneinheiten für „Expedition Naturwissenschaften" das Erkennen naturwissenschaftlicher Fragestellungen und der Weg der Erkenntnisgewinnung im Mittelpunkt, um naturwissenschaftliche Denk- und Arbeitsweisen in Kitas zu implementieren. Der Schwerpunkt lag dabei auf einem ganzheitlichem, situationsorientiertem Arbeiten, wobei entsprechende Situationen aber teilweise geschaffen werden müssen (DOLLASE 2008).

Es wurden zwei Experimentierreihen von je 12 Wochen ausgearbeitet. Jeder Block beinhaltete jeweils vier biologische, chemische und physikalische Experimente. Bei der Auswahl und Ausgestaltung der Experimente wurde darauf geachtet, dass sie den Anforderungen an naturwissenschaftliches Experimentieren im Kindergarten nach LÜCK (2003) und ergänzt nach IRMER (2005) genügen.

Das Projekt wurde an zwei Kindertagesstätten von Oktober 2009 bis September 2011 durchgeführt und begleitend evaluiert.

2. Inhalte und naturwissenschaftliche Denk- und Arbeitsweisen

FTHENAKIS et al. (2009) benennen sieben Kompetenzen für wissenschaftliches Arbeiten und Handeln, die für den Kindergartenbereich relevant sind: Beobachten, Beschreiben, Kommunizieren, Vergleichen, Klassifizieren, Messen, Experimentieren. Diese bilden die Grundlage für den Erwerb weiterer Kompetenzen, die im wissenschaftlichen Erkenntnisprozess zu einem späteren Zeitpunkt erforderlich sind, wie das Schlussfolgern und Vorhersagen, Hypothesen aufstellen und das Definieren und Kontrollieren von Variablen (FTHENAKIS 2009). Das vorliegende Projekt lehnt sich an FTHENAKIS an, hat jedoch zusätzlich noch „Vermuten" und „Recherchieren" aufgenommen, wie es auch von DUIT ET AL. (2007) vorgeschlagen wird. Da das Wort „Recherchieren" für die Kinder als zu schwierig erschien, wurde es bei den Besprechungen als „Nachforschen" bezeichnet. Außerdem erschien es sinnvoll, „Beobachten/Beschreiben" zu einer Kategorie zusammenzufassen, da die Kinder ihre Beobachtungen stets auch beschreiben sollten und deshalb die beiden Bereiche schlecht zu trennen sind. Auch „Ordnen/Vergleichen" wurde zusammengefasst, da das Ordnen in der Regel auch ein Vergleichen voraussetzt.

Als strukturierendes Hilfsmittel wurden für die einzelnen Kompetenzen Bild-Kärtchen angefertigt (s. Abb. 1). Diese wurden an den entsprechenden Stellen in den Skripten verwendet, um den Erzieherinnen einen Hinweis zu geben, wann welche Kompetenz gefordert ist. Auch bei den Nachbesprechungen mit den Forscherkindern am Folgetag sollten diese Bild-Kärtchen eingesetzt werden, um die Vorgehensweise bzw. den Ablauf der Experimente noch einmal zu wiederholen.

Weitere Aspekte bei der konzeptionellen Ausgestaltung der Einheiten waren der Alltags- bzw. Lebensweltbezug der Experimente und die Einbeziehung des Elternhauses z. B. durch Materialbeschaffung.

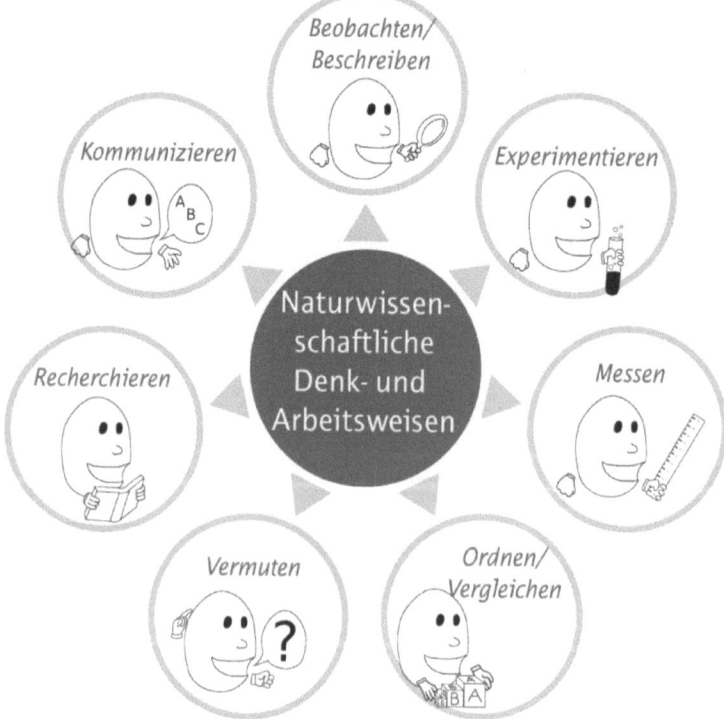

Abb. 1: Bildkarten zu den naturwissenschaftlichen Denk- und Arbeitsweisen (PREIßLER ET AL. 2011)

Für die Ergebnissicherung erstellte jedes Kind ein eigenes Portfolio (Forschertagebuch), das Versuchsbeschreibungen, Produkte, Tabellen, Zeichnungen, usw. enthält.

In den beiden Kitas wurde je eine Forschergruppe bestehend aus acht Kindern im Alter von 4 bis 6 Jahren eingerichtet. Es wurde einmal wöchentlich experimentiert und am Folgetag wurden jeweils die wesentlichen Inhalte und Fragestellungen sowie Beobachtungen und Deutungen wiederholt. Dabei wurden die Bildkarten (s. Abb. 1) verwendet, um den Weg der Erkenntnisgewinnung zu erkennen, nachzuvollziehen und zu üben.

In der folgenden Übersicht sind die Themen in chronologischer Reihenfolge zusammenfassend dargestellt. Die ausführlicheren Tabellen mit den Inhalten befinden sich im Anhang (s. a. HÖNER ET AL. 2013 und HÖNER ET AL. 2014).

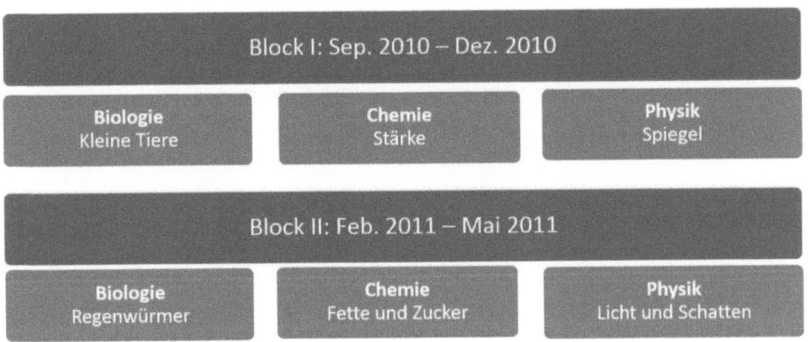

Abb. 2: *Übersicht über die Experimentierblöcke*

3. Fragestellungen und Methodik der Begleitforschung

Die Ergebnisse der Begleitforschung sollten dazu dienen, folgende Fragestellungen zu beantworten:

Sind die Versuche für Kinder dieses Alters geeignet (z. B. hinsichtlich der Materialien)?

Beherrschen die Kinder zumindest einige der naturwissenschaftlichen Denk- und Arbeitsweisen bzw. haben sie sie verinnerlicht?

Bekommen die Kinder eine Vorstellung davon, was ein Experiment ist?

Gibt es unterschiedliche Interessen der Kinder für die verschiedenen Versuchsthemen?

Hinterlassen die Experimente einen nachhaltigen Eindruck bei den Kindern? (Gemessen an der Erinnerungsfähigkeit (s. LÜCK 2000).)

Die Fragestellungen wurden auch im Hinblick auf Unterschiede zwischen Mädchen/Jungen und das Alter der Kinder betrachtet.

Einen Überblick über den zeitlichen Verlauf der Begleitforschung, die verwendeten Untersuchungsinstrumente und die jeweiligen Probanden zeigt Abbildung 3.

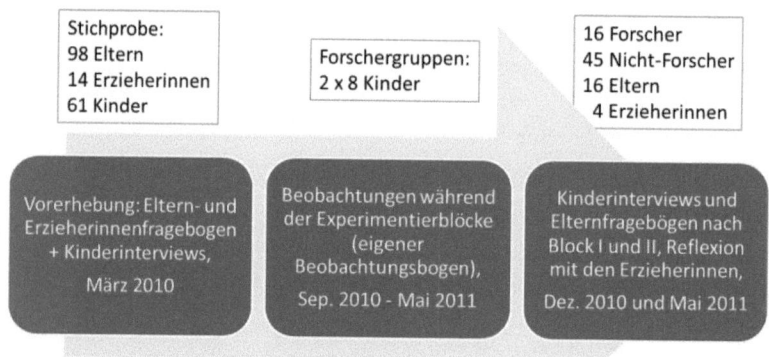

Abb. 3: *Zeitstrahl der Begleitforschung*

In einer Voruntersuchung wurden Eltern- und Erzieherinnen nach ihren eigenen und den Interessen der Kinder befragt sowie 61 Kinderinterviews durchgeführt, um die Vorerfahrungen der Kinder z.B. hinsichtlich der Frage „Was ist ein Experiment/Versuch?" zu erfassen (HÖNER ET AL. 2015).

Von 61 Kindern der Voruntersuchung wurden an jeder Kita per Zufallsauswahl je vier Mädchen und vier Jungen ausgewählt, die an der Forschergruppe teilnehmen sollten.

Nach jedem Experimentierblock von 12 Wochen wurden Kinderinterviews mit den Forscherkindern und der restlichen Kontrollgruppe der Voruntersuchung („Nichtforscher") durchgeführt und transkribiert. Die Eltern wurden nach jedem Block mit Hilfe eines Fragebogens befragt, und mit den beteiligten Erzieherinnen wurde die Einheit reflektiert.

Während der Durchführung der beiden Experimentierblöcke fand individuell für jedes Kind eine begleitende Beobachtung statt (s. Abb. 3), für die ein eigener Beobachtungsbogen entwickelt wurde, der Antworten auf einige der o. g. Fragen liefern sollte. Der Bogen enthält neben allgemeinen Angaben neun Beobachtungskategorien (s. Abb. 4). Des Weiteren besteht die Möglichkeit wörtliche Äußerungen der Kinder zu notieren. In einem ersten Schritt wurden in der Spalte „Anzahl" die Häufigkeiten der Beobachtungen mithilfe einer Strichliste festgehalten. In einem zweiten Schritt wurden diese Häufigkeiten nach jedem Experimentiernachmittag von mehreren unabhängigen Codierern in eine 5-er-Skala übertragen. Zusätzlich gab es noch die Möglichkeit „keine Angabe möglich (kA)" anzukreuzen. Der Beobachtungsbogen wurde in einer Pilotstudie auf seine Eignung getestet. Der standardisierte BBK-Beobachtungsbogen (MAYR 2000) erwies sich bei uns in einer Vorstudie als wenig geeignet, da verschiedene Beobachter/-innen zu sehr unterschiedlichen Einstufungen kamen.

Beobachter		Kita	Experiment	Zahl der Kinder in der Gruppe Zahl der Jungen/Mädchen			
Datum		Erzieherin	Sonstiges	Kind 1 (Code)			
Verhalten		Anzahl	Nie	Teils	Sehr oft	kA	Wörtliche Äußerungen
Sprechend im Bezug a. d. Experiment			1	2	3	4	5
Handelnd im Bezug a. d. Experiment			1	2	3	4	5
Interessiert an der Umwelt (abgewandt)			1	2	3	4	5
Zugewandt beobachtend			1	2	3	4	5
Gerätschaften ausprobiert			1	2	3	4	5
Gerätschaften funktionsgemäß gebraucht			1	2	3	4	5
Vermutungen angestellt/ Eigene Ideen eingebracht			1	2	3	4	5
Zusammenhänge hergestellt			1	2	3	4	5
Fragen zu Versuchen gestellt			1	2	3	4	5

Abb. 4: Beobachtungsbogen

Die meisten Beobachtungskategorien beziehen sich auf Kompetenzen im Hinblick auf naturwissenschaftliche Denk- und Arbeitsweisen (z. B. Vermutungen angestellt, Zusammenhänge hergestellt), andere dienen der Überprüfung der Eignung der Experimente hinsichtlich des „funktionsgemäßen Gebrauchs der Gerätschaften" oder der Interessiertheit („zugewandt beobachtend") bzw. Nichtinteressiertheit („Interessiert an der Umwelt (abgewandt)") der Kinder.

4. Auswertungen

Da zur Beantwortung der o. g. Fragestellungen z. T. Daten verschiedener Untersuchungsinstrumente herangezogen wurden, erfolgt zuerst die Datenauswertung der einzelnen Instrumente. In der abschließenden Diskussion werden die Ergebnisse zusammengetragen.

Die meisten Daten aus den Beobachtungsbögen und den Elternfragebögen sind nicht normalverteilt (Kolmogorov-Smirnoff, Q-Q-Diagramme) und das Skalenniveau ist nur ordinal. Deshalb wurden nichtparametrische Testverfahren (Mann Whitney, Kruskal Wallis) angewandt, um signifikante Unterschiede aufzudecken. Die Varianzen wurden mit dem Levene-Test geprüft. Da Varianzgleichheit im Hinblick auf die Daten für die Fächer Biologie, Chemie und Physik vorlag, wurde Scheffé als post hoc Test verwendet.

4.1. Auswertung der Beobachtungsbögen

In Abbildung 5 sind die Mediane (1 = nie ... 5 = sehr oft) der Beobachtungskategorien unterteilt in die Fächer dargestellt. Eine Auswertung über die Mittelwerte ist weniger sinnvoll, da die Daten nicht normalverteilt und nur ordinalskaliert sind.

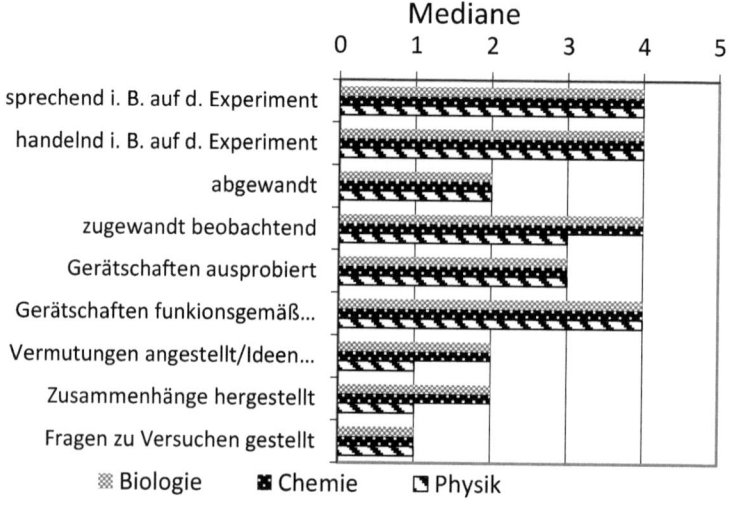

Abb. 5: Mediane der Beobachtungskategorien aufgeteilt nach Fach (Biologie: n = 16, Chemie: n = 16, Physik: n = 16)

Es zeigte sich, dass alle Versuche hinsichtlich der Kategorien „sprechend im Bezug auf das Experiment", „handelnd im Bezug auf das Experiment" sehr gut geeignet sind, um die Kinder zu aktivieren. In der Kategorie „zugewandt beobachtend" ist nur der Median für die Physik etwas kleiner. Der ebenfalls hohe Median für „Gerätschaften funktionsgemäß gebraucht" zeigt, dass die Kinder gut mit den Materialen umgehen können. Eine genauere Analyse der einzelnen Versuche in den verschiedenen Fächern zeigte, dass es auch dort nur geringe Unterschiede gibt.

Geringere Mediane (zwischen 1 und 2) ergaben sich bei den Kategorien „Vermutungen angestellt", „Zusammenhänge hergestellt" und „Fragen zu Versuchen gestellt". In den beiden erstgenannten Kategorien bestehen signifikante Unterschiede zur Physik, wo die Werte deutlich niedriger liegen.

Zwischen Jungen und Mädchen gab es kaum Unterschiede. Lediglich innerhalb des Biologieteils in Block I sind es signifikant häufiger die Jungen (p = 0,05), die die „Gerätschaften ausprobieren", also auf andere Art als es der Funktion entspricht, damit hantiert haben.

In dieser Kategorie gibt es für den gesamten Block I auch einen signifikanten Unterschied hinsichtlich des Alters (p = 0,001). Es sind die älteren Kinder, die häufiger die Geräte zum Ausprobieren verwendet haben. Das Durchschnittsalter der Kinder am Ende des ersten Blocks betrug 63 $\pm$ 7 Monaten.

Für den kompletten Block II gibt es einen signifikanten Unterschied hinsichtlich der Kategorie „Zusammenhänge hergestellt" (p = 0,008). Hier sind es die Mädchen, die häufiger Zusammenhänge hergestellt haben. Im Chemieteil sind es signifikant häufiger die Mädchen (p = 0,013), die „Fragen zu Versuchen gestellt" haben.

Für die Kategorien des Beobachtungsbogens ergab sich nach Kaiser-Meyer-Olkin ein zufrieden stellender Wert von 0,778, sodass eine Faktorenanalyse sinnvoll erscheint.

Es ergeben sich drei Faktoren, die 64 % der Varianz erklären. Die Zuordnung der Kategorien zu den Faktoren, die Faktorladungen und der entsprechende Wert für Cronbachs α sind in der folgenden Tabelle (Tab. 1) dargestellt.

Kategorie	Faktorladung
Faktor 1: Experimentieren	**Cronbachs α = 0,764**
Gerätschaften funktionsgemäß gebraucht	0,856
Zugewandt beobachtend	0,814
Handelnd im Bezug auf das Experiment	0,687
Faktor 2: Kreativität und Kommunikation	**Cronbachs α = 0,669**
Vermutungen angestellt, eigene Ideen eingebracht	0,746
Sprechend im Bezug auf das Experiment	0,717
Zusammenhänge hergestellt	0,690
Fragen zu Versuchen gestellt	0,537
Faktor 3: abgelenkt	**Cronbachs α = 0,324**
Gerätschaften ausprobiert	0,800
Interessiert an der Umwelt (umkodiert)	0,655

Tab. 1: Ergebnisse der Faktorenanalyse

Die Kategorien des ersten Faktors beziehen sich auf die Handlungen der Kinder bei den Versuchen und auf das Beobachten. Sie lassen sich gut zum Oberbegriff „Experimentieren" zusammenfassen. Die Kategorien des zweiten Faktors können mit den Begriffen „Kreativität und Kommunikation" erfasst werden. Sie drücken aus, wie gut sich die Kinder gedanklich auf die Versuche einstellen können und darüber sprechen. Faktor drei enthält nur zwei Kategorien, die sich beide auf das „Abgelenktsein" der Kinder beziehen. Da es nur zwei Items sind und Cronbachs α eher gering ist, soll der Faktor nicht weiter betrachtet werden.

Im Hinblick auf Faktor zwei ergibt sich ein signifikanter Unterschied im Hinblick auf das Fach (Kruskal Wallis, asympt. Signifikanz = 0,04). Physik hat einen deutlich geringeren mittleren Rang. Die anschließende univariate Varianzanalyse mit dem Scheffé post hoc-Test ergibt für den Unterschied zwischen Biologie und Physik den Wert 0,024 und zwischen Chemie und Physik den Wert 0,008. D. h. insgesamt sind die Physikversuche weniger geeignet gewesen, um die Kinder zu einer kreativen Kommunikation während der Versuchsdurchführung anzuregen.

4.2. Auswertungen der Kinderinterviews
Aussagen zum Experiment/Versuch

Im Rahmen der Interviews vor und nach den Blöcken wurden die Kinder u.a. gefragt, ob sie wissen, was ein Versuch/Experiment ist. In der Voruntersuchung konnten nur 13 % der Kinder dazu eine sinnvolle Aussage machen, dabei gab es keinen Unterschied zwischen den Forscherkindern und den Nichtforscherkindern. Die Ergebnisse der Befragungen nach Block I und Block II sind in Abbildung 6 dargestellt. Die Unterschiede sind in beiden Fällen hochsignifikant ($p < 0{,}001$).

Die Grafik zeigt, dass die Forscherkinder sehr viel häufiger ein Experiment beschreiben konnten. Dass sich auch die Nichtforscher nach Block II verbessert haben, liegt daran, dass auch sie in der Zwischenzeit in der Kita experimentiert haben, aber nicht so systematisch und regelmäßig wie die Forscherkinder.

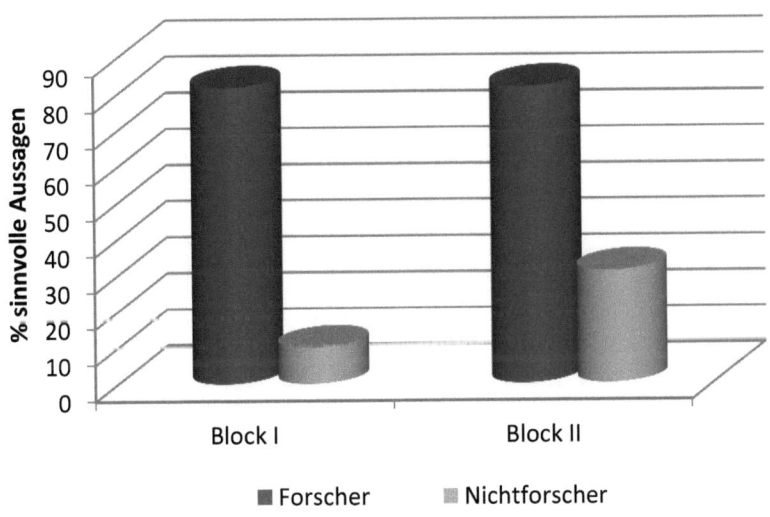

Abb. 6: *Prozentualer Anteil der sinnvollen Aussagen zu einem Experiment/Versuch bei Forscherkindern (n= 16) und Nichtforscherkindern (n = 45) nach Block I und II*

4.3. Erklärung naturwissenschaftlicher Denk- und Arbeitsweisen

Zum Ende der Interviews sollten die Forscherkinder drei der sieben „Kartoffelkarten", die die naturwissenschaftlichen Denk- und Arbeitsweisen symbolisieren, auswählen und beschreiben, was sie bedeuten. Mit Hilfe dieser Aufgabe sollte untersucht werden, ob die Kinder die Bedeutung der Symbole verinnerlicht und ein grundlegendes Verständnis für die naturwissenschaftlichen Denk- und Arbeitsweisen entwickelt haben.

In Abbildung 7 sind die Ergebnisse für die Befragungen nach Block I und Block II zusammengefasst.

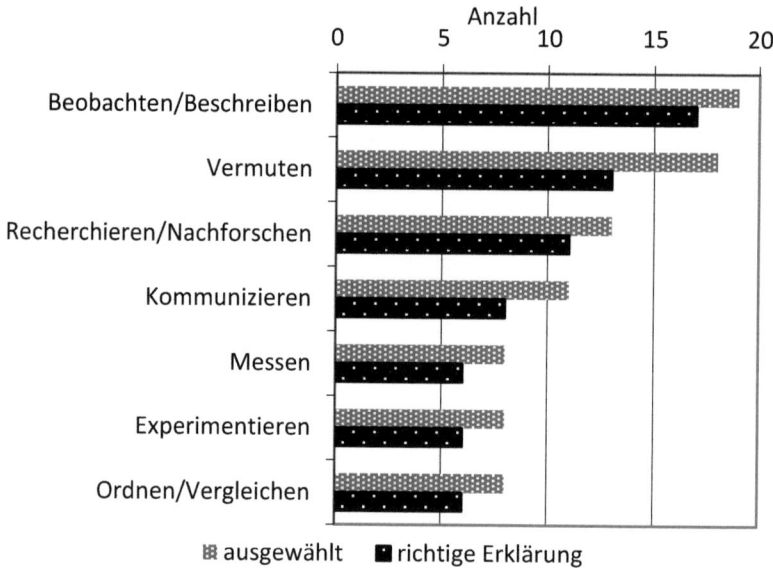

Abb. 7: *Anzahl ausgewählter Karten und Anzahl richtiger Erklärung zur ausgewählten Karte für Block I und II zusammen (n = 16)*

Wie man sieht, wurden die Karten unterschiedlich häufig ausgewählt. Am häufigsten wurde die Karte für Beobachten/Beschreiben mit der Lupe ausgesucht. Dies liegt wahrscheinlich daran, dass die Kinder bei einigen Biologie- und Physikversuchen auch tatsächlich mit Lupen gearbeitet haben. Insgesamt konnten die Bedeutungen der ausgewählten Karten auch überwiegend erklärt werden. Am schwierigsten scheint die „Vermuten"-Karte mit dem Fragezeichen zu sein. Dies liegt wahrscheinlich daran, dass ein Fragezeichen für die Kinder einen geringeren Symbolwert hat als z. B. das Reagenzglas bei der „Experimentier"-Karte.

4.4. Interessen und Nachhaltigkeit (Erinnerungsfähigkeit und Lieblingsversuche)

Die Kinder wurden nach Block I und II gefragt, an welche Versuche aus den jeweils letzten 12 Wochen sie sich erinnern. Bei den Antworten wurde unterschieden zwischen „spontaner Erinnerung" und der „Erinnerung auf Nachfrage". Letzteres bedeutete, dass die Interviewer einige Hinweise (z. B. „Ihr habt mit kleinen Tieren experimentiert.", „Ihr habt mit Lebensmitteln experimentiert.") gegeben haben. In beiden Fällen sollten die Kinder dann aber noch genauer beschreiben, was sie gemacht haben.

Zusammengefasst nach Block I und II gaben die 16 Kinder bei der spontanen Erinnerung insgesamt 67 Antworten und bei der Erinnerung auf Nachfrage weitere 73 Antworten. Fasst man diese Antworten zusammen und wertet nach Geschlecht der Kinder aus, so ergeben sich bei den Mädchen durchschnittlich 9,57 Antworten pro Kopf und bei den Jungen 8,11. Damit haben die Mädchen signifikant mehr Antworten gegeben. Interessant war dabei, dass sich einige Kinder auch nach Block II noch spontan an Inhalte aus dem ersten Block erinnert haben; und das nach 24 Wochen!

In Abbildung 8 sind die Nennungen der beiden Erinnerungskategorien pro Fach dargestellt.

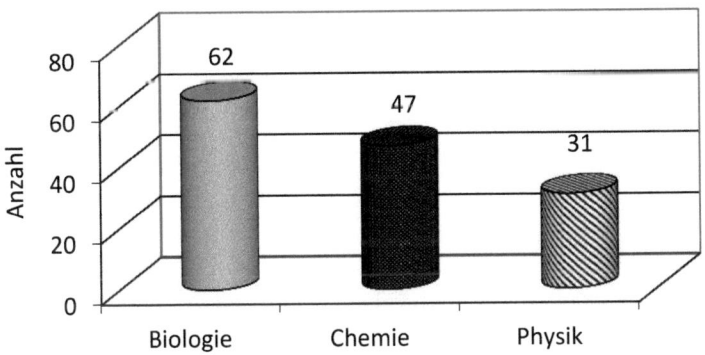

Abb. 8: *Erinnerungen gesamt nach Block I und II aufgeteilt nach Fach*

Man sieht, dass die Kinder sich an die Biologieversuche am besten erinnert haben, gefolgt von den Chemieversuchen und dann von der Physik.

Im Anschluss an die Fragen zur Erinnerung wurden die Kinder gebeten, ihre Forschermappen durchzublättern und ihren liebsten und den zweitliebsten Versuch zu benennen. Zusammengefasst für beide Blöcke ergibt sich folgende Verteilung der Nennungen auf die Fächer.

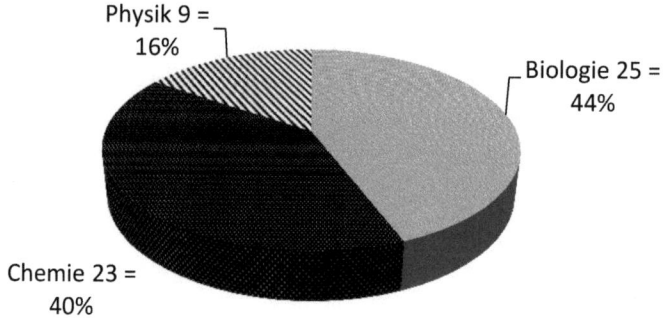

Abb. 9: *Fachzuordnungen auf die Nennungen bei der Frage nach den beiden Lieblingsversuchen*

Lieblingsversuche aus der Biologie und der Chemie wurden etwa gleich häufig benannt, Versuche aus der Physik dagegen seltener.

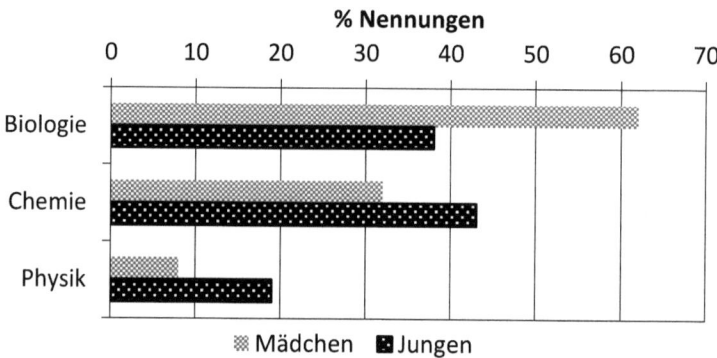

Abb. 10: *Prozentuale Aufteilung der Lieblingsversuche nach Fächern und Geschlecht nach Block I*

Differenziert man die Angaben nach Jungen und Mädchen ergeben sich die in den Abbildungen 10 und 11 dargestellten prozentualen Verteilungen für die Fächer nach Block I und nach Block II.

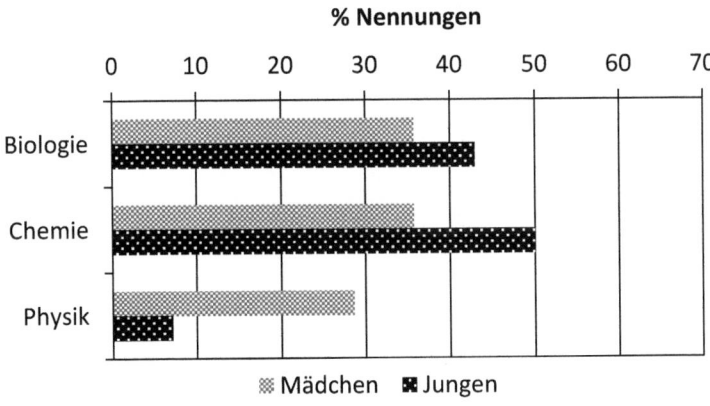

Abb. 11: *Prozentuale Aufteilung der Lieblingsversuche nach Fächern und Geschlecht nach Block II*

Obwohl hier die Mädchen nach Block I häufiger Versuche aus der Biologie benannt haben und die Jungen eher aus der Chemie und der Physik, sind diese Unterschiede nicht signifikant. Nach Block II benennen sogar mehr Mädchen einen Versuch aus der Physik. Eine genauere Differenzierung in die einzelnen Physikversuche aus Block II zeigt, dass bei den Mädchen vor allem das Thema „schöne Schatten" beliebt war, bei dem es um das Nachmalen von Personenumrissen auf Papier ging.

Insgesamt gab es bei den Lieblingsversuchen zwei absolute Favoriten. Die Insektenmerkmale gehörten bei 86 % der Mädchen und nur 22 % der Jungen zu den beiden Lieblingsversuchen während es bei 89 % der Jungen und nur 29 % der Mädchen die Stärkefolie war (s. Abb. 12).

Da es sich nur um sechzehn Kinder handelt, ist eine Verallgemeinerung der Ergebnisse nur sehr eingeschränkt möglich.

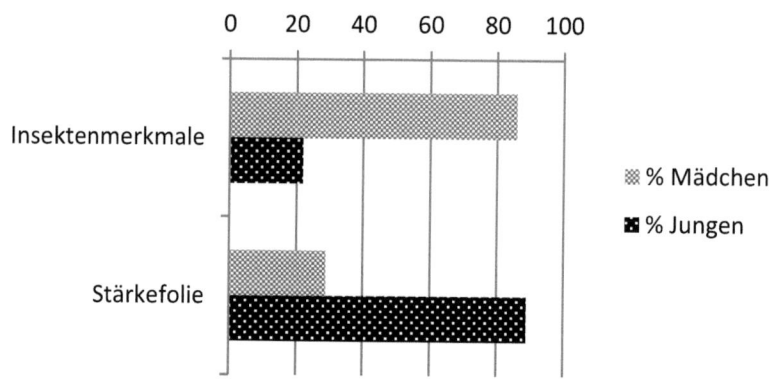

Abb. 12: *Versuchsfavoriten bei Mädchen und Jungen (N = 16)*

Es lassen sich also durchaus unterschiedliche Interessen der Kinder zu den Versuchsterminen feststellen. Diese sind aber mehr individuell. Im Hinblick auf das Alter der Kinder ließen sich auch keine signifikanten Unterschiede feststellen.

4.5. Auswertungen der Elternfragebögen

Die Eltern wurden nach jedem Block mit Hilfe eines Fragebogens gebeten für die einzelnen Versuchstermine, auf einer Skala von 0 („gar nicht") bis 9 („sehr viel") anzugeben, wovon ihre Kinder daheim am meisten erzählt haben. Die Ergebnisse aufgeteilt nach Block I und zwei und nach Fach sind in Abbildung 13 dargestellt.

Insgesamt haben die Kinder in beiden Blöcken am meisten von den Biologieversuchen daheim erzählt. Bei der Biologie und Chemie zeigt sich, dass von den Inhalten des zweiten Blocks jeweils weniger erzählt wurde als vom ersten Block. Nur bei der Physik ist dieser Trend umgekehrt. Insgesamt wurde aber von den Physikversuchen am wenigsten zu Hause erzählt.

Eine Unterscheidung nach Jungen und Mädchen zeigte, dass die Mädchen insgesamt mehr zu Hause erzählt haben als die Jungen. Im Bereich der Biologiethemen war dieser Unterschied besonders groß und signifikant ($p = 0{,}045$).

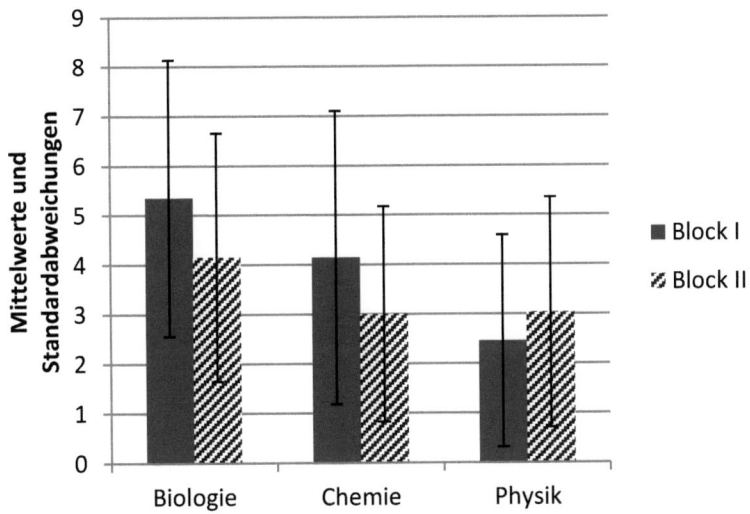

Abb. 13: *Mittelwerte und Standardabweichungen der Angaben aus den Elternfragebögen zu der Frage wovon die Kinder daheim gesprochen haben*

5. Zusammenfassung und Diskussion

An dieser Stelle sollen die Ergebnisse im Hinblick auf die eingangs gestellten Fragestellungen diskutiert werden.

- Sind die Versuche für Kinder dieses Alters geeignet (z. B. hinsichtlich der Materialien)?

Die Ergebnisse aus der begleitenden Beobachtung zeigen, dass die Kinder bei allen Versuchen sehr gut mit den Materialien umgehen konnten. Sie konnten die Gerätschaften ihrer Funktion gemäß handhaben, haben aber auch teilweise andere Einsatzmöglichkeiten ausprobiert, was im Hinblick auf die Kreativität der Kinder durchaus nicht negativ ist, sondern ihre Neugier zeigen kann.

Unabhängig vom Fach eigneten sich alle Versuche, die Aufmerksamkeit der Kinder zu wecken und sie zum Sprechen und Handeln zu bringen.

- Beherrschen die Kinder zumindest einige der naturwissenschaftlichen Denk- und Arbeitsweisen bzw. haben sie sie verinnerlicht?

Mit Hilfe der Daten aus den Beobachtungen und den Interviews lässt sich feststellen, dass die Kinder durchaus in der Lage sind naturwissenschaftlich zu denken und zu handeln. Die Fähigkeiten „Vermutungen anzustellen" und „Zusammenhänge herzustellen" waren zwar zahlenmäßig nicht so oft zu beobachten, aber es gab qualitativ gute wörtliche Aussagen einzelner Kinder. Exemplarisch seien je zwei Beispiele genannt.

„Vermutungen angestellt":

Mädchen (5 Jahre): „Pudding wird dicker. Ich glaube, die Stärke macht das alles schön stärkig."

Junge (5 Jahre): „In Schokolade ist bestimmt Stärke drin, weil die so hart ist."

„Zusammenhänge hergestellt":

Mädchen (5 Jahre): „Guck mal bei mir ist Stärke drin. Das ist Zwieback. Bei Kartoffel und Kartoffelpulver ist Stärke drin. Ist ja beides aus Kartoffeln."

Junge (5 Jahre): „Das ist blau geworden. Da ist Stärke drin. Hier keine Stärke. Sonst wird es blau."

In beiden Chemieblöcken eigneten sich besonders die Nachweisreaktionen (Stärke, Fett), um die Kinder zu veranlassen Zusammenhänge herzustellen. Im Hinblick auf die beiden o. g. Kategorien waren allerdings die Physikthemen weniger geeignet als die Biologie- und Chemiethemen, um die Kinder zu diesen Fähigkeiten anzuregen. Insgesamt wurden auch wenig Fragen zu den Versuchen gestellt.

Aus den Kinderinterviews zeigt sich, dass die Kinder mehrheitlich die Bedeutung der Symbole zu den naturwissenschaftlichen Denk- und Arbeitsweisen gut verinnerlicht haben und diese beschreiben können.

Insgesamt konnten die Angaben aus der Literatur (FTHENAKIS 2009, KOERBER 2006, LÜCK 2003, LÜCK & RISCH 2007, MICHALIK 2008) zu den Fähigkeiten der Kinder im Hinblick auf das Experimentieren und die Prinzipien der Kausalität bestätigt werden.

- Bekommen die Kinder eine Vorstellung davon, was ein Experiment ist?

Die Forscherkinder konnten im Vergleich mit der Kontrollgruppe signifikant häufiger eine sinnvolle Aussage dazu machen, was ein Experiment ist. In der Regel haben sie dabei Beispiele aus den durchgeführten Experimenten beschrieben und die Vorgehensweise erläutert. Bei der Kontrollgruppe war nach den 24 Wochen ebenfalls eine Zunahme der Antworten zu verzeichnen. Dies lässt sich, wie schon oben gesagt, damit erklären, dass sie in der Zwischenzeit auch einige Versuche durchgeführt haben.

- Gibt es unterschiedliche Interessen der Kinder für die verschiedenen Versuchsthemen?

Aus den begleitenden Beobachtungen ließen sich hinsichtlich der Aktivierung und der Aufmerksamkeit der Kinder keine speziellen Vorlieben für bestimmte Themen feststellen.

Die Fragen nach den Lieblingsversuchen zeigten, dass es individuelle Unterschiede gibt, dass sich Mädchen und Jungen hier aber nicht signifikant unterscheiden. Jungen wie Mädchen fanden in Summe die Biologie- und die Chemieversuche interessanter als die Physikversuche.

Dies wurde auch von den Eltern bestätigt, da die Kinder im Mittel am meisten von den Biologieversuchen erzählt haben. In Block I wurde danach häufiger von Chemie erzählt als von Physik; in Block II gleich häufig von Chemie und Physik.

Damit konnten Interessenunterschiede wie sie für Grundschulkinder nachgewiesen wurden (EINSIEDLER et al. 1982, FÖLLING-ALBERS 1995, HARTINGER 2005), für die Kita-Kinder der Forschergruppen nicht festgestellt werden.

- Hinterlassen die Experimente einen nachhaltigen Eindruck bei den Kindern?

Ob die Experimente einen nachhaltigen Eindruck bei den Kindern hinterlassen, wurde wie bei Lück (2000) als Erinnerungsfähigkeit im Rahmen der Kinderinterviews überprüft. Ähnlich wie bei LÜCK (2000) konnten sich die Kinder gut an die Experimente erinnern. Sie konnten in der Regel angeben, was sie gemacht haben, und welche Ergebnisse sie erhalten haben. Da die Kinder in den Interviews auch länger zurück liegende Versuche beschreiben konnten, kann gefolgert werden, dass die Experimente nicht nur eine kurzfristige Wirkung hatten, sondern längerfristig in die kognitive Struktur der Kinder aufgenommen wurden.

6. Literatur

BULLOK, M., SODIAN, B. (2003):Entwicklung des wissenschaftlichen Denkens. In: W. SCHNEIDER, M. KNOPF (Hrsg), Entwicklung, Lehren und Lernen (S. 75-92). Göttingen: Hogrefe.

DOLLASE, R. (2008): Vom Langzeitschaden einer frühen Verschulung, Vortragsskript Justus von Liebig Schuler, Waldshut, 26.4.2008. http://www.uni-bielefeld.de/psychologie/ae/AE13/HOMEPAGE/DOLLASE/Verschulung_Waldshut.pdf

DUIT, R., GROPENGIEßER, H., STÄUDEL, L. (2007): Naturwissenschaftliches Arbeiten – Unterricht und Material 5-10. Erhard Friedrich Verlag, Seelze-Velber, 2. Aufl.

EINSIEDLER, W., MÜHLHAUSEN, U., WIEFEL, J. (1982): Analysen kindlicher Interessenentwicklung anhand von Elterninterviews. Berichte und Arbeiten aus dem Institut für Grundschulforschung. Erlangen-Nürnberg: Universität Erlangen-Nürnberg (unveröffentl. Ms.)

FÖLLING-ALBERS, M. (1995): Interessen von Grundschulkindern. Grundschule 27, 6, 24-26.

FTHENAKIS, W. E. (2009): Natur-Wissen schaffen 3. Frühe naturwissenschaftliche Bildung, Bildungsverlag EINS, Troisdorf

HARTINGER, A. (2005): Verschiedene Formen der Öffnung von Unterricht und ihre Auswirkungen auf das Selbstbestimmungsempfinden von Grundschulkindern. Zeitschrift für Pädagogik 51, 397-414.

HÖNER, K.,LOOß, M., MÜLLER, R., PREIßLER, I. (2013): Expedition Naturwissenschaften, Bd.1, Braunschweiger Bildungshaus Schulbuchverlage, Westermann, Braunschweig

HÖNER, K.,LOOß, M., MÜLLER, R., PREIßLER, I. (2014): Expedition Naturwissenschaften, Bd.2, Braunschweiger Bildungshaus Schulbuchverlage, Westermann, Braunschweig

HÖNER, K., PREIßLER, I., LOOß, M., MÜLLER, R. (2015): Geschlechterunterschiede im Hinblick auf Interessen von Kindergartenkindern an Natur und Technik, in diesem Band

IRMER, E. (2005): Chemie im Kindergarten, Mut zu, Experiment, PdN-ChiS 1/54. 11-14.

KOERBER, S. (2006): (Natur)Wissenschaftliches Denken im Kindergarten- und Vorschulalter: Kognitive Voraussetzungen. März 2006. http://www.wissen-und -

wachsen.de/page_natur.aspx?Page=162a6a34-4601-4c62-808a-8583e9bf3a6d (Zugriff am 7. Juni 2011)

LÜCK, G. (2000): Naturwissenschaften im frühen Kindesalter, Untersuchungen zur Primärbegegnung von Kindern im Vorschulalter mit Phänomenen der unbelebten Natur, LIT Verlag, Münster.

LÜCK, G. (2003): Handbuch der naturwissenschaftlichen Bildung – Theorie und Praxis für die Arbeit in Kindertagesstätten, Herder, Freiburg

LÜCK, G., RISCH, B. (2007): Naturwissenschaftlicher Unterricht im Anfangsunterricht. In: Sachunterricht im Anfangsunterricht, von Eva Gläser, 80-96, Baltmannsweiler: Schneider Verlag Hohengehren.

MAYR, T. (2000): „Beobachtungsbogen für Kinder im Vorschulalter" (BBK) – ein Vorschlag zur Skalenbildung, Psychologie in Erziehung und Unterricht 47, 280-295.

MICHALIK, K. (2008): Wissenschaftsbegegnung im Elementarbereich – Naturwissenschaften in Kindertageseinrichtungen. In: Kind und Wissenschaft, Herausgeber: HARTMUT GIEST und JUTTA WIESEMANN, 203-214, Klinkhardt, Bad Heilbrunn.

PREIßLER, I., LOOß, M., HÖNER, K., MÜLLER, R. (2011): Expedition Naturwissenschaften – Nature of Science in der frühkindlichen Bildung. Vortrag auf der GDCP Schwerpunkttagung, Wien, 17.2.2011

Anhang

Block I

Biologie	Was krabbelt und kriecht denn da?
Thema	**Inhalt**
Was geschieht mit dem Laubstreu im Wald?	Wie sehen die Blätter aus? Wie kommt es, dass sie Löcher haben? → Kinder entdecken, dass in der Laubstreu eine Vielzahl unterschiedlicher Kleintiere zu finden ist. Mithilfe der Bestimmungsschlüssel ist eine grobe Zuordnung möglich. Die Tiere in der Laubstreu ernähren sich von den abgefallenen Blättern. Dadurch werden die Blätter durchlöchert und letztlich aufgefressen und zersetzt.
Typische Kennzeichen von Insekten	Welche Merkmale hat eine Wespe? (als idealtypisches Insekt) Haben alle Insekten die gleiche Körpergliederung, gleich viele Beine, Flügel, Fühler, …? Um den Unterschied von Spinnen, Krebsen oder Spieltieren zu Insekten deutlich zu machen, werden sie auf Insektenmerkmale hin untersucht. Die Kinder lernen, dass man in der Biologie die Tiere in verschiedene Gruppen einteilt und nach gemeinsamen Merkmalen ordnet.
Lebensräume von Asseln	Asseln lieben feuchte Dunkelheit. Dies wird in Versuchen überprüft. Asseln haben Augen und können hell und dunkel unterscheiden. Wo es dunkel ist, ist es meist auch kühler und feuchter. So trocknen die empfindlichen Asseln nicht aus.
Schneckentempo	Wie bewegen sich Schnecken fort – ohne Beine bzw. mit nur einem „Fuß"? Die Schnecken werden auf Plexiglasscheiben gesetzt und von unten beobachtet. Die Kinder erkennen, dass die Schnecke ihre Kriechsohle nicht vollständig vom Boden abhebt und auf ihrem Schleimband kriecht. Es wird ein Experiment dazu durchgeführt, wie weit Schnecken in einer bestimmten Zeit kriechen können.

Chemie	Stärke
Thema	**Inhalt**
Pudding kochen und Stärkenachweis	Welche Zutaten werden benötigt zum Pudding kochen? Aussehen und Konsistenz der „Ausgangsstoffe" und des „Produktes" werden beschrieben. Während des Kochens beobachten die Kinder das „Andicken". Vermuten, dass Stärke enthalten ist. Stärke nimmt beim Erhitzen viel Wasser bzw. Milch auf. Mithilfe einer Nachweisreaktion (Blindprobe, positive Vergleichsprobe) wird gezeigt, dass Puddingpulver Stärke enthält.
Stärkenachweis	Die Kinder untersuchen ihre mitgebrachten Lebensmittel auf Stärke. Sie beobachten und halten ihre Ergebnisse in einer Tabelle fest. Kartoffeln enthalten besonders viel Stärke.
Stärkegewinnung und Geheimschrift	Die Kinder sollen Ideen entwickeln, wie man die Stärke aus der Kartoffel herausbekommt. Anhand einer gemalten Versuchsdurchführung sollen die Kinder die Stärke isolieren. Mit dem erhaltenen weißen Pulver wird der Stärkenachweis durchgeführt. Die Nachweisreaktion wird als Geheimschrift genutzt. Die Kinder sollen eine farblose Stärkelösung beschreiben und überlegen, wie die Geheimschrift funktionieren könnte. Sie tragen die farblose Stärkelösung auf Papier auf und fönen das Papier trocken. Nach Zugabe von Iodlösung wird die Geheimschrift sichtbar.
Stärkefolie	Bild mit Plastikmüll im Wald (Erinnerung an das Laubstreu aus dem Biologieteil). Problem: Plastikmüll kann nicht wie Laub von Kleintieren zersetzt werden. Eine Folie aus Stärke könnte von den Kleintieren zersetzt werden (Biomüllbeutel). Die Kinder folgen einer gemalten Versuchsdurchführung und stellen eine farbige Stärkefolie her. Im Mittelpunkt steht hier das experimentelle Handeln.

Physik	Spiegel
Thema	**Inhalt**
Bilder im Spiegel	Es werden Eigenschaften von Spiegelbildern erkundet. →
Aus halben Sachen ganze machen	Bei der Spiegelung wird vorne und hinten vertauscht. Mit dem Spiegel kann aus einem halben Bild wieder ein ganzes gemacht werden.
Figuren schieben	Figuren werden vor dem Spiegel vor- und zurückgeschoben. →
	Figur weg und zum Spiegel hin schieben: Die gespiegelte Figur kommt auf uns zu! Die Figur und gespiegelte Figur haben immer den gleichen Abstand zur Spiegelfläche!
	Bilder im Spiegel nachmalen. → Der Spiegel vertauscht die Richtungen. Dies irritiert das Auge und es weiß nicht genau, welche Handbewegung nun die richtige ist. Die Zeichnung wird etwas krickelig.
Lage des Spiegelbildes	Das Spiegelbild liegt immer hinter dem Spiegel und nicht auf der Spiegeloberfläche. Es ist gleich weit vom Spiegel entfernt wie der Gegenstand.
Adventskranz mit nur einer Kerze?	Mit Spiegeln kann man aus einer Kerze mehrere machen.
Punkte einfangen **Kette spiegeln**	Mit Spiegeln lässt sich Licht ablenken. Der Spiegel wirft Licht, dass auf ihn fällt, zurück. Mit mehreren Spiegeln kann das Licht sogar um die Ecke gelenkt werden.

Block II

Chemie	Fette und Zucker
Thema	**Inhalt**
Kann man Wasser und Öl mischen? Worin lösen sich Farbstoffe besser?	Öl schwimmt auf dem Wasser. Unterwasservulkan: Öl steigt hoch und bildet „Fettaugen". Das Paprikapulver löst sich nur im Öl. Reise des Tintentropfens: der Tintentropfen durchläuft die Ölschicht als Kugel und löst sich dann im Wasser auf, verteilt sich.
Wo ist überall Fett enthalten?	Fettnachweis: Öl hinterlässt auf einer braunen Kaffeefiltertüte nach dem Trocknen einen Fleck, Wasser nicht. Die Kinder untersuchen ihre mitgebrachten Lebensmittel auf Fett und tragen die Ergebnisse in einer Tabelle ein. Aus Sonnenblumenkernen lässt sich Öl herauspressen.
Milchwettlauf	Magere Milch ist schneller als fette Milch. Die Ergebnisse werden in einer Tabelle festgehalten. Modellversuch mit roten Linsen (Wasserteilchen) und Erbsen (Fettteilchen): fette Milch enthält mehr große Teilchen, deshalb fließt sie langsamer.
Wo ist überall Zucker enthalten?	Cola light ist „leichter" als Cola. Die Kinder führen den Zuckernachweis (positive Vergleichsprobe, Blindprobe) in ihren mitgebrachten Getränken anhand einer gemalten Versuchsdurchführung durch. Die Ergebnisse werden in einer Tabelle festgehalten.
Physik	**Licht und Schatten**
Thema	**Inhalt**
Forscherauftrag Schatten	Projizierte Schattenfiguren sollen erraten werden. Aussehen und Lage der Schatten: der Schatten ist immer dort, wo das Licht der Lampe nicht hinkommt. Verschiedene Lampen – verschiedene Schatten? Je punktförmiger eine Lichtquelle, umso schärfer der Schatten.

Schöne Schattenvielfalt	Experimentieren mit der Entfernung und Position von Lampen, um scharfe Schatten zu erzeugen. Mit mehreren Lampen entstehen auch mehrere Schatten.
Große und kleine Schatten	Je näher wir am Licht sind, umso größer ist unser Schatten, je weiter wir weggehen, desto kleiner wird er.
Verdrehte Welt	Eine Linse kann Sachen nicht nur vergrößern, sondern auch Abbildungen erzeugen. Die nicht brennende Kerze: ein rundes Glas, gefüllt mit Wasser, kann genauso wie eine Linse Dinge vergrößern oder verkleinern, oder Licht auf einem Papier abbilden.
Biologie	**Regenwurmwerkstatt**
Thema	**Inhalt**
Wo ist denn da der Kopf?	Regenwürmer haben am spitzen Ende einen Kopf mit einer kleinen Mundöffnung. Sie bestehen aus vielen Segmenten mit Borsten.
Was frisst der Regenwurm, und was macht er in der Erde?	Planung eines geeigneten (Langzeit)Experiments mit Kontrollversuch. → Regenwürmer sind wichtige „Gartenarbeiter". Fressen, Verdauen, Gänge graben – das ist das Leben des Regenwurms.
Kann ein Regenwurm sehen und schmecken?	Regenwürmer besitzen keine Augen, sind aber dennoch sehr lichtempfindlich. Es wird experimentell überprüft, ob sie hell und dunkel unterscheiden können, und ob sie an Vorder- und Rückseite eine gleiche Lichtempfindlichkeit aufweisen. Regenwürmer können mit der Haut „schmecken".
Kann ein Regenwurm hören?	Regenwürmer können nicht hören. Sie können aber kleinste Erschütterungen des Bodens wahrnehmen und sich so evtl. vor Fressfeinden schützen.

Das Wissen von Chemielehrkräften über Schülervorstellungen

VERENA PIETZNER

Kurzfassung
Schülervorstellungen spielen eine wichtige Rolle im Unterricht, denn oft behindern sie den Aufbau eines fachlich belastbaren Konzeptverständnisses. Lehrkräfte sollten mit den gängigen Schülervorstellungen vertraut sein, um sie als mögliche Lernschwierigkeiten bei der Unterrichtsplanung berücksichtigen bzw. während des Unterrichts angemessen auf sie reagieren zu können. Im Folgenden wird eine Studie vorgestellt, die das Wissen von Chemielehrkräften der Sekundarstufen über Schülervorstellungen untersucht hat.

1. Einleitung

Ein wichtiges Ziel des Chemieunterrichtes besteht darin, die aus den Alltagserfahrungen resultierenden Schülervorstellungen nachhaltig in fachlich belastbare Vorstellungen zu überführen. Seit den siebziger Jahren werden für viele Bereiche der Chemie Schülervorstellungen untersucht: So zum Beispiel zur chemischen Bindung (PETERSON, TREAGUST, GARNETT 1986), zum Säure-Base-Konzept (NAKHLEH, SAMARAPUNGAVAN, SAGLAM 2005), zum chemischen Gleichgewicht (HACKLING, GARNETT 1985), oder zur Elektrochemie (MAROHN 1999, BURGER 2000, SCHMIDT, MAROHN, HARRISON 2007). Wenig Beachtung fand jedoch bisher die Frage, was Lehrkräfte über Schülervorstellungen wissen, auch wenn das Professionswissen von Lehrkräften zunehmend in den Fokus fachdidaktischer Untersuchungen gerückt ist. Im Rahmen einer Fragebogenstudie wurde untersucht, welche Sichtweise Chemielehrkräfte aus Schülervorstellungen haben und ob sie die aus der Literatur bekannten Schülervorstellungen als solche identifizieren.

Schülervorstellungen sind Konzepte von Schülerinnen und Schülern zu chemischen Inhalten, die der fachlich korrekten Sicht entgegenstehen und ihr teilweise widersprechen (vgl. z.B. BARKE, HARSCH 2001). Beispiele hierfür sind das Vernichtungskonzept bei Verbrennungen oder gemischte Kontinuums- und Diskontinuumsvorstellungen zum Aufbau der Materie. Schülervorstellungen im Chemieunterricht sind seit über dreißig Jahren Gegenstand chemiedidaktischer Forschung. Man weiß also mittlerweile relativ gut, welchen Vorstellungen Schülerinnen und Schüler zu einem bestimmten Thema vor bzw. nach einer entsprechenden Unterrichtseinheit und später im weiteren Verlauf des Unterrichts verinnerlicht haben.

Das Wissen um und über Schülervorstellungen ist für Lehrkräfte überaus relevant: Im Rahmen der Unterrichtsvorbereitung ist es nötig, um bereits bei der Planung auf eventuelle auftretende Probleme vorbereitet zu sein bzw. Experimente auszuwählen, die geeignet sind, Schülervorstellungen von fachlich belastbaren Vorstellungen abzulösen. In einer konkreten Unterrichtssituation sollten Lehrkräfte in der Lage sein, die in den Schüleräußerungen versteckten Vorstellungen zu erkennen und angemessen darauf reagieren zu können. Damit spielt das Wissen um Schülervorstellungen eine wichtige Rolle im Professionswissen von Lehrkräften (MAGNUSSON, KRAJCIK, BORKO 1999).

Eine mögliche Ursache von Schülervorstellungen ist der Umstand, dass auch Lehrkräfte über fachlich nicht belastbare Vorstellungen verfügen können.

Der Schlüssel zu einer angemessenen Berücksichtigung von Schülervorstellungen ist also, sie identifizieren zu können. WILHELM (2008) führte dazu eine Studie unter Physiklehrkräften an fränkischen Gymnasien durch, welche die Kenntnisse über Schülervorstellungen zu grundlegenden Themen der Physik zum Inhalt hatte. Die Identifikation von Schülervorstellungen gelingt nur der Hälfte der Befragten; bei der Einschätzung der Häufigkeit von Schülervorstellungen zeigten ebenfalls Unsicherheiten. Insgesamt konnte Wilhelm zeigen, dass die Kenntnisse über Schülervorstellungen bei vielen Lehrkräften lückenhaft sind. Es stellt sich die Frage, wie die Situation bei den Chemielehrkräften ist.

Um erste Informationen darüber zu erhalten, wurde ein Fragebogen entwickelt, in dem die Chemielehrkräfte aus der Forschung bekannte Schülervorstellungen identifizieren und einschätzen sollten, wie häufig diese Schülervorstellung bei ihren Schülerinnen und Schülern vorkommt.

2. Entwicklung und Aufbau des Fragebogens

Die Entwicklung der Items im Fragebogen geschah literaturbasiert. Zu den wichtigsten Themen des Chemieunterrichts beider Sekundarstufen (Teilchenkonzept, chemische Reaktion, Gase, Oxidation/Reduktion, chemische Bindung, Säuren und Basen, galvanische Elemente, Elektrolysen, chemisches Gleichgewicht) wurden aus der fachdidaktischen Forschung bekannte Schülervorstellungen zusammengestellt. Die Probanden wurden gebeten, die Aussagen danach zu bewerten, ob es sich in ihrem Augen um eine Schülervorstellung handelt, und falls ja, die Häufigkeit dieser Vorstellung einzuschätzen. Zusätzlich zu diesen Items wurden personenbezogene Daten wie der Abschluss in Chemie, die Schulform oder das Dienstalter erhoben. Zugleich wurde gefragt, ob sich die Probanden im Rahmen von Studium und Referendariat überhaupt mit Schülervorstellungen beschäftigen konnten.

3. Rücklauf und Zusammensetzung der Stichprobe

Die Befragung wurde anonym an den allgemeinbildenden Schulen des Sekundarbereichs (Hauptschule, Realschule, Gesamtschule, Gymnasium) Niedersachsens durchgeführt. Der Rücklauf der Fragebögen relativ gering; nur von 27 % der angeschriebenen Schulen wurden Fragebögen zurückgeschickt. Insgesamt konnten 440 Fragebögen ausgewertet werden.

Die überwiegende Zahl der Probanden unterrichtet am Gymnasium (s. Tabelle 1), was sich auch in den erreichten Hochschulabschlüssen in Chemie widerspiegelt: 66,8 % der Befragten haben gymnasiales Lehramt oder Chemie-Diplom, 19,5 % haben Haupt- oder Realschullehramt studiert. Vor allem an Haupt- und Realschulen wird Chemie auch fachfremd unterrichtet; 7,0 % der Befragten haben keinen Abschluss in Chemie.

Schulform	Anteil [%]
Hauptschule	11,2
Realschule	20,1
Gesamtschule	7,8
Gymnasium	61,0

Tab. 1: Zusammensetzung der Stichprobe nach Schulform

Der Abschluss im Fach Chemie zeigt ein ähnliches Bild wie die Schulform, an der die Befragten unterrichten: 66,8 % haben Gymnasiallehramt oder Diplom studiert, 19,5 % Haupt- bzw. Realschullehramt. 7,6 % der Probanden unterrichten Chemie fachfremd, fast ausschließlich an Haupt- und Realschulen.

4. Kenntnisse zu Schülervorstellungen

Die Probanden sollten zudem Auskunft darüber geben, ob sie sich in der ersten oder zweiten Phase der Lehrerbildung Kenntnisse zu Schülervorstellungen angeeignet haben. 44,5 % der Befragten gaben an, dass Sie weder im Studium noch im Referendariat etwas über Schülervorstellungen vermittelt bekommen haben. Die restlichen Lehrkräfte (55,5 %) haben ihre Kenntnisse im Wesentlichen aus dem Referendariat, darunter 28,6 % ausschließlich in dieser Zeit und 18,0 % auch aus ihrem Studium. Ein kleiner Teil (8,9 %) kam lediglich während des Studiums mit diesem Thema in Berührung.

5. Deskriptive Auswertungen

Die Einstiegsfrage lautete: „Was denken Sie über Schülervorstellungen?" Die Ergebnisse zeigt Tab. 2.

Sichtweise auf Schülervorstellung	Anteil
„Schülervorstellungen berücksichtigen" bedeutet für Lehrkräfte, die Interessen und Lebensweltbezüge der Schülerinnen und Schüler zu berücksichtigen und interessante Themen auszuwählen.	35,4 %
Schülerinnen und Schüler haben Vorstellungen, an welchen Stellen im Alltag Chemie eine Rolle spielt und sie haben bereits differenzierte Interessen. Aber sie haben vor dem Unterricht noch überhaupt keine Vorstellung, was mit den chemischen Begriffen chemische Reaktion, Säure, Base etc. gemeint ist.	16,0 %
Schülerinnen und Schüler kommen schon mit diffusen Vorstellungen in den Unterricht, was mit den chemischen Begriffen chemische Reaktion, Säure, Base etc. gemeint ist. Deshalb ist es wichtig, sie exakt zu definieren und zu erklären, so dass sich im Unterricht die Schülervorstellungen ändern.	38,6 %

Schülerinnen und Schüler kommen schon mit Vorstellungen, was mit den chemischen Begriffen chemische Reaktion, Säure, Base etc. gemeint ist. Aber erst gute Experimente überzeugen die Schüler von der chemischen Sichtweise.	11,0 %
Schülervorstellungen variieren zwar zwischen einzelnen Schülerinnen und Schülern, weisen aber gemeinsame Grundzüge auf, die im Allgemeinen der chemischen Sicht widersprechen. Sie sind außerordentlich stabil und ändern sich durch den Unterricht kaum.	7,3 %

Tab. 2: Schülervorstellungen aus der Sicht der Lehrkräfte

Etwa die Hälfte der Probanden haben eine Sichtweise auf Schülervorstellungen, die alltagsbezogen ist und eher darauf fokussiert, die Interessen der Schülerinnen und Schüler im Unterricht zu berücksichtigen. Weitere etwa 40 % sind der Ansicht, dass Schülerinnen und Schüler sich bereits etwas unter den chemischen Begriffen vorstellen können und deswegen diese Begriffe gut definiter werden müssen. Weniger als 10 % der Befragten haben eine Sichtweise, die der vielfach abgesicherten wissenschaftlichen Sichtweise auf Schülervorstellungen entspricht, nämlich dass diese Vorstellungen in der Regel fachlich nicht belastbar und darüber hinaus auch noch relativ stabil sind.

Die Sicht auf Schülervorstellungen ist dabei unabhängig von den Kenntnissen in Chemie, aber abhängig vom Dienstalter der Probanden, der Schulform und dem Abschluss in Chemie. Jüngere Lehrkräfte oder solche mit einem hohen chemischen Wissen haben eher eine der aktuellen Forschung entsprechende Sichtweise auf Schülervorstellungen als ältere Lehrkräfte bzw. solche, die einen geringeren fachlichen Hintergrund in ihrem Studium erwerben konnten.

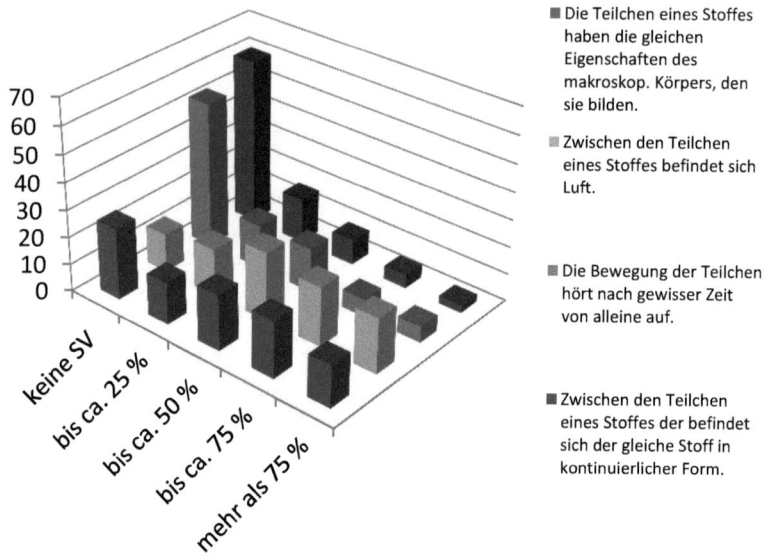

Abb. 1: Antworten zum Thema „Teilchenvorstellung"

Abb. 1 zeigt die Items sowie die Antwortverteilung zum Teilchenkonzept. Die Fragen wurden von Fragebogen von WILHELM (2008) übernommen, um die Ergebnisse später vergleichen zu können. Schon hier zeigt sich ein Trend, der sich durch den gesamten Fragebogen zieht: Die Schülervorstellungen werden nur teilweise erkannt. So ist den Lehrkräften durchaus bewusst, dass Schülerinnen und Schüler denken, dass sich makroskopische Eigenschaften auf die Atome bzw. Moleküle übertragen lassen oder dass sich zwischen den Teilchen Luft befindet. Tiefer gehende Vorstellungen wie eine endende Teilchenbewegung oder die relativ häufig auftretende Vermischung der kontinuierlichen und diskontinuierlichen Sichtweise werden jedoch von mehr als der Hälfte der Befragten nicht als Schülervorstellung erkannt.

Abb. 2 zeigt die Antworthäufigkeiten zu den Themenbereichen chemische Reaktion und Gase. Etwa 35 % der Befragten ist der Meinung, dass alle Schülerinnen und Schüler das Konzept der chemischen Reaktion fachlich korrekt aufnehmen. Die anderen angegebenen Vorstellungen werden jedoch im Wesentlichen als Schülervorstellung erkannt. Der Anteil der Lehrkräfte, welche sie nicht identifizieren, schwankt zwischen 7 % (Bei der Verbrennung wird Materie vernichtet) und 20 % (Chemische Reaktionen sind nicht umkehrbar).

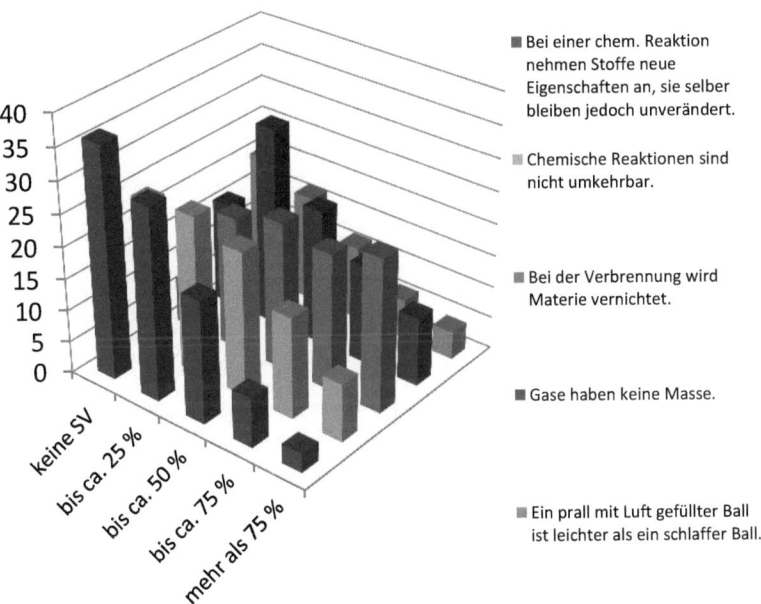

Abb. 2: *Antworten zum Thema „Chem. Reaktion/Gase"*

Das Thema Oxidation/Reduktion wird in Abb. 3 zusammengefasst. Hier gehen die Einschätzungen der Befragten deutlich auseinander. Während es Vorstellungen gibt, die in der Regel erkannt werden (Oxidation und Reduktion können unabhängig voneinander auftreten), ist sich die überwiegende Zahl der Lehrkräfte sicher, dass die beiden erstgenannten Aussagen („Die Oxidationsstufe eines Atoms ist immer so hoch wie das entsprechende Ion." und „Oxidationszahlen können ganzen Molekülen zugeordnet werden.") keine Schülervorstellung darstellen.

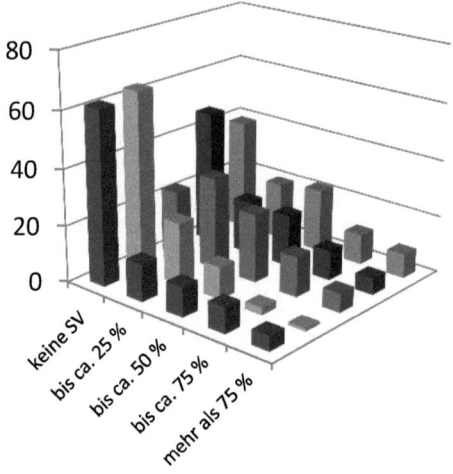

Abb. 3: Antworten zum Thema „Oxidation/Reduktion"

- Die Oxidationsstufe eines Atoms ist immer so hoch wie das entsprechende Ion.
- Oxidationszahlen können ganzen Molekülen zugewiesen werden.
- Oxidation und Reduktion können unabhängig von einander auftreten.
- In einer Reaktionsgleichung kann man an Ladungsänderungen ablesen, ob eine Redoxreaktion stattgefunden hat.
- In einer Reaktionsgl. kann man an der Ladungsänderung eines Moleküls erkennen, wie viele Elektr. es abgegeben/aufgenommen hat.

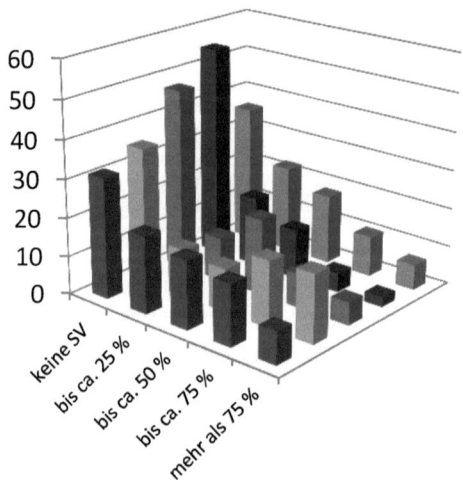

Abb. 4: Antworten zum Thema „Chemische Bindung"

- In allen kovalenten Bindungen wird das Elektronenpaar gleichmäßig geteilt.
- Unpolare Moleküle entstehen dann, wenn die Atome im Molekül die gleiche Elektronegativität besitzen.
- Die Molekülgestalt resultiert ausschließlich aus der Abstoßung der Elektronen in den Bindungen.
- Die Polarität der Bindung bestimmt die Molekülgestalt.
- Ein Nichtmetall kann genauso viele Bindungen eingehen, wie es Außenelektronen hat.

Die chemische Bindung ist für ein tieferes Verständnis von Chemie zentral und gleichzeitig sehr schwer zu vermitteln. Wie beim vorangegangenen Thema sind die Ergebnisse auch hier heterogen (s. Abb. 4). Wichtige Schülervorstellungen sind bekannt, etwas tiefer liegende Vorstellungen wie die zur Molekülgestalt werden deutlich seltener als solche erkannt.

Ein für den Unterricht der Sekundarstufe I zentrales Thema – Säuren und Basen - ist in Abb. 5 dargestellt. Hier sind sich die Lehrkräfte sehr sicher und erkennen die Schülervorstellungen sehr gut, einzig die Vorstellung, dass Basen Säuren blockieren reicht an die sonst übliche Quote heran.

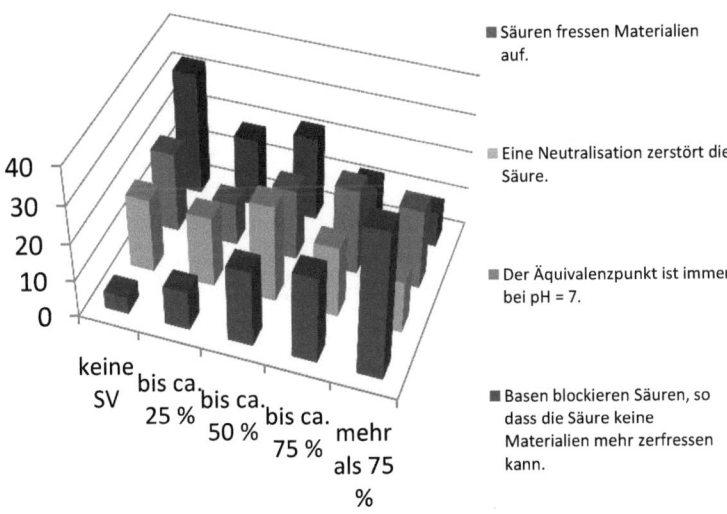

Abb. 5: Antworten zum Thema „Säuren und Basen"

Abb. 6 und Abb. 7 zeigen die Ergebnisse zur Elektrochemie, geteilt in die Bereiche galvanische Elemente und Elektrolysen. Während die Vorstellungen zu galvanischen Elementen noch recht gut identifiziert wurden, hatten viele Lehrkräfte bei den Aussagen zu Elektrolysen größere Probleme diese als Schülervorstellung zu erkennen. Lediglich die Vorstellung zur Elektrolyse von Wasser (Bei der Elektrolyse einer wässrigen Lösung reagiert das Wasser nicht.) kommt an die Werte zu den galvanischen Elementen heran.

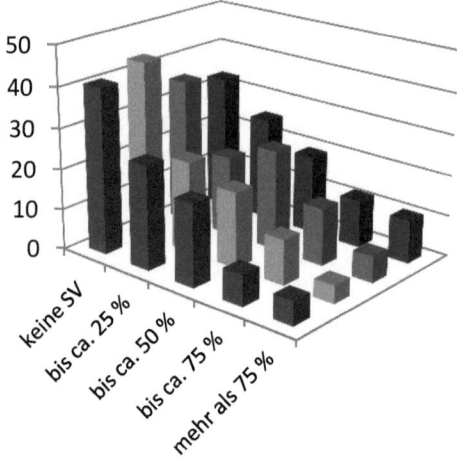

Abb. 6: Antworten zum Thema „Galvanische Elemente"

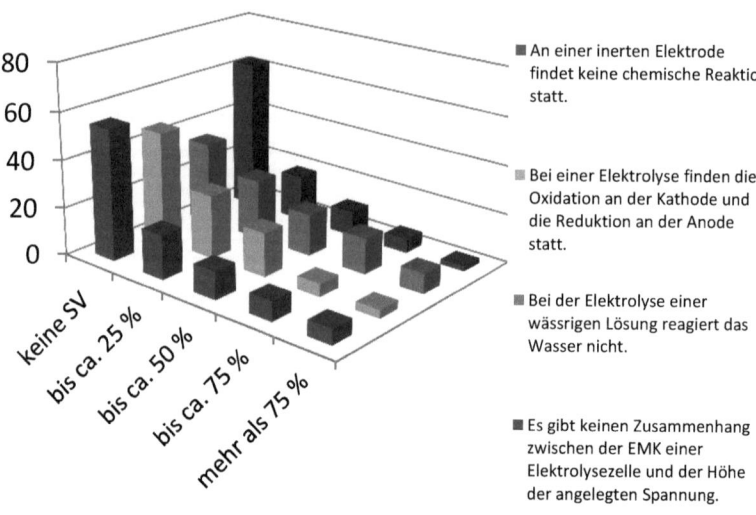

Abb. 7: Antworten zum Thema „Elektrolysen"

Das Wissen von Chemielehrkräften über Schülervorstellungen

Für die Auswertung der Aussagen zum chemischen Gleichgewicht (s. Abb. 8) wurden nur die Fragebögen der Gymnasial- und Gesamtschullehrkräfte ausgewertet. Hier setzte sich der Trend fort, dass die grundlegenden Schülervorstellungen im Wesentlichen identifiziert werden, jedoch Aussagen, die das vertiefte Verständnis des chemischen Gleichgewichts erfordern (Aussagen 6 und 7), deutlich seltener als Schülervorstellung erkannt werden.

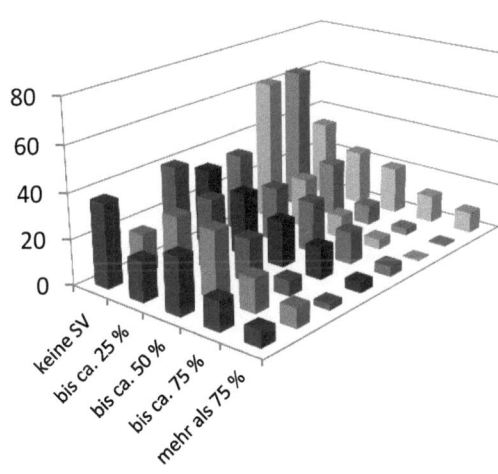

Abb. 8: *Antworten zum Thema „Chem. Gleichgewicht" (nur Gy/Ge)*

Insgesamt zeigen die deskriptiven Auswertungen der einzelnen Themen eine sehr heterogene Struktur: Die Identifikation der Schülervorstellungen ist sehr stark themenabhängig. Besonders interessant ist, dass die beiden Themen zur Elektrochemie völlig unterschiedliche Ergebnisse brachten: Während Vorstellungen zu den galvanischen Elementen relativ sicher erkannt wurden, sind diejenigen zu Elektrolysen wesentlich seltener identifiziert worden.

Zur weiteren Auswertung wurden je nach Fragestellung nichtparametrische H- oder U-Tests durchgeführt, um Zusammenhänge zwischen der Identifikation der einzelnen Schülervorstellungen und den Kontrollvariablen (Dienstalter, Kenntnisse, Schulform, Abschluss, Geschlecht) zu untersuchen. Dazu wurde jedes Item (jede Schülervorstellung) einzeln untersucht, so dass im Folgenden keine statistischen Werte angegeben werden, da dies den Umfang des Beitrages sprengen würde. Für die Beurteilung, ob eine Variablen einen höheren Einfluss auf die Identifikation von Schülervorstellungen hat, wurden die signifikanten Ergebnisse addiert und überprüft, welche Variable zu den meisten signifikanten Ergebnisse führt.

Probanden, die sich im Studium oder Referendariat schon mit Schülervorstellungen auseinander gesetzt haben, konnten sie tendenziell besser identifizieren als Probanden, die kein theoretisches Wissen über dieses Thema hatten. Insgesamt blieb dieser Effekt jedoch gering, es gab bei den einzelnen Items nur wenige signifikante Ergebnisse. Ein niedriges Dienstalter, ein hoher Abschluss in Chemie und eine Schulform mit gymnasialer Oberstufe haben einen deutlich höheren Einfluss auf die Identifikation von Schülervorstellungen.

Einschränkend muss jedoch gesagt werden, dass keine der Variablen bei allen Themen einen eindeutigen Trend erkennen lässt. Es hängt vielmehr vom Thema ab, ob z.B. eher die Kenntnisse zu Schülervorstellungen oder die Schulform zu einer besseren Identifikation von Schülervorstellungen führen. Bei den Variablen Dienstalter, Abschluss und Schulform treten die positiven Zusammenhänge jedoch deutlich häufiger auf als bei der Prüfung des Zusammenhangs zwischen den Kenntnissen über Schülervorstellungen und deren Identifikation.

6. Diskussion

Auch wenn viele Erkenntnisse zu Schülervorstellungen vor allem im angloamerikanischen Raum und dem europäischen Ausland gewonnen wurden, zeigen die Arbeiten von BARKE (2006), dass auch in Deutschland vergleichbare Vorstellungen bei den Schülerinnen und Schülern vorherrschen. Dieses Wissen aus der fachdidaktischen Forschung kann als abgesichert betrachtet werden; aus diesem Grund sollte idealerweise nie oder nur selten die Option „keine SV" erscheinen. Doch teilweise haben 70 % der Befragten die Schülervorstellung nicht als solche erkannt. Das Wissen um Schülervorstellungen ist lückenhaft und stark themenabhängig. Gleichzeitig schaffen es jüngere Lehrkräfte und solche mit einer breiteren chemischen Bildung besser, Schülervorstellungen zu identifizieren. Welche Gründe kann es dafür geben?

Bislang existieren nur vereinzelte Studien zu Sichtweisen von Lehrkräften auf die verschiedenen Unterrichtsthemen. Deren Ergebnisse zeigen, dass auch Lehrkräfte über fachlich nicht belastbare Konzepte verfügen können. So stellte BANERJEE (1991) fest, dass Lehrkräfte die gleichen fachlich nicht belastbaren Vorstellungen zum chemischen Gleichgewicht haben wie ihre Schülerinnen und Schüler nach Beendigung der Unterrichtsreihe. KOKKOTAS, VLACHOS UND KOULAIDIS (1998) konnten zeigen, dass dieses Phänomen auch für den Aufbau der Materie gilt. Es stellt sich die Frage, ob dies auch für andere Themen des Chemieunterrichtes zutrifft und ob dies eine der Ursachen für die große Stabilität der Schülervorstellungen sein könnte.

Eine andere Erklärung ist in der Auswahl der Unterrichtsinhalte zu suchen. Gerade weil die schlechtere Identifikation der Schülervorstellungen überwiegend tiefer gehende Aspekte des Themas betrifft, ist es möglich, dass der durch die Vorstellung angesprochene Fachinhalt im Unterricht der Probanden gar nicht vermittelt und daher gefolgert wird, dass die Schülerinnen und Schüler diese Vorstellung gar nicht haben können. Dies könnte vor allem die Hauptschullehrkräfte betreffen.

Die Vertrautheit mit dem Unterrichtsgegenstand ist ebenfalls ein Aspekt, der nicht außer Acht gelassen werden sollte. Je vertrauter eine Person mit einem Gegenstand ist, desto eher wird sie fachlich nicht belastbare Vorstellungen identifizieren können. Umgekehrt werden Schülervorstellungen tendenziell nicht als solche erkannt, wenn die Vertrautheit mit dem Gegenstand niedrig ist (HASHWEH 1987).

WILHELM (2008) hat in seiner Befragung der gymnasialen Physiklehrkräfte auch Vorstellungen zum Teilchenkonzept berücksichtigt. In seiner Studie konnten 60 % der Probanden die meisten Schülervorstellungen korrekt identifizieren. Einzige Ausnahme war die Vorstellung, dass Schülerinnen und Schüler über ein Mischkonzept beim Aufbau der Materie verfügten, was nur 22 % der Befragten für wahrscheinlich hielten. In der Befragung der Chemielehrkräfte zeigt sich ein vergleichbares Bild. Auch der Umstand, dass jüngere Lehrkräfte bessere Ergebnisse erzielen konnten als ältere, konnte durch die hier vorgestellte Untersuchung bestätigt werden.

Die Studie zeigt auch, dass die in Studium und/oder Referendariat vermittelten Kenntnisse zu Schülervorstellungen nicht zu einer besseren Identifikation von Schülervorstellungen führen. Vor allem bei komplexeren Themen werden sie überwiegend nicht erkannt. Eine mögliche Ursache ist in der überwiegend frontalen Unterrichtssituation zu finden. SUMFLETH und PITTON (1998) konnten in ihrer Untersuchung der Kommunikation im Chemieunterricht feststellen, dass Schülerinnen und Schüler meistens in Ein- oder Zweiwortsätzen reden. Dieser Redeumfang ist aber zu gering, um Schülervorstellungen erkennen zu können. Oberflächlich werden die richtigen Vokabeln benutzt, aber die Lehrkraft hat keine Möglichkeit, zu überprüfen, ob die chemischen Begriffe mit dem korrekten Sachinhalt verknüpft sind. Da jüngere Lehrkräfte zunehmend offenere Lehr- und Lernformen in den Unterricht integrieren, könnte hier eine Ursache für die bessere Identifikation von Schülervorstellungen vorliegen.

Die These von VAN DRIEL (1998,) dass das fachdidaktische Wissen von Fachwissen abhängt, kann hier für das Wissen um Schülervorstellungen bestätigt werden: Je höher der Abschluss in Chemie und damit die Tiefe der im Studium behandelten chemischen Inhalte ist, desto besser wurden die Schülervorstellungen von den Probanden identifiziert. Die Ergebnisse werfen damit auch die Frage auf, wie das Lehramtsstudium sowohl fachlich als auch fachdidaktisch gestaltet ist. Wenn Lehrkräfte nicht im Studium fachlich fundiert und vertieft ihr Fach lernen, so werden sie dieses Wissen nicht adäquat (d.h. auch angemessen didaktisch rekonstruiert) an ihre Schülerinnen und Schüler weitergeben können. Dies betrifft vor allem die Lehramtsstudiengänge, in denen nur ein Mindestmaß an Chemie-Veranstaltungen absolviert werden muss. Es scheint jedoch in den vergangenen Jahren ein Umbruch stattgefunden zu haben, da jüngere Lehrkräfte die genannten Schülervorstellungen besser identifizieren konnten. Allerdings sollten weitere Anstrengungen unternommen werden, um das fachdidaktische Wissen weiter zu vertiefen und mit dem Fachwissen zu vernetzen.

Insgesamt zeigt sich, dass die in diesem Beitrag vorgestellten Ergebnisse einen ersten Einblick auf das fachdidaktische Wissen von Chemielehrkräften über Schülervorstellungen geben, gleichzeitig jedoch viele Fragen aufwerfen. Diese müssen nun in verschiedenen Anschlussuntersuchungen geklärt werden.

7. Literatur

BANERJEE, A. C. (1991): Misconceptions of students and teachers in chemical equilibrium, International Journal of Science Education, 13(4), 487-494.

BARKE, H. D., HARSCH, G. (2001). Chemiedidaktik Heute. Berlin, Heidelberg: Springer

BARKE, H.-D. (2006). Chemiedidaktik – Diagnose und Korrektur von Schülervorstellungen. Berlin: Springer.

BURGER, N. (2000). Vorstellungen von Schülern zur Elektrochemie – eine Interviewstudie. Dissertation, Universität Dortmund.

HACKLING, W.M., GARNETT, P. (1985): Misconceptions of chemical equilibrium. International Journal of Science Education, 7, 205-214.

HASHWEH, M. (1987): Effects of Subject-Matter Knowledge in the Teaching of Biology and Physics. Teaching and Teacher Education, 3(2), 109-120.

KOKKOTAS, P., VLACHOS, I., KOULAIDIS, V. (1998): Teaching the topic of the particulate nature of matter in prospective teachers' training courses. International Journal of Science Education, 20, 291-303.

MAGNUSSON, S., KRAJCIK, J., BORKO, H. (1999): Nature, Sources and Development of Pedagogical Content Knowledge for Science Teaching. In GESS-NEWSOME, J., LEDERMAN, N. G. (Hrsg.): Examining Pedagogical Content Knowledge. Dordrecht: Kluwer Academic Publishers, 95-132.

MAROHN, A. (1999): Falschvorstellungen von Schülern in der Elektrochemie - eine empirische Untersuchung. Dissertation, Universität Dortmund.

NAKHLEH, M., SAMARAPUNGAVAN, A., SAGLAM, Y. (2005): Middle School Students' Beliefs About Matter. Journal of Research in Science Teaching, 42(5), 581-612.

PETERSON, R, TREAGUST, D, GARNETT, P. (1986): Identification of Secondary Students' Misconceptions of Covalent Bonding and Structure Concepts Using a Diagnostic Instrument. Research In Science Education, 16, 40-48.

SCHMIDT, H.-J., MAROHN, A., HARRISON, G. (2007). Factors That Prevent Learning in Electrochemistry. Journal of Research in Science Teaching, 44(2), 258–283.

SUMFLETH, E., PITTON, A. (1998): Sprachliche Kommunikation im Chemieunterricht – Schülervorstellungen und ihre Bedeutung im Unterrichtsalltag. Zeitschrift für Didaktik der Naturwissenschaften, 4(2), 4-20.

VAN DRIEL, J. H., VERLOOP, N., DE VOS, W. (1998): Developing Science Teachers' Pedagogical Content Knowledge. Journal of Research in Science Teaching, 35(6), 673-695.

WILHELM, T. (2008): Vorstellungen von Lehrern über Schülervorstellungen. In HÖTTECKE, D. (Hrsg.): Kompetenzen, Kompetenzmodelle, Kompetenzentwicklung. Münster: Lit, 44-46.

Diagnose von Schülerleistungen im Chemieunterricht
– eine Übersicht –

CHRISTINA BAUMGÄRTNER, KERSTIN HÖNER

Kurzfassung

Im folgenden Artikel wird zuerst die in den Schulen praktizierte Leistungsmessung allgemein und nicht fachspezifisch für den Chemieunterricht betrachtet. Dabei wird ein Blick darauf gerichtet, warum Schülerleistungen gemessen werden müssen und auf welche Arten dies geschieht. Anschließend folgt eine Beschreibung der Themenbereiche im Chemieunterricht, bei denen die Schülerinnen und Schüler besondere Verständnisprobleme aufweisen, sodass es für die Lehrperson besonders wichtig ist, festzustellen, in wieweit die Schülerinnen und Schüler den erlernten Unterrichtsstoff verstanden und verinnerlicht haben.

Es schließen sich Erläuterungen zum Diagnosebegriff an, wobei Unterschiede und Gemeinsamkeiten zwischen Diagnose und Prüfungssituationen verdeutlicht werden.

Im Hauptteil des Artikels werden Instrumente benannt, die Lehrkräfte zur Feststellung von Lernständen ihrer Schülerinnen und Schüler einsetzen können. Darin eingeschlossen ist die Vorstellung ausgewählter Diagnoseverfahren, die im Chemieunterricht Anwendung finden können. Abschließend werden die dargestellten Diagnoseverfahren untereinander verglichen und ausgewählte Kritikpunkte beleuchtet.

1. Einleitung

„Nicht die Wahrheit, in deren Besitz irgendein Mensch ist oder zu sein vermeinet, sondern die aufrichtige Mühe, die er angewandt hat, hinter die Wahrheit zu kommen, macht den Wert des Menschen. Denn nicht durch den Besitz, sondern durch die Nachforschung der Wahrheit erweitern sich seine Kräfte, worin allein seine immer wachsende Vollkommenheit besteht. [...]" (LESSING 1778, zitiert nach: BIERMANN, SCHURF 1999, S.: 27).

In diesem Teil der Parabel „Suche nach der Wahrheit" von Lessing, finden sich interessante Ansätze, die sich auch auf den Schulalltag übertragen lassen. Obwohl es bei der eigentlichen Aussage dieser Dichtung weniger um die Suche nach der Wahrheit, gleichzusetzend mit dem Wissen, das in der Schule vermittelt wird, geht. Aber auch Schülerinnen und Schüler müssen für einen Unterrichtsstoff begeistert werden, den sie dann selbstständig, vielleicht mit Hilfestellung der Lehrperson, herausfinden wollen. Nur dann werden sie diesen Inhalt gern lernen und verinnerlichen. Vorgegebenes oder auswendig gelerntes Wissen hat deshalb einen wesentlich geringeren Stellenwert. Gerade die Gelegenheit des eigenen Erforschens kann im Chemieunterricht besser verwirklicht werden, als in den meisten anderen Unterrichtsfächern. Vorausgesetzt es wird von der Lehrkraft auch zugelassen.

Eine Schülerin oder ein Schüler kann während des Lernprozesses viel Mühe investieren. Bekommen sie von der Lehrperson nicht die richtige individuelle Hilfestellung angeboten, besteht die Gefahr, dass die aufgewendete Mühe nicht zielführend und damit in den Augen der Lernenden „umsonst" gewesen ist. Dies hat zur Folge, dass beim nächsten Mal weniger Anstrengung in den Lernprozess hineingesteckt wird. Daher muss die Lehrkraft die Lernstände der Schülerinnen und Schüler kennen. Welche Möglichkeiten hierfür zur Verfügung stehen, wird in diesem Artikel dargestellt.

Im weiteren Verlauf dieses Artikels werden Schülerinnen und Schüler aus Gründen der besseren Lesbarkeit nur noch als Schüler betitelt.

2. Leistungsmessung

Leistungsmessung setzt ein Leistungsprinzip voraus, an dem die Leistung gemessen werden kann. (SACHER 2009, S.: 284-285) BADER (2002) beschreibt, als Begründung für eine Bewertung die äußere und die innere Differenzierung. Unter der äußeren Differenzierung ist die Einordung der Schüler in bestimmte Schulaufbahnen und damit auch in den anschließenden beruflichen Werdegang zu verstehen, da bestimmte Berufe nur mit einem entsprechenden Schulabschluss erreicht werden können. Bei dieser Zuordnung wird daher bereits ein großer Einfluss auf die spätere Berufswahl ausgeübt und deshalb weist Bader auf die große Verantwortung der beurteilenden Lehrkraft hin. Unter der inneren Differenzierung kann die Einordnung von Schülerleistungen bezüglich der Leistungen einer Einheit von Schülern verstanden werden. Wie fällt zum Beispiel eine Klassenarbeit im Verhältnis zum Klassendurchschnitt aus. Daneben soll sich die Leistungsmessung positiv auf die Motivation der Schüler auswirken. Gute Leistungen haben eine Belohnungsfunktion und regen damit zu weiterer guter Beteiligung an, während negative Leistungen Mängel aufdecken und den Schüler dazu anreizen sollen, diese zu beheben, (PFEIFER ET AL. 2002, S.: 252-254) allerdings steht sicher außer Frage, dass sich zu viele negative Leistungen auch demotivierend auswirken können.

Im Hinblick auf Fehlbeurteilungen seien exemplarisch der Haloeffekt und der logische Fehler genannt. Nach BADER (2002), mit einem Hinweis auf eine Zusammenstellung von Untersuchungen nach INGENKAMP (1995), ist unter diesen Fehlerbezeichnungen folgendes zu verstehen:

Der Haloeffekt bedeutet, dass eine Lehrperson auf Grund eines Gesamteindrucks zum Beispiel aufgrund des äußeren Erscheinungsbildes, auf die Leistungsbereitschaft schließt. Beim logischen Fehler wird ebenfalls von einem Aspekt auf etwas anderes geschlossen, hier ist es allerdings nicht der Gesamteindruck von dem ausgegangen wird, sondern von einem Merkmal wird auf ein anderes Merkmal geschlossen. (PFEIFER ET AL. 2002, S.: 254-255) Bader erläutert dieses sehr anschaulich an einem Beispiel:

> *„Ein Lehrer hält Kontaktarmut und Verschlossenheit einerseits und Desinteresse sowie Lernschwäche andererseits für zusammengehörige Eigenschaften. Er wird somit einen Schüler, den er als kontaktarm und verschlossen einstuft, als eher nicht am Unterricht interessiert und leistungsschwach beurteilen."* (PFEIFER ET AL 2002, S.: 254)

Dies kann dazu führen, dass betroffene Schüler im Verhältnis bessere Leistungen als ihre Mitschüler erbringen müssen, damit die Lehrperson ihren sich negativ auswirkenden Eindruck revidiert. Gelingt ihnen das nicht, könnte die Fehlbeurteilung der Lehrperson Bestand haben und von der Realleistung abweichende schlechtere Beurteilungen zur Folge haben. Auf der anderen Seite können sich Fehlbeurteilungen auch positiv für einzelne Schüler darstellen.

Nach HÄNZE UND JURKOWSKI (2011) ist genaue Diagnose eine Möglichkeit, solche Fehlbeurteilungen einzuschränken. Sie schildern ein weiteres anschauliches Beispiel (HÄNZE, JURKOWSKI 2011, S.: 2-4):

„Beispielsweise könnte fälschlicherweise von einer mangelnden Aufmerksamkeit eines Schülers im Unterricht auf sein mangelndes Interesse am Unterricht geschlossen werden. Die mangelnde Aufmerksamkeit könnte jedoch auch ein Hinweis auf eine Lern- und Verhaltensauffälligkeit sein." (HÄNZE, JURKOWSKI 2011, S.: 4)

An dieser Stelle wird deutlich, wie wichtig es für eine Lehrperson ist, das Verhalten der Schüler genau einordnen zu können und damit Fehlbewertungen zu vermeiden. Die Einordnung wird durch Diagnose beziehungsweise Diagnoseinstrumente erleichtert. In den nachfolgenden Abschnitten folgen diesbezüglich Erläuterungen und Anmerkungen.

3.Schlüsselstellen im Chemieunterricht

KRUMM ET AL. (2008) bezeichnen Themenbereiche als Schlüsselstellen im Chemieunterricht, bei denen Schüler häufig Verständnisprobleme zum Beispiel durch Fehlvorstellungen aufweisen. (Krumm et al. 2008, S: 5)

PFEIFER ET AL. (2002) weisen darauf hin, dass viele chemische Prozesse auf der submikroskopischen Ebene ablaufen und damit für das Auge des Schülers unentdeckt bleiben. (PFEIFER ET AL. 2002, S: 133-134)

Weitere Schlüsselstellen im Chemieunterricht werden von Krumm et al. (2008) benannt:

- *„Übergang von der makroskopischen auf die (sub)mikroskopische Ebene: Teilchenvorstellung*
- *Differenzierung zwischen Atom, Molekül, Ion („klein[st]e Teilchen")*
- *Übergang von der Phänomenebene in die formale Ebene (hier werden oftmals Routinen erlernt- wurde auch wirklich Verständnis entwickelt?*
- *Abgeleitete Größen und ihre Einheiten: Dichte, Stoffmenge, Konzentration, Reaktionsgeschwindigkeit*
- *Das dynamische Gleichgewicht. (KRUMM et al. 2008, S.: 5)*

Anton (2008) nennt drei *„Stolpersteine"*: *„Energiegehalt – Das BOHRsche Atom-Modell"*, *„Oxidation und Reduktion"* und *„Plus-Pol oder Anode?"* Anhand des Beispiels der *„Oxidation und Reduktion"* wird diese Problemstelle genauer beleuchtet. (Anton, 2008, S: 232-237)

„'Wenn man Kupferblech in eine Silbernitratlösung eintaucht, dann wird das Silber reduziert! '" *(Anton 2008, S.: 233)*

und

„'Magnesium brennt in Chloratmosphäre weiter; es wird oxidiert!'" *(Anton 2008, S.: 233)*

Dieses sind nach Anton (2008) typische Schülerantworten, wobei sich die Frage ergibt, haben die Schüler diese Aussagen "nur auswendig" gelernt oder verstehen sie diese Aussage und die dabei ablaufenden chemischen Vorgänge wirklich. Ein Problem bei solchen fachsprachlichen Angaben ist, dass in ihnen implizite Annahmen stecken, die für Lehrpersonen verständlich, für Schüler aber nicht so evident sind. So wird in den Beispielen nicht zwischen Atomen und Ionen unterschieden. (Anton 2008, S.: 233-234) Ausführliche Beschreibungen könnten folglich lauten.

„'Wenn man Kupferblech in eine Silbernitratlösung eintaucht, dann wird das Silberkation reduziert! '" *(Anton, 2008, S.: 234)*

und

„'Magnesium brennt in Chloratmosphäre weiter; es wird zu Mg^{2+}-Kationen oxidiert und es entsteht Magnesiumchlorid ! '" *(Anton 2008, S.: 234)*

Bei der ersten Aussage wird deutlich, dass zuerst ohne direkte Schilderung angenommen worden ist, es handele sich um Silberkationen. Erst bei der Korrektur wird dieses explizit erwähnt. Daher ist es für die Lehrperson wichtig zu erfahren, ob die Schüler bereits ein Verständnis für verkürzte Aussagen entwickelt haben.

Besonders deutlich verweist Anton (2008) darauf, dass sich Lehrende bewusst machen müssen, wie Schüler chemische Sachverhalte verstehen, wenn sie nicht über das gleiche Vorwissen wie die Lehrperson selbst verfügen. Ebenfalls sollten Lehrpersonen ihr Wissen, immer mit größtmöglicher Nachvollziehbarkeit, den Schülern vermitteln. (Anton 2008, S.: 234)

4. Diagnose von Schülerleistungen

4.1. Diagnose

In einem Artikel von DI FUCCIA UND STÄUDEL (2011) wird folgende These aufgestellt:

„Die meisten Menschen außerhalb von Schule und Bildung denken beim Begriff „Diagnose" zuerst an Medizin [...]." (DI FUCCIA, STÄUDEL 2011, S.: 5)

Wird in einem BROCKHAUS UNIVERSALLEXIKON (2003) der Begriff Diagnose nachgeschlagen, findet sich nach der allgemeinen Erläuterung auch tatsächlich eine gesonderte Erklärung des Begriffes Diagnose im Zusammenhang mit Medizin. Unter dem allgemeinen Teil gibt es den Hinweis darauf, dass Diagnose griechischen Ursprungs ist und wörtlich Unterscheidung bedeutet. (BROCKHAUS-LEXIKONREDAKTION 2003, S.: 1464) Zudem ist folgende allgemeine Definition verzeichnet,

„[...] Feststellen, Prüfen und Klassifizieren von Merkmalen mit dem Ziel der Einordnung zur Gewinnung eines Gesamtbildes." (BROCKHAUS-LEXIKONREDAKTION 2003, S.: 1464)

In diesem Zitat sind wichtige Aspekte enthalten, die im weiteren Verlauf, auch im Bereich der Diagnose, im Bezug auf Schülerleistungen von Bedeutung sind und wieder aufgegriffen werden.

Bei dem Begriff Diagnose unterscheiden DI FUCCIA und STÄUDEL (2011) mit Verweis auf HÄNZE UND JUKOWSKI (2011) die summative und formative Diagnose. Unter der summativen Diagnose ist eine abschließende und dem zu Folge eine endgültige Beurteilung zu verstehen. Bei diesem Verfahren ist die Möglichkeit des Einbeziehens einer nach der Beurteilung einsetzenden Verbesserung nicht möglich. An dieser Stelle greift die formative Diagnose ein. Hierbei handelt es sich um eine während des Lernprozesses begleitende Diagnose, die es erlaubt, Verbesserungen und Verschlechterungen in die Bewertung einzubeziehen. Anzumerken ist außerdem: Unabhängig welches Verfahren angewandt wird, muss dieses immer mit Empfehlungen und Konsequenzen verbunden seien. Nur dann ist dieses Vorgehen nutzbringend und unterscheidet sich somit von einer reinen Leistungsbewertung. (DI FUCCIA, STÄUDEL 2011, S.: 5)

Entscheidenden Einfluss auf den Erwerb neuen Wissens hat das bereits vorhandene Vorwissen, das jeder Schüler über eine Unterrichtseinheit mit in den Unterricht bringt. Das neu erlernte Wissen wird dabei mit dem bereits Vorhandenen in Beziehung gesetzt. Sind in dem bereits vorhandenen Wissen Verständnisprobleme enthalten, können die neu erlernten Kenntnisse nicht ausreichend mit dem Vorhandenen in Verbindung gesetzt werden. Ein effektives und nachhaltiges Erlernen findet nicht statt. Deshalb muss die Lehrperson zuerst feststellen, in wie weit das Vorwissen korrekt ist oder ob in bestimmten Bereichen Verständnisprobleme bestehen, an die angeknüpft werden muss. Erstrebenswert ist außerdem, diese Anpassung des neuen Lernstoffes an das Vorwissen nach Möglichkeit individuell zu gestalten. In der Praxis wird wohl jeder Schüler unterschiedliches Vorwissen zu einem Themenbereich besitzen. (HÄNZE, JURKOWSKI 2011, S.: 3)

Dieser Punkt ist einer der wichtigsten, warum Diagnose durchgeführt werden sollte. Es lassen sich aber auch noch weitere Aspekte anführen. Für die Lehrenden ist eine Analyse des individuellen Lernstands und -fortschritts wichtig, um den Kompetenzerwerb der Schüler einschätzen zu können. Weiterhin geht es um den Einsatz bestimmter Methoden und Instrumente, um auch den Schülern ihren individuellen Lernstand bewusst zu machen. Die Lehrkraft kann schließlich aber auch Rückschlüsse aus den Analyseergebnissen ziehen, um den eigenen Unterricht mithilfe geeigneter Maßnahmen, schülergerecht umzugestalten. (KRUMM ET AL. 2008, S.: 4)

Abgesehen von diesen Aspekten wurde darauf hingewiesen, dass Diagnose individuelle Hilfen für diagnostizierte Lernstände zur Folge hat. Das setzt voraus, dass die Schüler dazu angeleitet werden, ihren Lernprozess zu größeren Teilen selbständig zu überwachen. (HÄNZE, JURKOWSKI 2011, S.: 3)

Diese Fähigkeit des selbständigen Arbeitens sollen sich die Schüler auch nach dem NIEDERSÄCHSISCHEN KERNCURRICULUM (2007) aneignen.

> *„In der Auseinandersetzung mit chemischen Fragestellungen erwerben die Schülerinnen und Schüler neben einem tragfähigen Begriffsnetz die Fähigkeiten, zunehmend eigenständig Sachverhalte zu erarbeiten [...]"* (NIEDERSÄCHSISCHES KULTUSMINISTERIUM 2007, S.: 46)

Auf die Unterscheidung zwischen Diagnose und Prüfungssituation wird unter dem nachfolgenden Punkt genauer eingegangen.

4.2. Der Unterschied zwischen Diagnose und Prüfungssituationen

Nach dem Niedersächsischen Kerncurriculum sind Lern- und Leistungssituationen Möglichkeiten, den Schülern Rückmeldungen über ihren Kompetenzstand zu geben. Dabei ist zwischen Lern- und Leistungssituationen zu unterscheiden. Beabsichtigt ist, den Schülern in Lernsituationen, Kompetenzen zu vermitteln. Bei diesem Vorgehen sind Fehler und Umwege eingeplant und fördern den Lernprozess, außerdem bekommt die Lehrperson Hinweise auf die weitere Ausrichtung ihres Unterrichtes. Dem gegenüber stehen Leistungssituationen, bei denen Fehler vermieden werden sollen und ein Nachweis der gelernten Kompetenzen abgelegt wird. (NIEDERSÄCHSISCHES KULTUSMINISTERIUM 2007, S.: 92)

Bezüglich der Leistungssituationen merken auch DI FUCCIA und STÄUDEL (2011) unter Verweis auf WEINERT (2000) an, dass Schüler in Prüfungssituationen aus ihrer Sicht angehalten sind, mögliche Fehler und Unsicherheiten zu verbergen. (DI FUCCIA, STÄUDEL 2011, S.: 7)

Insofern decken sich die Aussagen über Leistungs- beziehungsweise Prüfungssituationen beim NIEDERSÄCHSISCHEN KERNCURRICULUM (2007) und DI FUCCIA und STÄUDEL (2011). Für eine Abschlussprüfung einer Unterrichtseinheit mag dieses auch zutreffen. Wird dagegen hypothetisch angenommen es handele sich um eine Lehrkraft, die in einem Test herausfinden möchte, in welchem Umfang der Unterrichtsinhalt der letzten Stunde verstanden wurde, ist anzunehmen, dass

„[...] es im Sinne der Diagnostik genau richtig wäre, dem Lehrer die Unsicherheiten zu zeigen und sie ggf. sogar ausführlicher zu benennen." (DI FUCCIA, STÄUDEL 2011, S.: 7)

Nach JÜRGENS (2005) unter Verweis auf SCHRADER und HELMKE (2001) wirken sich Leistungsprüfungen in Lernsituationen hemmend auf den Lernvorgang der Schüler aus, desweiteren ist ein negativer Effekt auf die Lernmotivation zu verzeichnen. Es wird darauf hingewiesen, dass vor allem Schüler in Lernphasen vor negativen Folgen einer Bewertung geschützt sein sollen. (JÜRGENS 2005, S.: 44)

„Beispielsweise brauchen vor allem junge Menschen die Sicherheit, vor negativen Sanktionen geschützt zu sein, wenn sie in der »Experimentierphase des Lernens« Fehler machen. Wird diese Sicherheit nicht gewährt, suchen Schüler zwangsläufig in einer Art Gefahrenabwendung [...] nach sicheren »fehlerfreien« Lernmustern bzw. Lernrezepten, wodurch sowohl eigenständiges als auch probierendes Lernen [...], stark beschnitten, wenn nicht sogar von Fall zu Fall gänzlich verhindert wird." (JÜRGENS 2005, S.: 44)

Rückblickend auf das Beispiel des Testes ist deshalb davon auszugehen, dass die Lehrkraft bei einem schlechten Ausfall bemerken wird, dass der Unterrichtsinhalt nicht verstanden wurde. Gründe für dieses Verständnisproblem bleiben allerdings im Verborgenen. Außerdem werden die Schüler, wie oben beschrieben, versuchen ihre Fehler zu verdecken anstatt sie explizit zu benennen.

Auch Diagnose ist Teil des Lernprozesses und damit müsste sich die Frage vor dem Hintergrund der angeführten Argumente erübrigen, ob Diagnose bewertet werden sollte. Dennoch finden sich in der Literatur (SAGER, RALLE 2011, S.: 63-67) in Bezug auf Concept Mapping einige begründete Argumente dafür warum eine Bewertung dennoch sinnvoll sein kann. Diese Diskussion wird unter dem Punkt „Concept Mapping" wieder aufgegriffen und weitergeführt.

4.3. Diagnosetests

Diagnosetests sind Instrumente, die entwickelt wurden, um Lehrpersonen die Diagnose von Stärken und Schwächen, der ihnen anvertrauten Schüler, zu erleichtern. (DI FUCCIA, STÄUDEL 2011, S.: 7)

Nach DI FUCCIA und STÄUDEL (2011) existieren gute Aufgaben im Kompetenzbereich Fachwissen. Über diesen Bereich hinausgehende Aufgaben, bezogen auf die Kompetenzbereiche Erkenntnisgewinn, Kommunikation und Bewertung fehlen größtenteils aussagekräftige Diagnoseverfahren. Inzwischen entstehen Instrumente im Bereich Erkenntnisgewinn in Bezug auf das Experimentieren. (DI FUCCIA, STÄUDEL 2011, S.: 6)

Allgemein findet sich bei verschiedenen Diagnoseverfahren (z.B.: DI FUCCIA 2011, S.: 37-38 & SAGER, RALLE 2011, S.: 64-65) der Hinweis, dass den Schülern das Diagnoseverfahren bereits vorher bekannt und erprobt sein sollte, damit alle Schüler wissen, wie sie vorgehen sollen und die Ziele der Diagnose bekannt sind.

Die vorgestellten Diagnoseinstrumente beziehen sich häufig auf ausgewählte Themenbereiche. Meistens sind diese Instrumente aber durch einen geringen Mehraufwand auf andere Wissensgebiete anzupassen. DI FUCCIA (2011) weist darauf hin, dass Veränderungen bei der Versuchsvorschrift sehr leicht auf bereits bestehende Versuchsanleitungen übertragbar sind. Dadurch können aus bereits vorhandenen Materialien ohne großen Aufwand Diagnoseinstrumente entstehen. (DI FUCCIA 2011, S.: 36-37) Andererseits verweisen KRUMM et al. (2008) darauf, dass die Erstellung von Diagnosematerialien durch jede Lehrkraft sehr belastend seien kann und daher die Verwendung von vorgefertigten oder leicht veränderbaren Instrumenten durchaus sinnvoll ist. (KRUMM ET AL. 2008, S.: 11; mögliche vorgefertigte Materialien: KRUMM ET AL. 2008,S.: 12-28)

Bei der Verwendung von nicht eigenständig angefertigten Materialien sollte aber immer abgewogen werden in wie weit die Materialien dem durchgeführten Unterrichtsinhalt und der Lerngruppe entsprechen und somit eine aussagekräftige Diagnose ermöglichen. (DI FUCCIA 2011, S.: 36-37)

5. Verschiedene Diagnosetests in einer Übersicht

Im folgenden Teil werden verschiedene ausgewählte Diagnoseverfahren übersichtsartig vorgestellt und anschließend kritisch beleuchtet. Dabei ist zu beachten, dass die Übersicht keinen Anspruch auf Vollständigkeit erhebt.

5.1. Peer assessment und peer diagnosing

Dieses erste geschilderte Diagnoseinstrument bezieht sich auf Schüler der Sekundarstufe I. Die exemplarisch vorgestellten Aufgaben stammen aus den Themenbereichen Ionenverbindungen und Leitfähigkeit. Kerngedanke dieses Vorgehens ist, dass Schüler für ihre Mitschüler Aufgaben erstellen. Das genaue Vorgehen wird von KEENAN und DI FUCCIA (2011) folgendermaßen beschrieben. Die Schüler bekommen als Auftrag, in 45 Minuten jeweils im Zweierteam Aufgaben mit Musterlösungen für ihre Mitschüler zu erarbeiten. Bedingung ist, dass sich diese von den Schülern entwickelten Aufgaben innerhalb von 15 Minuten ohne Hilfsmittel lösen lassen. Danach werden die Aufgaben getauscht und jeder Schüler bearbeitet jeweils die von einem Mitschüler erstellten Aufgaben. Während der Erprobungsphase dieses Vorgangs wurden die Schüler beobachtet und gefilmt. Diese Beobachtung dient vor allem dazu herauszufinden, wie eine Aufgabe erstellt wurde, ob die Musterlösung, die Bearbeitung und die Korrektur korrekt sind und ob es Rückmeldungen an die Person, die die Aufgabe bearbeitet hat, gibt. Außerdem sind Interviews bei Lehrenden und Lernen durchgeführt worden. Abschließend folgt die Diskussion der Aufgaben im Plenum. (KEENAN, DI FUCCIA 2011, S.: 32-35)

Aufgaben

1. Was sind Salze? Nennt mindestens drei Eigenschaften.
2. Nennt je ein Beispiel für ein gut lösliches Salz und für ein schlecht lösliches Salz.
3. Salze und Metalle leiten elektrischen Strom. Im Gegensatz zu Salzen sind Metalle jedoch verformbar. Erklärt dies anhand ihrer Struktur. (Skizze mit kurzer Erläuterung)

3 | Beispielaufgabe „Salze" (Jgst.9)

Lösungen

zu 1: - bestehen aus Kationen (positiv geladen) und negativ geladen en
  Anionen → bilden zusammen ein Ionengitter
  - leiten gut elektrischen Strom
  - haben unterschiedliche Löslichkeiten
  - Salze sind spröde

zu 2: Schlecht löslich: $CaSO_4$ (Gips), $CaCO_3$ (Kalk)
  Gut löslich: NaCl, KCl

zu 3: wenn man Salz verformt, kommen gleiche Ladungsträger zusammen und stoßen sich ab, beim Metall sind die Ladungsträger frei.
  (keine Reflexion der Aussage „Salze leiten Strom")

4 | Ausgewählte Musterlösungen der Lernenden

Abb. 1: *Beispiel für eine Aufgabenstellung zum peer assessment und peer diagnosing modifiziert nach: (KEENAN, DI FUCCIA 2011, S.: 34)*

In dem angegebenen Beispiel sind von Schülern entworfene Aufgaben mit den entsprechenden Musterlösungen abgebildet. Die Aufgaben eins und zwei sind sowohl in der Fragestellung wie auch bei der Musterlösung korrekt. Bei der dritten Aufgabe wurde auf die in der Frage enthaltende Aussage, dass Metalle und Salze elektrischen Strom leiten, überhaupt nicht eingegangen. Ein möglicher Grund dafür ist, dass die Schüler, die diese Aufgabe entworfen haben, die Erklärung selbst nicht genau erläutern können. Es zeigte sich, dass nur 65 % der erstellten Musterlösungen richtig waren, obwohl die Schüler die Aufgabenbereiche selbst wählen konnten. Dies zeigt, dass die Lernenden ihre eigenen Fähigkeiten und Kenntnisse bei der Auswahl der Aufgabenthemen falsch eingeschätzt haben. (KEENAN, DI FUCCIA, 2011 S.: 34)

In den oben abgebildeten Beispielaufgaben von Schülern ist ein Trend zu erkennen, der nach Angabe der Autoren in mehreren Aufgaben wieder zu finden ist. Alle drei Aufgaben beziehen sich auf den Kompetenzbereich Fachwissen. Nach KEENAN und DI FUCCIA (2011) wurden insgesamt zu 76% reproduzierbare Aufgaben ausgewählt, 21% sind anwendungsbezogene Aufgaben und nur 3% Transferaufgaben. (KEENAN, DI FUCCIA 2011, S.: 34)

Daher handelt es sich bei den Aufgaben um eine reine Wissensabfrage. Die Schüler werden durch die Abwesenheit nicht auf anwendungsbezogene Aufgaben und Transferaufgaben in möglichen Prüfungen vorbereitet. Desweiteren sollte von Seiten der Lehrerkraft abschließend die Korrektur der Schüler besprochen werden, damit keine falschen Lösungswege gelernt werden.

Nach KEENAN und DI FUCCIA (2011) bietet dieser Diagnosetest Vorteile für die Lehrperson, die erkennen kann, in welchen Themenbereichen sich die Schüler sicher fühlen beziehungsweise noch unsicher sind. (KEENAN, DI FUCCIA, 2011 S.: 34-35) Die meisten Lernenden wählen Aufgabenthemen aus und konzipieren daraus Aufgaben, von denen sie selbst annehmen, dass sie diese gut beherrschen. (KEENAN, DI FUCCIA 2011, S.: 34)

Wird ein Themenbereich von den Schülern nicht oder nur wenig behandelt, könnte dies ein Hinweis darauf sein, dass zusätzlicher Klärungsbedarf besteht. Der positive Effekt dieses Diagnoseinstruments liegt nicht nur auf Seiten der Lehrkraft, sondern auch auf Seiten der Schüler. Sie stellen fest, dass falsche Lösungen entworfen wurden und können durch Eigenreflexion erkennen, dass sie in einem Themenbereich, in dem sie sich eigentlich sicherfühlten, nachlernen sollten. (KEENAN, DI FUCCIA 2011, S.: 34-35)

Bezüglich des möglichen Zeitmangels im Schulalltag schlagen KEENAN und DI FUCCIA (2011) vor, die Diagnose in Form eines Quiz zu gestalten. Die Schüler entwickeln kurze Aufgaben mit vier Antwortmöglichkeiten. Dadurch erübrigen sich die Erstellung von Musterlösungen und die anschließende Korrektur. Außerdem werden dadurch unpräzise und mehrdeutige Fragen erörtert und diskutiert, was zu einem sehr hohen Lerneffekt führen kann. Aus diesem Grund ist diese verkürzte Version im Schulalltag eine einfachere, effizientere und dennoch eine Gelegenheit der Diagnose des Wissensstandes gebende Möglichkeit. (KEENAN, DI FUCCIA 2011, S.: 35)

Möglicherweise wirkt es sich auch positiv auf die Motivation aus, dass die Aufgaben von Schülern selbst entwickelt werden und sie keine vorgesetzten Aufgaben bekommen. STEINER (1983) stellt unter Verweis auf GREENBAUM ET AL. (1974) fest, dass bei Gruppenarbeit mit selbst ausgewählten Aufgaben bei Misserfolgsrückmeldungen in Bezug auf die Aufgaben eine Attraktivitätsaufwertung stattfindet, während bei zugewiesenen Aufgaben ein Attraktivitätsverlust einsetzt. (STEINER 1983, S.: 108)

5.2. Der Selbsteinschätzungsbogen/Selbstbeobachtungsbogen

Der nachfolgende Selbsteinschätzungsbogen besteht aus Aufgaben zu einem Themenbereich, bei denen die Schüler entscheiden müssen, wie sicher beziehungsweise unsicher sie sich bei einer Beantwortung sind. Der vorgestellte Bogen stammt aus dem Themenbereich Brönsted-Säuren. (KRUMM ET AL. 2008, S.: 6) In der Literatur ist keine Klassenstufe empfohlen. Da der Bereich Säure-Base laut des Niedersächsischen Kultusministeriums aber erst bis Ende Schuljahr 10 behandelt werden sollte (NIEDERSÄCHSISCHES KULTUSMINISTERIUM 2007, S.: 58), kann dieser Bogen auch erst dann eingesetzt werden. Er kann aber wie auch bereits oben beschrieben, als Anregung für Lehrkräfte verstanden werden, nach dieser Vorlage eigenständig passende Selbstbeobachtungsbögen zu anderen Themengebieten zu entwerfen.

Im nachfolgenden Kasten ist ein Selbsteinschätzungsbogen von KRUMM ET AL. (2008) wiedergegeben.

Beispiel 2: Selbsteinschätzungsbogen zum Thema „Brönsted-Säuren"

KMK-BS	Aufgabe	sicher	Ziemlich sicher	Unsicher	Sehr unsicher
K, E	Ich kann meinen Mitschülern beschreiben, was ich bei einer Reaktion von Salzsäure und Kalk sehe.				
F, E	Ich kann aus den Beobachtungen folgen, welche Produkte entstehen.				
E	Ich kann mit einem Experiment beweisen, dass das Gas Kohlenstoffdioxid ist.				
E, F	Ich kann auf der Teilchenebene mit Hilfe des Atommodells die Entstehung der Produkte erklären.				
F	Ich kann die Dissoziationsgleichung von fünf Säuren angeben und die Säurerest-Ionen benennen.				

Was ich verbessern sollte:

Wo ich Hilfe brauche:

Abb. 2: Beispiel für einen Selbsteinschätzungsbogen modifiziert nach: (KRUMM ET AL. 2008, S.: 6)

Die Schüler entscheiden, wie bereits beschrieben, in welchen Abstufungen sie den Aussagen zustimmen würden. Im unteren Teil müssen die Schüler auf Grund ihres Ankreuzverhaltens reflektieren wie sie ihr Wissen verbessern könnten und in welchen Bereichen sie noch weitere Hilfe benötigen. Besonders hervorzuheben ist, dass in der linken Spalte die gestellten Fragen nach den Kompetenzbereichen des Niedersächsischen Kerncurriculums, nämlich Fachwissen, Kommunikation, Erkenntnisgewinn und Bewertung, eingeteilt sind. Vorausgesetzt, den Schülern sind die Bedeutungen der Abkürzungen und der Begriffe bekannt, können auch sie bereits ihren Kompetenzzuwachs erkennen und dadurch ihr Lernverhalten beurteilen. (KRUMM et al. 2008, S.: 6)

Mitteilung an mich				
Selbstbeobachtungsbogen von: _____ Für die folgenden Schülerexperimente habe ich mir Folgendes vorgenommen. Ich *Ich will den Zusammenhang zwischen Unterricht und Versuch verstehen*				
Datum	😊	🙂	😐	🙁	Bemerkungen
18.04.05			x		habe den Versuch zwar verstanden, konnte aber die Aufgabe anfangs nicht lösen
21.04.05	x				da ich jetzt den Hintergrund verstanden habe, konnte ich auch eine Verbindung zum Thema des Unterrichts herstellen.
25.04		x			Zusammenhänge größtenteils verstanden
28.04.05		x			"
~~02.05~~					
12.05.	x				habe den Versuch am Anfang nicht verstanden. Erst nach der Erklärung im Unterricht habe ich alles verstanden.

Datum: 04.07.05 Unterschrift:_____

Abb. 3: Beispiel für einen Selbstbeobachtungsbogen modifiziert nach: (DI FUCCIA 2011, S.: 37)

Ein weiterer Selbstbeobachtungsbogen wird von DI FUCCIA (2011) unter Verweis auf BOHL (2001) vorgestellt, bei dem die Gestaltung allgemein gehalten ist und keinem spezifischen Themengebiet zu geordnet werden kann. Dies macht ihn für fast jede Unterrichtseinheit einsetzbar und für die Sekundarstufen I und II geeignet. Der Beobachtungsbogen wird direkt auf einen Versuch bezogen. (Di Fuccia 2011, S.: 36-38)

Auch hier gibt es Felder, in denen die Schüler ankreuzen können, wie gut sie etwas verstanden haben, wenn auch dieses Mal durch Smileys verdeutlicht. Zusätzlich gibt es in diesem Bogen noch eine Spalte für Bemerkungen. Die Schüler wählen dabei zum Teil ein Kriterium, das sie beobachten wollen, selbständig. Bei der Erprobung zeigte sich, dass sich die Schüler fast ausschließlich an dem Kriterium, ob das Experiment gelungen ist, orientierten. Leider wurde meist nicht kommentiert, weshalb ein Experiment nicht beziehungsweise geglückt ist. Dies hat zur Folge, dass die diagnostischen Auskünfte eher gering ausfallen. (Di Fuccia 2011, S.: 37)

Ähnliches trifft auch auf die Bemerkungen der Schüler zu. Bezug nehmend auf den oben abgebildeten Beobachtungsbogen wird hier geschildert, dass der Zusammenhang zwischen Unterricht und Experiment verstanden wurde. Nicht erwähnt wird, wodurch es zu dieser Erkenntnis gekommen ist und woraus der Zusammenhang besteht. In diesem Fall gehen der Lehrperson wesentliche Informationen über ihren Unterricht verloren. Es wird deshalb vorgeschlagen, dass diese allgemein gehaltene Bemerkungsspalte in bestimmten Fällen durch gezieltere Fragestellungen ergänzt werden sollte. (Di Fuccia 2011, S.: 38)

Bei dieser Art von Diagnose mit Hilfe von Selbsteinschätzungs- oder Selbstbeobachtungsbögen wird die Verantwortung, der Einschätzung des Lernstandes zu großen Teilen auf den Lernenden übertragen. Mit Hilfe dieser Bögen kann der Schüler selbst feststellen und reflektieren, an welchen Stellen der Bedarf weiterer Übung besteht. (Krumm et al. 2008, S.: 6) Außerdem wir der Fokus der Schüler auf ihr selbstständiges Lern- und Arbeitsverhalten gerichtet. (Di Fuccia 2011, S.: 37) Positiv anzumerken ist außerdem beim Einbeziehen eines Selbstbeobachtungsbogens während eines Experimentes, dass die Schüler gewissenhafter experimentieren, da ihnen bewusst ist, dass sie ihr Handeln anschließend schriftlich festhalten müssen. (Di Fuccia 2011, S.: 38)

Bei den beiden vorgestellten Diagnosebögen stellt sich die Frage, wie die Lehrperson die darin enthaltenen Informationen bekommt.

Diagnose von Schülerleistungen im Chemieunterricht

Bei dem zuerst geschilderten Selbsteinschätzungsbogen wird vorgeschlagen, dass

"die Objektivität der Selbstreflexion kann gesteigert werden, indem sich die Schülerinnen und Schüler nach der Bearbeitung der Bögen untereinander austauschen, gegenseitig helfen und dies auch schriftlich für die Lehrkraft sichtbar machen. Hieraus kann die Lehrerin oder der Lehrer Hinweise auf das Gelingen der Unterrichtskonzeption entnehmen." (KRUMM et al. 2008, S.: 6)

Dies könnte auch bewirken, dass sich die Schüler mehr Mühe beim Ausfüllen ihrer Selbsteinschätzungsbögen geben, wenn sie wissen, dass ein anderer Schüler diesen "kontrolliert". So könnte schließlich einer der beiden Schüler eine Aussage bei dem anderen Schüler nachfragen. Hat dieser auf seinem Selbsteinschätzungsbogen „sicher" angekreuzt und muss dennoch bei der Erklärung eingestehen, die Aussage nicht richtig erläutern zu können, ist dies sicherlich eine Situation, die jeder Schüler vermeiden möchte. Durch diese Partneraufgaben wird auch die fachliche Kommunikation der Schüler untereinander gefördert. Sie verständigen sich untereinander auf der gleichen Ebene mit ihren Mitschülern. Diese Vorgehensweise hat sich als motivierend erwiesen und wird auch von schwächeren Schülern gut angenommen. (KRUMM ET AL. 2008, S.: 6)

Bei diesem Vorgehen hat die Lehrperson die Möglichkeiten, die Schüler beim Ausfüllen beziehungsweise während der anschließenden Partnerarbeit sehr genau zu beobachten, um diagnostische Informationen zu erhalten. (KRUMM ET AL. 2008, S.: 6) In welchem Ausmaß dies aber für eine ganze Klasse gelingt, ist fragwürdig.

Eine weitere Möglichkeit ist, dass die Lehrkraft nach einer gewissen Fingewöhnungszeit ihre Beobachtungen mit den Angaben auf den Selbstbeobachtungsbögen vergleicht. (DI FUCCIA 2011, S.: 37)

Vorausgesetzt, den Schülern wurde verdeutlicht, dass es sich nicht um eine Leistungssituation handelt, sind die diagnostischen Möglichkeiten bezüglich des eigenen Unterrichts und des Lernstandes der Klasse wesentlich größer. Dagegen fällt der sehr wünschenswerte Anteil der Kommunikation unter den Schülern weg.

Aus diesem Grund muss bei der Auswahl des einzusetzenden Diagnoseinstrumentes abgewogen werden, welcher Aspekt einem persönlich wichtiger erscheint.

5.3. Partneraufgaben

Bereits unter dem Punkt des Selbstbeobachtungsbogens wurde die Möglichkeit diskutiert, die ausgefüllten Bögen von Mitschülern kontrollieren zu lassen. Es gibt aber auch Aufgaben, die von vornherein auf Partnerarbeit ausgerichtet sind. Die Aufgaben beziehen sich auf das Gebiet der Teilchenvorstellungen. (KRUMM ET AL. 2008, S.: 5)

Von KRUMM ET AL. (2008) wird eine Partneraufgabe vorgestellt (siehe Abb. 4). Bei dieser Partneraufgabe soll zuerst ein Schüler, die seiner Meinung nach richtigen Antworten ankreuzen und anschließend verdeckt die Aufgabe an einen anderen Mitschüler weitergeben. Besonders interessant ist dabei die Aufgabe drei, da die Schüler nun ihre Ergebnisse vergleichen und sich auf eine Antwort einigen müssen. Daher ist es zwingend notwendig, dass die Schüler miteinander ins Gespräch kommen. Sie erklären sich bei unterschiedlichen Antworten ihre Begründungen gegenseitig, wodurch das Formulieren von chemischen Sachverhalten geübt wird. (KRUMM et al. 2008, S.: 5) Zu beachten ist allerdings, dass die Wahrscheinlichkeit, die richtige Antwort zu raten bei der Auswahl von richtig oder falsch fünfzig Prozent beträgt. Das heißt, die Möglichkeit richtig anzukreuzen, ohne das entsprechende Wissen, ist sehr hoch. Überdies stellt sich die Frage, ob die Teams zufällig, leistungshomogen beziehungsweise leistungsheterogen gestaltet werden sollten. Bei heterogenen Arbeitsgruppen kann es sein, dass der Leistungsschwächere durch die Erklärungen des Mitschülers profitiert oder aber einfach die Ergebnisse des leistungsstärkeren Schülers übernimmt. Eine mögliche Lösung dieses Problems können leistungshomogene Gruppen sein. In diesem Fall können Diskussionen mit ungefähr gleichem Redeanteil entstehen, da sich die Schüler "auf Augenhöhe" gegenüberstehen.

1. Wenn du als Erste(r) das Blatt erhältst, kreuze die **richtige** Aussagen in der ganz **rechten** Spalte an (O) und knicke dann das Blatt an den gestrichelten Linien nach hinten (erst 1., dann 2.). Gib es dann deinem Mitschüler. 2. Wenn du als Zweite(r) das Blatt erhältst, falte nicht auf und kreuze die **richtige** Aussage auf der rechten Seite an ( ) 3. Beide Schüler, die das Blatt bearbeitet haben, falten es auf, diskutieren miteinander die Ergebnisse und tragen dann gemeinsam die Kreuze bei den richtigen Aussagen in der linken Spalte ein.			
1. Die kleinen Teilchen von Schwefel sind gelb.			
2. Beim Lösen von Salz in Wasser verschwinden kleine Teilchen.			
3. Zwischen den kleinen Teilchen eines Kristalls ist Luft.			
4. Die Bewegung der kleinen Teilchen kommt nie zum Stillstand.			
5. Kleine Teilchen können nicht schmelzen.			
6. Kleine Teilchen sehen aus wie Tischtennisbälle.			
7. Bei Zuckerwasser schwimmen kleine Zuckerteilchen in Wasser.			

Abb. 4: *Beispiel für einen Partnerbogen modifiziert nach: (KRUMM ET AL. 2008, S.: 5)*

Auch GREEN ET AL. (2005) weisen bei der Zusammenstellung von Teams darauf hin, dass es manchmal sinnvoll sein kann, in etwa ähnlich leistungsstarke Schüler zu kombinieren. (GREEN, GREEN 2005, S.: 104)

Leider ist in der Literatur für dieses Diagnosebeispiel nicht direkt angegeben, wie die Lehrperson die Ergebnisse einsehen kann. Deshalb können nur Vorschläge geäußert werden. Der einfachste Weg der Einsichtnahme wäre mit Sicherheit, die Ergebnisse der Gruppen im Plenum zu diskutieren. Eine individuelle Diagnose ist dabei aber nur sehr eingeschränkt möglich.

Fraglich ist, ob bei dieser Art von Aufgaben überhaupt eine differenzierte Diagnose durch die Lehrkraft erwünscht ist oder ob hauptsächlich das Augenmerk darauf gerichtet wird, dass die Schüler lernen, eigenständig ihre Wissenslücken zu schließen, chemische Sachverhalte zu verbalisieren, zu kommunizieren und Teamfähigkeit zu trainieren.

5.4. Diagnose im Zusammenhang mit Schülerexperimenten

Dem experimentellen Vorgehen wird im Chemieunterricht eine besonders wichtige Bedeutung zugemessen. (NIEDERSÄCHSISCHES KULTUSMINISTERIUM 2007, S.: 46) Neben dem methodischen Planen von Experimenten hat das zielgerichtete Beobachten einen wichtigen Stellenwert, abschließend sollen die Schüler die Bedeutung des Experiments erfassen. (NIEDERSÄCHSISCHES KULTUSMINISTERIUM 2007, S.: 9,49,60) Daher ist davon auszugehen, dass dieser sehr wichtige Bereich des Experimentierens ebenfalls Möglichkeiten der Diagnose bereithält.

5.4.1 Die Lücken-Versuchsvorschrift

Eine Lücken-Versuchsvorschrift ist eine Versuchsanleitung bestehend aus Geräten, Chemikalien und Durchführung, wobei je nach Schwierigkeitsabstufung bestimmte Begriffe oder ganze Bereiche weggelassen und von den Schülern zuerst ergänzt werden müssen. Es kann in der Sekundarstufe I und II angewendet werden. Einsetzbar ist dieses Instrument bei allen Experimenten, bei denen die Schüler nach Anleitung experimentieren sollen. (DI FUCCIA 2011, S.: 38-39)

> **Verdünnungsreihe mit Natriumhydroxid**
>
> **Geräte**
>
> 5 x 50 ml Bechergläser, 10 Reagenzgläser, Reagenzglasständer, 5 ml Pipette, 50 ml Messzylinder, pH-Meter
>
> **Chemikalien**
>
> Natriumhydroxid-Plätzchen (Vorsicht: Ätzend! R35 S 26-37/39-45, Rotkohlindikator, Universalindikator
>
> **Durchführung**
>
> - In einem Becherglas löst man 0,2 g Natriumhydroxid in 50 ml Wasser und misst den pH-Wert mit einem pH-Meter.
> - Dann füllt man 5 ml dieser Lösung in einen Messzylinder, ergänzt mit Wasser zu 50 ml, gibt diese Lösung wieder in ein Becherglas und misst erneut.
> - Dieser Vorgang wird noch dreimal wiederholt (Messkolben jeweils vorher gründlich spülen).
>
> Dann gibt man in je 5 Reagenzgläser einige Tropfen Universalindikator bzw. 1 ml Rotkohlindikator und füllt sie zur Hälfte mit den unterschiedlich konzentrierten Lösungen.

Abb. 5: Beispiel für eine Lücken-Versuchsvorschrift modifiziert nach: (DI FUCCIA 2011, S.: 39)

Aus Sicherheitsgründen muss natürlich kontrolliert werden, dass die Schülern in dem Augenblick, wo sie das Experiment selbst durchführen sollen, eine fachlich richtige und vollständig ausgefüllte Versuchsvorschrift ausgeteilt bekommen. (DI FUCCIA 2011, S.: 38)

Ein positiver Effekt ist, dass die Schüler die so verfassten Versuchsvorschriften vorher genauer lesen. (DI FUCCIA 2011,S.: 38)

Außerdem besteht bei entsprechender Lückenwahl zusätzlich der Vorteil, dass die Schüler, um die Lücken ausfüllen zu können, nicht nur Fleiß und Übung anwenden, sondern explizit über die Art der Durchführung und das Ziel des Versuchs nachdenken müssen. (DI FUCCIA 2011, S.: 39)

Differenzierte diagnostische Aussagen sind bei diesem Instrument nur schwierig zu erreichen. Die Ergebnisse der Schüler sind entweder vollständig korrekt oder falsch, dieses gilt besonders, wenn die Chemikalien- beziehungsweise die Geräteliste mit Lücken versehen wurde. Diese Lücken- Versuchsvorschriften sind für die Schüler leicht zu vervollständigen gewesen. Etwas anspruchsvoller und aussagekräftiger ist die Variante die Lücken in der Durchführung zu platzieren. Lehrkräfte, die diese letzte Variante einer Lücken- Versuchsvorschrift durchgeführt haben, berichten davon, dass gut dargelegt wird, ob den Schülern das Ziel eines Versuches bewusst ist. (Di Fuccia 2011, S.: 38-39)

5.4.2 Versuchsvorschriften mit vertauschter Reihenfolge

Die Aussagen über die Themen und die Eignung in den Klassenstufen sind identisch mit denen der Lücken-Versuchsvorschrift. Auch der Sicherheitshinweis, den Schülern vor dem Experimentieren eine korrekte Version auszuhändigen bleibt bestehen.

Die Schüler bekommen eine Versuchsvorschrift, bei der die einzelnen Schritte der Durchführung in vertauschter Reihenfolge abgedruckt sind. Daher müssen die Abläufe zuerst von den Schülern in die richtige Reihenfolge gebracht werden (siehe Abb. 6). (Di Fuccia 2011, S.: 39-41)

Ziel dieses Arbeitsblattes ist ebenfalls, dass die Schüler veranlasst werden, sich intensiver mit der Versuchsdurchführung auseinander zu setzen. (Di Fuccia 2011, S.: 39)

An dieser Stelle setzen die Diagnosemöglichkeiten ein. Für die Lehrkraft wird erkennbar, welche Schüler die Bedeutung der einzelnen Schritte kennen und in der Lage sind, die Durchführung in der richtigen Reihenfolge anzugeben. (Di Fuccia 2011, S.: 39-41)

Aber hier ist eine differenzierte Diagnose kaum zu erreichen. Selbstverständlich wird jede Lehrkraft bemerken, wenn mehr als die Hälfte ihrer Klasse die Versuchsvorschrift nicht in die richtige Reihenfolge bringen kann und darauf angemessen reagieren. Sind hingegen nur einzelne Schüler nicht in der Lage, ihre Aufgaben zu erfüllen, wird eine individuelle spezifische Diagnose schwierig durchzuführen sein. Dafür müssten die Versuchsvorschriften eingesammelt und von der Lehrkraft einzeln ausgewertet werden, was wieder zeitaufwendig ist und eine zusätzliche Belastung für die Lehrperson darstellt. Ein anderer Weg wären individuelle Gespräche mit einzelnen Schülern über ihre ausgefüllten Vorschriften, aber auch dieses wird sich nur begrenzt im Unterricht durchführen lassen.

Kalkgehalt von Böden

Für die Beurteilung eines Bodens spielt der Gehalt an Kalkstein = Calciumcarbonat eine wichtige Rolle. Es lassen sich Aussagen hinsichtlich seiner Eignung für landwirtschaftliche Nutzung oder für sinnvolle, gezielte Düngung ableiten. Auch nimmt die Belastbarkeit eines Bodens durch sauren Regen mit steigendem Kalkgehalt zu. Dieser stammt aus der Verwitterung kalkhaltigen Gesteines, welches letztlich aus sedimentierten Kalkschalen einstiger Meeresorganismen entstand.

Geräte
Reibschale mit Pistill, Waage, Erlenmeyerkolben, Dreifuß mit Netz, Brenner, Stativ, Bürette, Messzylinder

Chemikalien
Kalkhaltige Bodenprobe, Salzsäure c(HCl) = 1 mol/L (Vorsicht! Ätzend! R 34-37 S 26-45), Natronlauge c(NaOH) = 1 mol/L (Vorsicht! Ätzend! R 35 S 26-37/39-45), Phenolphthalein-Lösung

Durchführung
Nachfolgende Arbeitsschritte lassen sich in zwei Phasen unterteilen: die Vorbereitung der „Vorlage" aus der Bodenprobe und die eigentliche maßanalytische Neutralisation.
- Ordnen Sie die nachfolgenden einzelnen Arbeitsschritte diesen Phasen zu und erstellen Sie eine sinnvolle Abfolge.
- Geben Sie hierzu eine schlüssige Begründung Ihrer Vorgehensweise in Stichworten!

D1	Die Titration ist bei bleibender Rosafärbung beendet.
D2	Tropfen Sie die Maßlösung langsam unter Umschwenken zur Probe im Erlenmeyerkolben.
D3	Erhitzen Sie nach beendeter Gasentwicklung die Vorlagenlösung kurz.
D4	Fügen Sie zu der fein zermahlenen Probenvorlage 20 mL Salzsäure hinzu.
D5	Wiegen Sie etwa 0,5 g der Probe genau ab und füllen Sie diese in den Erlenmeyerkolben.
D6	Lesen sie den Endstand an der Bürette ab.
D7	Pulverisieren Sie die zu untersuchende Probe in der Reibschale.
D8	Geben Sie zur Vorlage einige Tropfen Phenolphthalein.
D9	Füllen Sie die Bürette bis zum obigen Eichstrich mit der Maßlösung Natronlauge.

Abb. 6: *Beispiel für eine Versuchsvorschrift mit vertauschter Reihenfolge modifiziert nach: (DI FUCCIA 2011, S.: 40)*

5.4.3 Eigenständige Planung von Experimenten

Das eigenständige Planen von Experimenten ist grundsätzlich in den Sekundarstufen I und II als Diagnoseinstrument einsetzbar. Voraussetzung für einen erfolgreichen Einsatz sind aber entsprechende Vorerfahrungen und -kenntnisse bei den Schülern. Aus diesem Grund bietet es sich als Fortführung der Lückenversuchsvorschrift und der Versuchsvorschrift mit vertauschter Reihenfolge an. Außerdem gibt es die weitere Möglichkeit, den Schülern zwei Experimente zur Lösung des Problems vorzuschlagen, wobei die Schüler schriftlich Vor- und Nachteile der Experimente herausarbeiten sollen. Die Einsetzbarkeit bezieht sich auf alle Experimente, bei denen die Schüler in der Lage wären, die Durchführung selbst zu planen. (DI FUCCIA 2011, S.: 41)

Das genaue Vorgehen wird von DI FUCCIA (2011) mit Verweis auf DUIT (2003) beschrieben. Den Schülern wird ein chemisches Problem geschildert. Sie sollen darauf bezogen mögliche Vorschriften für Experimente entwickeln, mit denen sich dieses Problem lösen lässt. Dabei ist es von großer Bedeutung, dass die Schüler ausreichend Fachkenntnis besitzen und wissen, welche Experimente in der Schule durchführbar sind. (DI FUCCIA 2011, S.: 41) Aufgrund dieser Voraussetzungen handelt es sich um ein anspruchsvolles Diagnoseinstrument, andererseits wird von den Kerncurricula gefordert, dass die Schüler bereits bis zum Ende des 6. Schuljahrs einfache Experimente selber planen sollen. (NIEDERSÄCHSISCHES KULTUSMINISTERIUM 2007, S.: 49)

Eine mögliche Beispielaufgabe ist die Folgende: *„Entwickle ein Experiment, das das Gesetz der Erhaltung der Masse zeigt."* (DI FUCCIA 2011, S.: 41) Bei der in der Literatur gezeigten Lösung macht ein Schüler den Vorschlag zu einem Liter Wasser 50 g Salz zu geben und zu lösen. Das Wasser und die Salzportion werden vorher gewogen und anschließend die entstandene Lösung. (DI FUCCIA 2011, S.: 41)

Bei dem Schülervorschlag ist deutlich festzustellen, dass das Gesetz der Erhaltung der Masse nicht verstanden bzw. in einen falschen Kontext gesetzt wurde, da es sich um einen Lösevorgang handelt.

An diesem Beispiel lassen sich einige Fehler aufdecken, die der Lehrerperson helfen, das Verständnis der Schüler einzuschätzen. Allgemein ist beim Einsetzen dieses Diagnoseinstrumentes zu erkennen, wie die Schüler das geschilderte Problem verstanden haben, Hypothesen aufstellen können, Eigenschaften der in dem geplanten Experiment benötigten Chemikalien kennen und in der Lage sind, aus verschiedenen möglichen Vorgehensweisen die Beste auswählen. (DI FUCCIA 2011, S.: 41)

Die Bearbeitung dieser Aufgaben kann als Einzelarbeit durchgeführt werden. Die Schüler können danach die Ergebnisse in einer Gruppe besprechen und sich gegenseitig ihre Ergebnisse vorstellen oder auch der gesamten Klasse. Wenn die Ergebnisse der Schüler von der Lehrkraft im Abschluss eingesammelt werden, sollte noch einmal betont werden, dass es sich nicht um eine Leistungssituation handelt. In der Praxis zeigte sich, dass eine Aufmerksamkeitssteigerung und eine Interessenszunahme bei den Schülern zu verzeichnen war, und dass gut zu diagnostizieren ist, ob die Schüler den fachlich-theoretischen Hintergrund eines Versuchs verstanden haben. (DI FUCCIA 2011, S.: 41)

5.4.4 Protokolle als Chemie-Foto-Storys

Eine etwas andere Art des Schreibens von Versuchsprotokollen wird von PRECHTL (2011) vorgeschlagen. In diesem Fall sollen die Schüler kein Protokoll in schriftlicher Textform verfassen, sondern den Verlauf des Experimentes in einer Bildergeschichte zeichnen. Prechtl beschreibt die Erprobung in der 7. Jahrgangsstufe, hält den Einsatz aber auch in anderen Jahrgangsstufen für möglich. (PRECHTL 2011, S.: 48) Bei der Gestaltung der Chemie-Foto-Stories soll darauf geachtet werden, dass diese nicht zu sehr nach dem Vorbild eines Comics erstellt werden, sondern einer Schilderung von möglichst realen Bedingungen erwünscht ist. (PRECHTL 2008, S.: 43)

Folgendes Beispiel verdeutlicht das Vorgehen:

Abb. 7: Ausschnitt aus einer Chemie-Fotostory modifiziert nach: (PRECHTL 2011, S.: 48)

Dargestellt ist der Versuch, eine Kerzenflamme mit Hilfe von Essig und Backpulver zu Löschen. In der bildlichen Darstellung fällt auf, dass die brennende Kerze über den Rand des Becherglases herausragt und dann erlischt. Bei dieser Versuchsanordnung kann die Flamme aber nicht erlöschen, da das sich bildende Kohlenstoffdioxid, das schwerer ist als Luft, über den Rand des Becherglases entweicht und den Sauerstoff so nicht verdrängen kann. (Prechtl 2011, S.: 48)

Diese Bildergeschichte könnte z. B. als Gesprächsanlass im Plenum genutzt werden. (Prechtl 2011, S.: 51) Bei einem schriftlichen Textprotokoll wäre dieser Denkfehler vielleicht gar nicht entlarvt worden, da in einem ausformulierten Text vermutlich auf die genaue Position der Kerze im Becherglas nicht genauer eingegangen worden wäre. (Prechtl 2011, S.: 48)

Damit wird bereits ein Diagnoseziel aufgegriffen, es werden Experimentier- und Denkfehler aufgedeckt, die anschließend korrigiert werden können. Weitere wichtige Aspekte dieser Chemie-Foto-Storys sind die Einhaltung von Sicherheitsaspekten sowie die Darstellung der Zusammenarbeit der Schüler auf sozial-kommunikativer Ebene. Die Lehrperson kann dem zu Folge entsprechende Fehler, Verletzungen von Sicherheitsaspekten und die Sozialkompetenz ihrer Schüler diagnostizieren und angemessen darauf reagieren. (Prechtl 2011, S.: 48-49)

Chemie-Foto-Storys sind außerdem besonders für die Schüler von Vorteil, die Probleme beim Schreiben von Protokollen und Texten haben. Sie werden dadurch befähigt, schwierige Sachverhalte statt in Texten in Bildern wiederzugeben und so ihr Wissen aufzuzeigen. (Prechtl 2008, S.: 43) Bei einer Bildergeschichte ist auch darauf zu achten, dass die logische und zeitliche Reihenfolge der Experimentierschritte eingehalten wird. (Leisen 2003, S.: 18-19)

Berücksichtigt werden muss allerdings, dass solche Zeichnungen von Schülerhand wenig darüber aussagen, in welchem Maße die Schüler das durchgeführte Experiment inhaltlich verstanden und mit bereits gelerntem Wissen zu Wissensstrukturen verknüpft haben. (Prechtl 2011, S.: 48) Natürlich können Verständnisprobleme, wie die des obigen Beispiels, aufgedeckt werden, aber auch eine korrekte Zeichnung sagt nichts darüber aus, ob die chemischen Zusammenhänge und Vorgänge verstanden wurden. Ferner muss auch in Betracht gezogen werden, in wie weit die Schüler zeichnerisch geübt sind, und ob es auf manche Schüler nicht demotivierend wirkt, den Versuch in einer Bildergeschichte darzustellen.

Mehrheitlich scheint es aber, dass die positive Einstellung zum Lesen von Comic in der Freizeit durch Chemie-Foto-Storys auf den Fachunterricht übertragen werden kann. (TOMCIN, REINERS 2009, S.: 11)

Bei der sprachlichen Gestaltung solcher Bildergeschichten muss dann noch darauf geachtet werden, dass sie häufig umgangssprachlich und nicht fachsprachlich formuliert werden. (LEISEN 2003, S.: 19)

Dies muss anschließend im nachfolgenden Unterricht korrigiert werden, da die richtige Fachsprache im Chemieunterricht von großer Bedeutung ist. (NIEDERSÄCHSISCHES KULTUSMINISTERIUM 2007, S.: 6, 9)

Zu beachten ist, dass nützliche Fördermaßnahmen durch dieses Diagnoseinstrument erst abgeleitet werden können, wenn die Chemie-Foto-Storys im Plenum oder im Lehrer-Schüler-Gespräch besprochen werden. (PRECHTL 2011, S.: 51)

5.5. Concept Maps

Concept Maps können vielfältige Funktionen in Lehr-Lernprozessen übernehmen. Der von Sager und Ralle beschriebene Einsatz als Diagnoseinstrument im Rahmenthema Tenside bezieht sich auf die Sekundarstufe II. (SAGER, RALLE 2011, S.: 63-67)

Es gibt auch Ansätze, die den Einsatz von Concept Maps in einer 7. Klasse vorschlagen. (SCHANZE et al. 2011, S.: 68-74)

Grundlage für die Erstellung einer Concept Map sind Begriffe, die durch beschriftete Pfeile miteinander in Verbindung gesetzt werden. Die Diagnosefunktion des Concept Mapping baut auf einer lernpsychologischen Sichtweise auf, die davon ausgeht, dass Wissen netzwerkartig gespeichert wird und dabei Verbindungen bzw. Relationen zwischen einzelnen Bausteinen erstellt werden. (KRAPP, WEIDENMANN 2006, S.: 176-177)

In manchen Definitionen werden Concept Maps auch in Verbindung mit Mind Maps gebracht, da – ähnlich wie bei Mind Maps – Wissensstrukturen durch Verknüpfung von Begriffen in verzweigter, nicht linearer Form bildhaft-schematisch dargestellt werden. (FREIMANN, SCHLIEKER 2001, S.: 58)

Mind Maps werden häufig zu Beginn einer neuen Unterrichtseinheit eingesetzt, um festzustellen, über welches Vorwissen die Schüler bereits verfügen. Da es sich bei einer Mind Map um ein bekanntes Diagnoseinstrument handelt, wird es im weiteren Verlauf nicht als eigenes Kapitel weiter erläutert. Hinweise zu Mind Maps finden sich zum Beispiel bei: (FREIMANN, SCHLIEKER 2001, S.: 64-65)

Eine Concept Map ist dem Zufolge eine ausführlichere Ausprägungsform einer Mind Map,

bei einer Mind Map werden Verbindungslinien zu Unterbegriffen von dem zentralen Begriff ausgehend gezeichnet. Es gibt aber im Gegensatz zu einer Concept Map keine Verbindungen zwischen den Unterbegriffen. Außerdem werden, wie auch oben beschrieben, die Beziehungen in Form von Pfeilen, anders als bei einer Mind Map, beschriftet. (GRÜß-NIEHAUS ET AL. 2010, S.: 32)

Es gibt mehrere Anwendungsmöglichkeiten einer Concept Map für den Unterricht. Wie die Mind Map kann das Vorwissen zu Beginn einer Einheit und das neu erlernte Wissen nach einer Unterrichtseinheit durch den Einsatz von Concept Maps diagnostiziert werden. (KRUMM et al. 2008, S.: 10)

Bei der Erstellung einer Concept Map kann unterschieden werden, ob die Schüler selbstständig eine Concept Map aus zentralen Begriffen von der Unterrichtseinheit herstellen sollen, oder ob die Lehrperson Hilfen erstellt hat. Besagte Hilfen können die Vorgabe von Begriffen sein oder auch dass die Schüler zu bereits vorgegebenen Begriffen Ergänzungen hinzufügen müssen. Dabei sollte immer beachtet werden, dass nicht zu viele Begriffe in die Concept Map eingefügt werden und auf Symmetrie geachtet wird, da sonst die Übersichtlichkeit verloren gehen kann. Gleichwohl sollten viele Querverbindungen erzeugt werden, da es sich sonst mehr um eine Mind Map als um eine Concept Map handeln würde. (KRUMM et al. 2008, S.:10)

Concept Maps lassen sich auch im Zusammenhang mit einer Stationsarbeit einsetzen. SAGER und RALLE (2011) schildern die Vorgehensweise unter Verweis auf HEUER (2003) Hierbei ist es vorteilhaft, wenn den Schülern der Umgang mit Concept Maps bereits geläufig ist. Dabei sollen die Schüler, während sie die Stationen bearbeiten, eine Concept Map mit den neu gelernten Inhalten erstellen. Nachdem die Stationsarbeit abgeschlossen ist, bekommen sie noch einmal fünf Minuten Zeit, ihre Concept Maps zu überarbeiten. Bei diesem Vorgehen, ergibt sich das Problem, dass die entstehenden Concept Maps sehr individuell gestaltet sind und daher schwer zu vergleichen. (SAGER, RALLE 2011 S.: 64)

Eine Alternative ist, dass die Schüler in diesem Fall nicht eigenständig eine vollständige Map entwerfen müssen, sondern sie erhalten eine „Lücken-Concept-Map". Das heißt, dass bestimmte Schlagwörter, Relationen und Anordnungen von der Lehrkraft vorgegeben werden und die Schüler die verbleibenden Lücken ausfüllen müssen. (SAGER, RALLE 2011, S.: 64)

Nachfolgend ist eine noch nicht ausgefüllte Lücken-Concept-Map abgebildet.

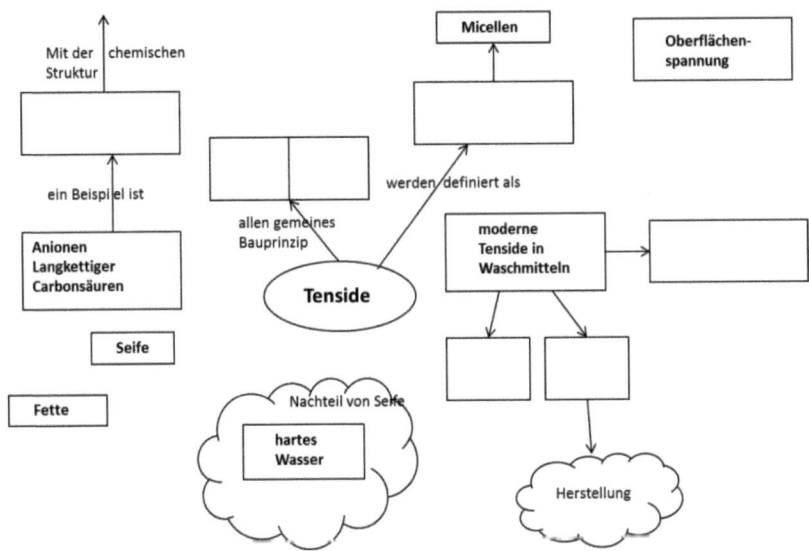

Abb. 8: *Beispiel für ein Concept Map modifiziert nach: (SAGER, RALLE 2011, S.: 65)*

Diese vorgeschlagenen Lücken-Concept-Maps können einen Mittelweg zwischen annähernder Vergleichbarkeit der einzelnen Ergebnisse der Schüler und selbständiger kreativer Schülerleistungen bilden. Die Ergebnisse fallen, wie bereits oben erwähnt, bei einer frei erstellten Concept Map sehr unterschiedlich aus und sind oft schlecht zu vergleichen. Ferner können die Schüler schrittweise angeleitet werden, indem die Lehrperson erst viele

Hilfestellungen in Form von Schlüsselworten und ähnlichem vorgibt und nach und nach immer größere Bereiche offen lässt. (SAGER, RALLE 2011, S.: 64-65)

Auch wenn der Einsatz von Concepts Maps während und nach einer Stationseinheit eine andere Vorgehensweise ist als nach einer Unterrichtseinheit, ist es in beiden Fällen erwünschenswert, zu erkennen, in wie weit die Schüler die Unterrichtsinhalte der Einheit beziehungsweise wie gut das neu erlernte Wissen der Stationsarbeit verstanden und in Verbindung gesetzt wurde.

Um zu erkennen, ob die Schüler die neuen Inhalte verstanden haben, gibt es mehrere Auswertungsmöglichkeiten der Maps. Eine einfache Handhabung besteht darin, zu beurteilen, wie ausführlich eine Concept Map ausgefüllt ist. Sind alle Bereiche in der Map vertreten, gibt es Lücken oder sind Fehler enthalten. Außerdem kann überprüft werden, welche Informationen miteinander verknüpft sind. (SAGER, RALLE 2011, S.: 65)

KRUMM et al. (2008) weisen darauf hin, dass Concept Maps auch eine Variation der Leistungsmessung darstellen können, die Verständnis testet und nicht auswendig gelerntes Wissen. (KRUMM ET AL, 2008, S.: 11)

Die Lehrperson bekommt eine Rückmeldung, in welchem Maß die Schüler die Unterrichtsinhalte verstanden haben und damit auch reflexive Auskünfte über den eigenen Unterricht und seine Vermittlungsfunktion. (KRUMM ET AL. 2008, S.: 4)

Desweiteren können die Schüler selbst durch Lehrerrückmeldung oder durch eigene Reflexion Lücken in ihrem Verständnis erkennen. (SAGER, RALLE 2011, S.: 67)

Außerdem wird die Möglichkeit in dem Artikel von SAGER und RALLE (2011) thematisiert, ob eine Concept Map bewertet werden kann. Sager und Ralle beziehen sich dabei auf FISCHLER und PEUCKERT (2000) und kommen zu dem Schluss, dass eine Bewertung durchaus denkbar ist. (SAGER, RALLE 2011, S.: 65-67)

Dabei muss abgewogen werden, ob es sinnvoll ist, Concept Maps in Leistungssituationen einzusetzen (SCHANZE et al. 2011, S.: 72) da eigentlich eine

Trennung von Diagnose und Leistungsmessung erfolgen soll. (FIEBERG 2009, S.: 18-24)

Im Schulalltag hat sich die Bewertung von Concept Maps als sehr zeitaufwendig und nur schwierig umsetzbar erwiesen. (SAGER, RALLE 2011, S.: 67)

5.6. Bewertungskompetenz von Schülern

Bisher wurden nur Diagnoseinstrumente vorgestellt, die sich fast ausschließlich auf die Kompetenzbereiche Fachwissen und Erkenntnisgewinn beziehen. Im weiteren Verlauf wird der Blickwinkel in den Kompetenzbereich Bewertung verschoben, bei dem wesentliche Aspekte des richtigen Argumentierens vorausgesetzt werden. Nach dem NIEDERSÄCHSISCHEN KERNCURRICULUM (2006) in Deutsch ist der Begriff des Arguments bis Schuljahr sechs (NIEDERSÄCHSISCHES KULTUSMINISTERIUM 2006, S.: 22) verzeichnet, der richtige Aufbau einer Argumentation findet sich aber erst in den Schuljahren sieben und acht (NIEDERSÄCHSISCHES KULTUSMINISTERIUM 2006, S.: 25) mit Weiterführung in den Schuljahren neun und zehn. (NIEDERSÄCHSISCHES KULTUSMINISTERIUM 2006, S.: 27) Aus diesem Grund ist das nötige Vorwissen, den grundsätzlichen Aufbau einer Argumentation zu kennen, auch erst in den höheren Jahrgangsstufen vorauszusetzten.

Das nachfolgend vorgestellte Diagnoseinstrument bezieht sich auf den Bereich Bewertung und soll den Lehrkräften helfen, die Bewertungskompetenz ihrer Schüler objektiv einschätzen zu können und daraus Fördermaßnahmen abzuleiten. (HÖSSLE, HEUSINGER VON WALDEGGE 2010, S.: 428)

Dieses wird von HEITMANN und TIEMANN (2011) am Beispiel des Pestizideinsatzes genauer beleuchtet. Wissenschaftliche Ausgangspunkte sind dabei solche Fragestellungen, wie die Aufnahme von Pestiziden in den menschlichen Körper, deren Wirkung auf den Organismus und der Schädlichkeit. (HEITMANN, TIEMANN 2011, S.: 238)

Um die Bewertungen der Schüler objektiv gestalten zu können, müssen zuerst Kategorien der Bestandteile aufgestellt werden, die in der Argumentation der Schüler enthalten sein sollen. HEITMANN und TIEMANN (2011) nennen unter Verweis auf TOULMIN (1996) folgende Bestandteile: Die Behauptung, die Belege, die Begründungen und die Folgereflexionen. (HEITMANN, TIEMANN 2011, S.: 239-240)

Die Schüler stellen eine Behauptung auf, die sie anschließend mit Daten und Fakten belegen müssen, diese Belege können im Internet, Büchern und ähnlichem recherchiert worden sein. Dabei können nicht nur naturwissenschaftliche Aspekte berücksichtigt werden, sondern auch gesellschaftliche, politische und viele weitere. (HEITMANN, TIEMANN 2011 S.: 239)

Bei der Bewertung der Ausarbeitungen der Schüler muss natürlich immer beachtet werden, dass nicht die abschließende Beurteilung der Schüler bewertet werden kann, sondern immer der nachvollziehbare Weg der Urteilsfindung. Diese Vorgehensweiser sollte den Schülern auch bewusst gemacht werden. Schließlich kommen im Bereich Bewertung viele zum Teil subjektive Meinungen zum Tragen, die durchaus kontrovers zur Einstellung der Lehrperson seien können. (HÖSSLE, HEUSINGER VON WALDEGGE 2010, S.: 433)

HEITMANN und TIEMANN (2011) stellen drei Aufgaben im Bezug auf die Bewertungskompetenz vor. Das Thema handelt *„Von den Bienen und den Blumen"*. Die Schüler bekommen dazu zuerst eine fiktive Ausgangssituation gestellt.

„Christian sitzt mit seiner Familie am Frühstücktisch. Er schmiert sich gerade die dritte Scheibe Brot mit Honig als seine Schwester Katja zu ihm sagt:» Iss nicht so viel Honig. Ich habe gehört, dass ganz viele Honigsorten Pestizide enthalten« Das kann Christian gar nicht glauben und recherchiert im Internet. Er will herausfinden, ob seine Schwester Recht hat." (HEITMANN, TIEMANN 2011, S.: 241)

Den Schüler kann eine Informationsseite vorgegeben werden oder sie sollen eigenständig Informationen nachschlagen. (HEITMANN, TIEMANN 2011, S.: 241)

Daran schließen sich die Teilaufgaben an. Exemplarisch wird hier die zweite Aufgabe erläutert. Wieder bekommen die Schüler eine Situation geschildert.

> **Teilaufgabe 2: Von den Bienen und dem Honig**
>
> Christian´s Tante ist Obstbäuerin. Sie möchte ihr Angebot demnächst mit Sauerkirschen erweitern, da sich diese bei Verbraucherinnen und Verbrauchern wachsender Beliebtheit erfreuen. Für Bienen ist dieses Obst auf Grund des hohen Nektar- und Pollenwertes sehr attraktiv.
>
> Doch die Sauerkirsche ist auch beim *kleinen Frostspanner* beliebt. Das ist eine Raupe, die erhebliche Fraßschäden verursachen kann. Dieser Schädling kann einen immensen Ernteausfall verursachen. Würde seine Tante kostengünstige Schädlingsbekämpfungsmittel einsetzen, so blieben ihr Ernteausfälle erspart.
>
> Sollte sie Schädlingsbekämpfungsmittel einsetzen? Begründe die Entscheidung **ausführlich,** indem du Belege lieferst und mögliche Folgen aufzeigst.
>
> Ja ☐   Nein ☐

Abb. 9: *Aufgabenteil zur Bewertungskompetenz modifiziert nach: (HEITMANN, TIEMANN 2011, S.: 241)*

In diesem Fall müssen die Schüler eine Behauptung aufstellen, passende Belege dazu finden und abschließend urteilen. Eine mögliche Schülerantwort ist die Nachfolgende.

> Ja, sie sollte Pestizide einsetzten *(Behauptung)*, solange sie nicht gesundheitsschädlich sind und zu viele Rückstände auf den Kirschen zurückbleiben *(Bedingung)*. Das negative daran ist ja, dass die meisten Mittel z.B. durch Einsickern in das Grundwasser *(Beleg)* Umweltverschmutzung verursachen *(Begründung)*.
>
> Daher sollte seine Tante biologische Mittel einsetzen, welche jedoch etwas teurer wären. Oder nur ganz wenige – so viel, wie wirklich notwendig sind *(Weiterführung der Bedingung)*. Das würde sich allerdings lohnen, da sie erstens keine Ernteausfälle zu befürchten hätte, und zweitens ihre Produkte auch etwas teurer als Bio-Produkte verkaufen könnte und sie drittens nicht gesundheitsschädlich wären *(Folgereflexionen)*.
>
> Ich finde allerdings, dass bei größeren Feldern keine Schutzmittel ein extremeres Risiko für die Ernte wären, wegen der großen möglichen Verluste für Christian´s Tante *(Beleg)*.

Abb. 10:. *Antwortbeispiel zu einer Bewertungskompetenzaufgabe modifiziert nach: (HEITMANN, TIEMANN 2011, S.: 242)*

Dabei ist gut zu erkennen, wie zuerst eine Behauptung, verknüpft mit einer Bedingung, aufgestellt wurde. Darauf folgt der dazu passende Beleg. Abschließend werden mögliche Lösungswege als Folgereflexion genannt. Durch dieses Vorgehen wurde ein Urteil, unter Berücksichtigung der Situation der Obstbäuerin, gefällt. (HEITMANN, TIEMANN 2011, S.: 242)

Bei diesen Beispielen lässt sich bereits diagnostizieren, aber wirkliche Kriterien oder Bewertungsraster fehlen.

Ein Bewertungsraster wird von HÖSSLE und HEUSINGER VON WALDEGGE (2010) vorgestellt. Dieses geschieht ebenfalls mit Hilfe der Schilderung eines Ausgangsproblems für die Schüler. In diesem Fall der Bau von Offshore-Windkraftanlagen an der Nordsee-Küste. An dieser Stelle wird ebenfalls ein Thema ausgewählt, dass unter vielen verschiedenen Gesichtspunkten betrachtet werden kann. Beispiele sind die entstehenden Kosten und die Wirkung erneuerbarer Energien auf den Klimawandel. (HÖSSLE, HEUSINGER VON WALDEGGE 2010, S.: 430)

Für die Erstellung eines Bewertungsrasters werden von den Autoren mehrere Teilkompetenzen aufgestellt: *„Wahrnehmen der Mehrdimensionalität des Problems", „Beurteilen", „Argumentieren"* und *„Folgenreflexion und Perspektivwechsel"*. Zu jeder dieser Teilkompetenz wird eine spezifische Aufgabe zu dem Thema Offshore-Windparks gestellt. Die Antworten der Schüler werden anschließend in unterschiedliche Niveaus klassifiziert. Diese Niveaus reichen von I bis maximal III. (HÖSSLE, HEUSINGER VON WALDEGGE 2010, S.: 430-433)

Am Beispiel des Argumentierens wird das Vorgehen erläutert. Die Schüler bekommen folgende Aufgabe gestellt.

6.3 Teilkompetenz Argumentieren

Aufgabe 3: Wie bewertest du den Bau von Offshore-Windkraftanlagen? Fälle ein eigenes Urteil und begründe dieses ausführlich.

Abb. 11: *Aufgabe zur Teilkompetenz Argumentieren modifiziert nach: (HÖSSLE, HEUSINGER VON WALDEGGE 2010, S.: 431)*

Um ein Urteil fällen zu können, müssen zuerst Belege recherchiert werden. Daraus müssen dann anschließend unterschiedliche Argumente für eine Offshore-Windkraftanlage und gegen besagte Anlagen herausgearbeitet werden. Diese Argumente werden dann einander gegenübergestellt. Mögliche Schülerantworten sind nachfolgend rechts aufgelistet und in der linken Spalte nach Niveaus eingeordnet.

Niveau	Ausdifferenzierung	Inhalt
I	Pro oder Contra Position kann nicht begründet werden.	Ich bin gegen die Windkraftanlagen. Das passt mir einfach nicht.
II	Pro oder Contra Position kann begründet werden.	Ich bin gegen die Windkraftanlage, weil das Wattenmeer gefährdet ist.
III	Pro oder Contra Position kann unter Einbeziehung mehrerer Perspektiven begründet werden.	Ich bin gegen die Windkraftanlage, weil das Wattenmeer gefährdet ist und die Technik noch nicht ausgereift ist. Mir ist aber bewusst, dass wir durch Windkraft unsere Stromversorgung sichern können

Abb. 12: *Niveaustufen mit Antwortbeispielen zum Argumentieren modifiziert nach: (HÖSSLE, HEUSINGER VON WALDEGGE 2010, S.: 432)*

Unter Niveau I finden sich die Schülerantworten wieder, bei denen die Begründung sehr einseitig ausfällt. Es wird nur das persönliche Empfinden als Begründung genannt. Auch unter Niveau II ist die Begründung für ein gegebenes Urteil sehr kurz und einseitig, aber das Urteil wird folgerichtig durch ein Argument gestützt. In diesem Fall kann natürlich auch mehr als nur ein Argument angeführt werden. Ausschlaggebend ist, dass entsprechend, ob das Urteil positiv oder negativ ausfällt, ausschließlich Pro- oder Contra-Argumente angegeben werden. Findet bereits eine konstruktive Vermischung und ein gegenseitiges Abwägen von Pro- und Contra-Argumenten mit entsprechenden Begründungen statt und wird vor diesem Hintergrund ein gestütztes Urteil gefällt, handelt es sich nicht mehr um Niveaustufe II, sondern bereits um die höchste zu erreichende Stufe III. (HÖSSLE, HEUSINGER VON WALDEGGE 2010, S.: 432)

Durch diese Einteilung in Niveaus kann eine Lehrperson schnell diagnostizieren, wie viele Schüler sich auf welchem Niveau befinden und daraus schließen, wie der nachfolgende Unterricht gestaltet werden müsste. (HÖSSLE, HEUSINGER VON WALDEGGE 2010, S.: 431)

5.7. "Sehr kurze Diagnose"

Im Schulalltag ist häufig eine möglichst schnelle und wenig aufwändige Diagnose notwendig, ob die Schüler den Unterrichtsinhalt verstanden haben oder nicht. Hier gibt es einige Methoden, die dafür geeignet sind wie z. B. „Das Ampel-Prisma" und die „Distanzmethode". Diese beiden Methoden werden von STÄUDEL (2011) unter Verweis auf Weiser (2000) beschrieben.

Auch wenn in der Literatur keine Angaben zur Einsetzbarkeit in bestimmten Klassenstufen gemacht werden, lässt die Einfachheit der Durchführung auf den Einsatz in allen Klassenstufen der Sekundarstufe I schließen. Ähnliches gilt für die Themenauswahl.

Bei dem Ampel-Prisma bekommen die Schüler ein Prisma, bei dem die Seitenflächen mit den Farben rot, gelb und grün gestaltet sind. Dieses Prisma legen die Schüler auf die Arbeitsfläche vor sich. Dementsprechend wie die Schüler den Unterrichtsstoff ihrer Meinung nach verstanden haben, werden der Lehrperson unterschiedliche Farben gezeigt. Grün steht dabei für *„verstanden"*, gelb für *„jetzt wird es schwierig"* und rot für *„ich kann nicht mehr folgen"*. Die Lehrperson erkennt innerhalb kürzester Zeit, wie viele Schüler Verständnisprobleme aufweisen, daher kann schnell auf die Situation reagiert werden. Fragen können schnell behoben werden. Neue Schwierigkeiten, die sich bei der Fortführung des Unterrichts, durch das nicht Verstehen des Vorhergehenden ergeben, werden eingedämmt. Die Schüler können untereinander ins Gespräch kommen. Zum Beispiel, wenn ein Schüler bei einem Mitschüler, der durch „grün" sein Verständnis signalisiert hat, nachfragt. (STÄUDEL 2011, S.: 92)

Individuelle Diagnose wird allerdings schwierig anzuwenden sein, welcher Schüler möchte schon als einzige Person, wie im normalen Unterricht auch, aufzeigen und somit eingestehen, dass der Unterrichtsstoff nicht verstanden wurde, wenn doch augenscheinlich alle anderen Schüler keine Verständnisprobleme angeben. (STÄUDEL 2011, S.: 92)

Bei der „Distanzmethode" wird noch mehr Wert darauf gelegt, den Grad des Verstehens herauszufinden. In der Klasse findet sich eine Kreisfläche, wobei die Kreismitte gesondert gekennzeichnet wird. Die Schüler stellen sich anschließend mit einem ihnen zuzuordnenden Gegenstand auf die Kreislinie. Die Lehrperson stellt nun eine Behauptung auf, wie z. B. *„ich weiß jetzt, welche Faktoren eine chemische Reaktion beeinflussen können."* (STÄUDEL 2011, S.: 92)

Jetzt sollen die Schüler ihren individuellen Gegenstand im Kreis platzieren. Je näher ein Gegenstand zur Kreismitte angeordnet wird, desto mehr stimmen die Schüler der vom Lehrer getätigten Aussage zu. Ein weiter Abstand zum Mittelpunkt signalisiert Ablehnung. (STÄUDEL 2011, S.: 92-93)

Auch hier gilt der bereits oben genannte Kritikpunkt der schwierigen individuellen Diagnose.

6. Vergleich zwischen den genannten Diagnosetesten

Die vorgestellten Diagnosetests werden nun anhand einiger Kriterien untereinander verglichen.

1. Art der Durchführung

Mit Ausnahme der „sehr kurzen Diagnose" beinhalten alle Instrumente schriftliche Elemente. Außerdem finden sich ausgenommen von dem Selbstbeobachtungsbogen und der Bewertungskompetenz mündliche Anteile. Sehr häufig ist die Aufteilung der zuerst durchgeführten schriftlichen Bearbeitung und der anschließenden mündlichen Besprechung beziehungsweise Diskussion zu finden. Dabei sticht die "sehr kurze Diagnose" hervor, hier findet die diagnostische Aussage nur durch aufzeigen statt, allerdings kann sich auch hier im Anschluss eine Diskussion und Fragerunde ergeben. (STÄUDEL 2011, S.: 92) Die Chemie-Foto-Story enthält neben schriftlichen auch noch zeichnerische Ansätze.

2. Durchführbarkeit im Unterricht

Die meisten Diagnoseinstrumente sind sehr einfach durchzuführen. Beim Peer assessment und peer diagnosing wird das Videografieren und Befragen der Schüler während der Erprobungsphase des Diagnoseinstrumentes durchgeführt, (KEENAN, DI FUCCIA 2011, S.: 33) sodass diese Vorgehensweise mit Sicherheit sehr aufschlussreich ist, aber im schulischen Alltag wenig praktikabel. Bei der Chemie-Foto-Story ist der Zeitaufwand sehr groß, weshalb dieses Diagnoseinstrument nicht dauerhaft häufiger durchgeführt werden kann. Prechtel weist in diesem Zusammenhang selbst darauf hin, dass diese Art der Diagnose im Vergleich zum herkömmlichen Protokollieren das Schreiben von Versuchsprotokollen nicht ablösen kann. (PRECHTL 2008, S.: 43)

Meistens ist eine Integration in den Unterricht mit geringfügig mehr Zeitinvestition problemlos möglich, wie z. B. bei der Lückenversuchsvorschrift. Hierbei müssen zuerst die Lücken ausgefüllt und anschließend ausführlich besprochen werden, bevor die Schüler mit dem Experimentieren beginnen können. Ein Teil der mehr investierten Zeit kann aber dadurch zurück gewonnen werden, dass die Schüler besser wissen wie sie vorgehen müssen. (DI FUCCIA 2011, S.:38-39) Auch die Erstellung einer Concept Map wird sich in den Unterricht einfügen lassen. Etwas länger in der Durchführung sind Diagnoseinstrumente, die den Bereich der Bewertungskompetenz betreffen, vor allem dann, wenn die Schüler Belege für ihre Behauptungen selbstständig erarbeiten müssen.

Ähnlich verhält es sich bei der ausführlichen Version der Peer assessment und peer diagnosing, da die Aufgaben erst erstellt, anschließend bearbeitet, gelöst, korrigiert und abschließend besprochen werden müssen. (KEENAN, DI FUCCIA 2011, S.: 33-34)

Besonders geringen Zeitaufwand benötigt die "sehr kurze Diagnose".

Im Hinblick auf den Mehraufwand für die Lehrkraft sind bei der Peer assessment und peer diagnosing, der Chemie-Foto-Story und der "sehr kurzen Diagnose" keine merklichen Vorbereitungen von Seiten der Lehrperson nötig. Eine Vorlage, die mehrmals verwendet werden kann, da keine themenspezifischen Angaben enthalten sind, muss bei dem Selbstbeobachtungsbogen erstellt werden. Etwas größer ist der Aufwand bei der Erstellung einer Lücken-Concept-Map, einer Lücken-Versuchsvorschrift, einem Selbsteinschätzungsbogens und einer Partneraufgabe. In diesen Fällen müssen jeweils themenabhängige Angaben eingefügt werden. Bei der Bewertungskompetenz dagegen müssen sich die Schüler ihre nötigen Informationen selbst zusammenstellen, sodass die Lehrperson nur sicherstellen muss, dass ausreichend Materialien verfügbar sind. Sollen dagegen

Informationen in Form von Infotexten den Schülern vorgegeben werden, müssen diese zusammengestellt und gegebenenfalls überarbeitet werden.

3. Welche Kompetenzen werden diagnostiziert?

Bei allen Diagnoseinstrumenten ist der Bereich Fachwissen enthalten. Der Grad der Ausprägung dieses Kompetenzbereiches ist aber unterschiedlich. Die Lücken-Concept-Map, die Strukturierung und Vernetzung von Wissen darstellt, ist vollständig im Bereich Fachwissen einzuordnen. Hingegen sind die Diagnoseinstrumente, die sich auf den Bereich des Experimentierens beziehen, hauptsächlich im Bereich der Erkenntnisgewinnung zu verorten. Gleichwohl finden sich auch hier Überschneidungen mit dem Bereich Fachwissen, besonders deutlich zum Beispiel bei dem eigenständigen Planen von Experimenten. So muss ein Schüler Wissen über bestimmte Stoffeigenschaften besitzen, um Experimente planen und durchführen zu können. (DI FUCCIA 2011, S.: 41)

Besonders vielseitig ist der Selbsteinschätzungsbogen, der sich außer auf den Kompetenzbereich Bewertung auch auf alle weiteren bezieht.

Speziell für den Kompetenzbereich Kommunikation ist keines der vorgestellten Diagnoseinstrumente ausgerichtet, jedoch sind in vielen Instrumenten kommunikative Elemente enthalten. Zum Beispiel müssen die Schüler bei der Partneraufgabe und dem Peer assessment und peer diagnosing die Aufgaben in Form einer Partner- beziehungsweise Gruppenarbeit erstellen. Die Lehrkraft kann dadurch ebenfalls erkennen, in wie weit die Schüler argumentieren, ihren Standpunkt vertreten, aber auch einsehen, wenn ein Mitschüler Recht hat und sie selbst nachgeben sollten. Dafür muss die Lehrperson die arbeitenden Gruppen allerdings über einen längeren Zeitraum intensiv beobachten.

Diagnoseinstrumente im Bereich Bewertung fehlen noch weitgehend. (DI FUCCIA, STÄUDEL 2011, S.: 6)

4. Wie bekommt die Lehrperson Einsicht in das Diagnosematerial

Die Lehrperson muss während des Einsatzes der Diagnoseinstrumente ihre Schüler sehr genau beobachten und daraus diagnostische Schlüsse ziehen. Hier liegt die Hauptquelle für mögliche Informationen. Bei einigen Instrumenten, wie zum Beispiel bei der Lücken-Concept-Map, ist auch ein Einsammeln bzw. das Bewerten der Ergebnisse vorgesehen. (SAGER, RALLE 2011, S.: 65-67) Dadurch ergibt sich für die Lehrperson der Vorteil, mehr Zeit für die Auswertung zur Verfügung zu haben, sodass die Diagnose differenzierter stattfinden kann als es bei der Beobachtung einer gesamten Klasse möglich ist.

6.1. Sonstiges

Bei den vorgestellten Diagnoseinstrumenten, Selbstbeobachtungsbogen und Chemie-Foto-Storys ergeben sich zwei Kritikpunkte, die noch einmal gesondert betrachtet werden.

Bei dem Selbstbeobachtungsbogen ist es von Vorteil, dass die Schüler Verantwortung für ihren Lernprozess übernehmen müssen. Andererseits reicht hier ein abgestuftes Ankreuzen, das heißt ein Schüler entscheidet selbst, in wie weit er zum Beispiel der Aussage im Kompetenzbereich Kommunikation und Erkenntnisgewinn zustimmen würde (KRUMM et al. 2008, S.: 6), während bei den anderen vorgestellten Diagnoseinstrumenten die Schüler aktiv etwas ausarbeiten müssen.

Ein Schüler glaubt vielleicht alles verstanden zu haben und kreuzt dem zu Folge „sicher" an. Aber ist das, was sich der Schüler vorgestellt hat, überhaupt korrekt? Bei einer reinen Frage aus dem Gebiet Fachwissen könnte der Schüler auf die Idee kommen, in einem unterrichtsbegleitenden Schulbuch nachzuschauen, um sein Wissen zu überprüfen. Aber hier geht es nicht um eine Wissensabfrage, sondern um einen Schüler, der einem Mitschüler eine Beobachtung beschreiben soll. Diese Erklärung kann richtig sein, aber in wie weit der zuhörende Schüler dieser Beschreibung überhaupt folgen können würde, ist fraglich. Daher sollte bei der Durchführung eines Selbstbeobachtungsbogens immer berücksichtigt werden, dass das, was die Schüler von sich glauben zu können, nicht immer fachlich richtig sein muss.

Ein weiterer Kritikpunkt findet sich bei den Chemie-Foto-Storys, bei denen es vorteilhaft sein soll, dass anhand der gezeichneten Bildergeschichten zu erkennen ist, ob die Schüler Sicherheitsaspekte und Regeln, wie zum Beispiel den Gebrauch einer Schutzbrille, einhalten. (PRECHTL 2011, S.: 48-49) Mangelnde Sicherheitsaspekte sollten natürlich von der Lehrkraft während des Experimentierens unterbunden werden und nicht in einer nachträglichen Diagnose.

7. Fazit

Der tägliche Schulalltag ist häufig durch Rahmenbedingungen, wie zu große Klassen und jede Menge zusätzlicher Aufgaben geprägt (RALLE 2008, S.: 259) die Diagnose für die Lehrkraft erschweren.

Aber dessen ungeachtet gibt es inzwischen einige sehr gut in den Unterricht zu etablierende Diagnoseinstrumente. Dabei ist die aufzuwendende Zeit von Instrument zu Instrument unterschiedlich. Natürlich haben die Instrumente, die weniger Zeit in Anspruch nehmen häufig eine geringere Aussagekraft, dafür können diese aber vermehrt durchgeführt werden. Es sollte aber beachtet werden, dass Diagnose eine interpretierende Tätigkeit ist und nicht unter Zeitdruck durchgeführt werden sollte. (DI FUCCIA 2011, S.: 36)

Desweiteren ist nicht zwingend davon auszugehen, dass es zu einer Mehrbelastung für die Lehrkraft kommt. Einige Diagnoseinstrumente, wie zum Beispiel jegliche Art von Selbstbeobachtungsbögen stellen auch die Schüler in den Mittelpunkt, diese müssen selber reflektieren, in welchen Bereichen ihr Wissen nicht ausreicht.

Überdies sind viele Diagnoseinstrumente auf Partnerarbeit ausgelegt, sodass weitere soziale Kompetenzen praktisch während des Diagnoseprozesses "nebenbei" gelernt werden können.

Der oben dargestellt Vergleich einiger Diagnoseinstrumente zeigt, dass es das eine Diagnoseinstrument, das alle Kompetenzbereiche abdeckt und nach einmaliger Durchführung ausreichend differenzierte Auskünfte über die Klasse liefert, nicht gibt. Jedes Diagnoseinstrument hat spezifische Vor- und Nachteile. Daher sollten möglichst viele verschiedene Diagnoseinstrumente in den Unterricht eingebunden werden, damit ein aussagekräftiges diagnostisches Bild über die Schüler entsteht.

Rückblickend auf das einleitende Zitat von Lessing lässt sich abschließend festhalten, dass Schüler deren individueller Lernstand gut bekannt ist, bessere Fördermaßnahmen erhalten können und dadurch wesentlich weiter auf dem Weg „der Suche nach der Wahrheit" sind.

8. Literatur

ANTON, M. A. (2008): Kompendium Chemiedidaktik, Verlag Julius Klinkhardt, Bad Heilbrunn, S. 232 - 237.

ANTON, M. A. (2008): Kompendium Chemiedidaktik, Verlag Julius Klinkhardt, Bad Heilbrunn, S. 233.

ANTON, M. A. (2008): Kompendium Chemiedidaktik, Verlag Julius Klinkhardt, Bad Heilbrunn, S. 233 - 234.

Anton, M. A. (2008): Kompendium Chemiedidaktik, Verlag Julius Klinkhardt, Bad Heilbrunn, S. 234.

BOHL, T.: Prüfen und Bewerten im Offenen Unterricht. Kriftel: Luchterhand, Neuwied 2001. Zitiert nach: DI FUCCIA, D.-S., Sich selbst beobachten, Diagnose im Kontext von Schülerexperimenten, in: Naturwissenschaft im Unterricht Chemie, Diagnose, Heft 124/125 August 2011, 22. Jahrgang, S. 36-38.

BROCKHAUS-LEXIKONREDAKTION (2003): Brockhaus Universallexikon von A-Z in 26 Bänden, Band: 5, Sonderausgabe für die Verlagsgruppe Weltbild GmbH, Augsburg, F.A. Brockhaus GmbH Leipzig, S. 1464.

DI FUCCIA, D.-S. (2011): Sich selbst beobachten, Diagnose im Kontext von Schülerexperimenten, In: Naturwissenschaft im Unterricht Chemie, Diagnose, Heft 124/125 August 2011, 22. Jahrgang, S. 37-38.

DI FUCCIA, D.-S. (2011): Sich selbst beobachten, Diagnose im Kontext von Schülerexperimenten, In: Naturwissenschaft im Unterricht Chemie, Diagnose, Heft 124/125 August 2011, 22. Jahrgang, S. 36-38.

DI FUCCIA, D.-S. (2011): Sich selbst beobachten, Diagnose im Kontext von Schülerexperimenten, In: Naturwissenschaft im Unterricht Chemie, Diagnose, Heft 124/125 August 2011, 22. Jahrgang, S. 36-37.

DI FUCCIA, D.-S. (2011): Sich selbst beobachten, Diagnose im Kontext von Schülerexperimenten, In: Naturwissenschaft im Unterricht Chemie, Diagnose, Heft 124/125 August 2011, 22. Jahrgang, S. 37.

DI FUCCIA, D.-S. (2011): Sich selbst beobachten, Diagnose im Kontext von Schülerexperimenten, In: Naturwissenschaft im Unterricht Chemie, Diagnose, Heft 124/125 August 2011, 22. Jahrgang, S. 38.

DI FUCCIA, D.-S. (2011): Sich selbst beobachten, Diagnose im Kontext von Schülerexperimenten, In: Naturwissenschaft im Unterricht Chemie, Diagnose, Heft 124/125 August 2011, 22. Jahrgang, S. 38-39.

DI FUCCIA, D.-S. (2011): Sich selbst beobachten, Diagnose im Kontext von Schülerexperimenten, In: Naturwissenschaft im Unterricht Chemie, Diagnose, Heft 124/125 August 2011, 22. Jahrgang, S. 39.

DI FUCCIA, D.-S. (2011): Sich selbst beobachten, Diagnose im Kontext von Schülerexperimenten, In: Naturwissenschaft im Unterricht Chemie, Diagnose, Heft 124/125 August 2011, 22. Jahrgang, S. 39 - 41.

DI FUCCIA, D.-S. (2011): Sich selbst beobachten, Diagnose im Kontext von Schülerexperimenten, In: Naturwissenschaft im Unterricht Chemie, Diagnose, Heft 124/125 August 2011, 22. Jahrgang, S. 40.

DI FUCCIA, D.-S. (2011): Sich selbst beobachten, Diagnose im Kontext von Schülerexperimenten, In: Naturwissenschaft im Unterricht Chemie, Diagnose, Heft 124/125 August 2011, 22. Jahrgang, S. 41.

DI FUCCIA, D.-S. (2011): Sich selbst beobachten, Diagnose im Kontext von Schülerexperimenten, In: Naturwissenschaft im Unterricht Chemie, Diagnose, Heft 124/125 August 2011, 22. Jahrgang, S. 36.

DI FUCCIA, D.-S./ STÄUDEL, L. (2011): Diagnostizieren im Chemieunterricht, in: Naturwissenschaft im Unterricht Chemie, Diagnose, Heft 124/125 August 2011, 22. Jahrgang, S. 5.

DI FUCCIA, D.-S./ STÄUDEL, L. (2011): Diagnostizieren im Chemieunterricht, in: Naturwissenschaft im Unterricht Chemie, Diagnose, Heft 124/125 August 2011, 22. Jahrgang, S. 7.

DI FUCCIA, D.-S./ STÄUDEL, L. (2011): Diagnostizieren im Chemieunterricht, in: Naturwissenschaft im Unterricht Chemie, Diagnose, Heft 124/125 August 2011, 22. Jahrgang, S. 6.

DUIT, R. (2003): Naturwissenschaftliches Arbeiten. NiU-Physik, Nr.:14 (2003) Nr. 74, S. 4-8. Zitiert nach: Di Fuccia, D.-S., Sich selbst beobachten, Diagnose im Kontext von Schülerexperimenten, In: Naturwissenschaft im Unterricht Chemie, Diagnose, Heft 124/125 August 2011, 22. Jahrgang, S. 41.

FIEBERG, C. (2009): Vom Diagnosebogen zum individuellen Lernplan, Projekt einer Staatsexamensarbeit im Chemieunterricht der Klasse 9, In: Praxis der Naturwissenschaften, Chemie in der Schule, Individuell fördern, Heft 8/58, 1. Dezember 2009, 58.Jahrgang, S. 18 - 24.

FISCHLER, H.P.(2000): Concept Mapping in fachdidaktischen Forschungsprojekten der Physik und Chemie. Berlin. Zitiert nach: SAGER, N./RALLE, B.,

Wissensstrukturen erkennen, Diagnose und Leistungsbewertung beim schülerzentrierten Arbeiten mit „Lücken Concept Maps", In: Naturwissenschaft im Unterricht Chemie, Diagnose, Heft 124/125 August 2011, 22. Jahrgang, S. 66.

FREIMANN, T./SCHLIEKER, V. (2001): Concept Map/Begriffsnetz, In: Naturwissenschaften im Unterricht Chemie, Methoden-Werkzeuge, Heft 64/65, September 2001, 12.Jahrgang., S. 58.

FREIMANN, T./SCHLIEKER, V. (2001): Mind-Map, In: Naturwissenschaften im Unterricht Chemie, Methoden-Werkzeuge, Heft 64/65, September 2001, 12. Jahrgang S. 64 - 65.

GREEN,N./GREEN,K. (2005): Kooperatives Lernen im Klassenraum und im Kollegium, Das Trainingsbuch, 1. Auflage 2005, Kallmeyersche Verlagsbuchhandlung, Seelze-Velber, S. 104.

GREENBAUM, C.W, COHN, A., KRAUSS, R.M. (1965): In Heckenhausen, H. 1974: Motivationsanalyse. Berlin. S.67, zitiert nach: STEINER, I., Interessengeleitetes Lernen, Theorie und Praxis eines tätigkeitsspezifischen Motivationsmodells, Mit einem Vorwort von HANZ SCHLIEFELE, Franz EhrenwirthVerlag, München, 1983, S. 108.

GRÜß-NIEHAUS,T./HUNDERTMARK,S./SCHANZE,S. (2010): Computerbasiertes Concept Mapping, Inhaltliche Zusammenhänge erkennen und darstellen, In: Naturwissenschaft im Unterricht Chemie, Chemische Inhalte Präsentieren, Heft 117, Mai 2010, 21. Jahrgang, S. 32.

HÄNZE, M./JURKOWSKI, S. (2011): Diagnostizieren in Lern- und Prüfungssituationen, Pädagogische und lernpsychologische Aspekte, In: Naturwissenschaft im Unterricht Chemie, Diagnose, Heft 124/125 August 2011, 22. Jahrgang, S. 2 - 4.

HÄNZE, M./JURKOWSKI, S. (2011): Diagnostizieren in Lern- und Prüfungssituationen, Pädagogische und lernpsychologische Aspekte, In: Naturwissenschaft im Unterricht Chemie, Diagnose, Heft 124/125 August 2011, 22. Jahrgang, S. 2 – 4. Zitiert nach: DI FUCCIA, D.-S./ STÄUDEL, L., Diagnostizieren im Chemieunterricht, in: Naturwissenschaft im Unterricht Chemie, Diagnose, Heft 124/125 August 2011, 22. Jahrgang, S. 5.

HÄNZE, M./JURKOWSKI, S. (2011): Diagnostizieren in Lern- und Prüfungssituationen, Pädagogische und lernpsychologische Aspekte, in: Naturwissenschaft im Unterricht Chemie, Diagnose, Heft 124/125 August 2011, 22. Jahrgang, S. 4.

HÄNZE, M./JURKOWSKI, S. (2011): Diagnostizieren in Lern- und Prüfungssituationen, Pädagogische und lernpsychologische Aspekte, In: Naturwissenschaft im Unterricht Chemie, Diagnose, Heft 124/125 August 2011, 22. Jahrgang, S. 3.

HEITMANN, P./TIEMANN, R. (2011): Bewertungskompetenz von Zehntklässlern im Fach Chemie, Betrachtung von Kriterien und Argumenten am Beispiel Pestizideinsatz In: Der mathematische und naturwissenschaftliche Unterricht, Würfeln mit Quadern, Heft 04, Juni 2011, 64. Jahrgang, S. 238.

HEITMANN, P./TIEMANN, R. (2011): Bewertungskompetenz von Zehntklässlern im Fach Chemie, Betrachtung von Kriterien und Argumenten am Beispiel Pestizideinsatz In: Der mathematische und naturwissenschaftliche Unterricht, Würfeln mit Quadern, Heft 04, Juni 2011, 64. Jahrgang, S. 239 - 240.

HEITMANN, P./TIEMANN, R. (2011): Bewertungskompetenz von Zehntklässlern im Fach Chemie, Betrachtung von Kriterien und Argumenten am Beispiel Pestizideinsatz In: Der mathematische und naturwissenschaftliche Unterricht, Würfeln mit Quadern, Heft 04, Juni 2011, 64. Jahrgang, S. 239.

Heitmann, P./Tiemann, R. (2011): Bewertungskompetenz von Zehntklässlern im Fach Chemie, Betrachtung von Kriterien und Argumenten am Beispiel Pestizideinsatz In: Der mathematische und naturwissenschaftliche Unterricht, Würfeln mit Quadern, Heft 04, Juni 2011, 64. Jahrgang, S. 241.

HEITMANN, P./TIEMANN, R. (2011): Bewertungskompetenz von Zehntklässlern im Fach Chemie, Betrachtung von Kriterien und Argumenten am Beispiel Pestizideinsatz In: Der mathematische und naturwissenschaftliche Unterricht, Würfeln mit Quadern, Heft 04, Juni 2011, 64. Jahrgang, S. 242.

HEUER, N. (2003): Alternative Formen der Leistungsbeurteilung im Chemieunterricht. Schriftliche Hausarbeit im Rahmen der ersten Staatsprüfung für das Lehramt für die Sekundarstufe II. Dortmund. Zitiert nach: SAGER, N./RALLE, B., Wissensstrukturen erkennen, Diagnose und Leistungsbewertung beim schülerzentrierten Arbeiten mit „Lücken Concept Maps", in: Naturwissenschaft im Unterricht Chemie, Diagnose, Heft 124/125 August 2011, 22. Jahrgang, S. 64.

HÖSSLE, C./HEUSINGER VON WALDEGGE, K.. (2010): Bewertungskompetenz diagnostizieren In: Der mathematische und naturwissenschaftliche Unterricht, Pingpong im Nebenzimmer, Heft 07, Oktober 2010, 63. Jahrgang, S. 428.

HÖSSLE, C./HEUSINGER VON WALDEGGE, K.. (2010): Bewertungskompetenz diagnostizieren In: Der mathematische und naturwissenschaftliche Unterricht, Pingpong im Nebenzimmer, Heft 07, Oktober 2010, 63. Jahrgang, S. 433.

HÖSSLE, C./HEUSINGER VON WALDEGGE, K.. (2010): Bewertungskompetenz diagnostizieren In: Der mathematische und naturwissenschaftliche Unterricht, Pingpong im Nebenzimmer, Heft 07, Oktober 2010, 63. Jahrgang, S. 430.

HÖSSLE, C./HEUSINGER VON WALDEGGE, K.. (2010): Bewertungskompetenz diagnostizieren In: Der mathematische und naturwissenschaftliche Unterricht, Pingpong im Nebenzimmer, Heft 07, Oktober 2010, 63. Jahrgang, S. 430 - 433.

HÖSSLE, C./HEUSINGER VON WALDEGGE, K.. (2010): Bewertungskompetenz diagnostizieren In: Der mathematische und naturwissenschaftliche Unterricht, Pingpong im Nebenzimmer, Heft 07, Oktober 2010, 63. Jahrgang, S. 432.

HÖSSLE, C./HEUSINGER VON WALDEGGE, K..(2010): Bewertungskompetenz diagnostizieren In: Der mathematische und naturwissenschaftliche Unterricht, Pingpong im Nebenzimmer, Heft 07, Oktober 2010, 63. Jahrgang, S. 431.

INGENKAMP, K.H. (Hrsg.) (1995): Die Fragwürdigkeit der Zensurengebung, 9. Aufl. Beltz, Weinheim. Zitiert nach: PFEIFER, P./LUTZ, B./BADER, H.J., Konkrete Fachdidaktik Chemie, Neubearbeitung, 3. Auflage 2002, Druck 2009, Oldenbourg Schulbuchverlag, München, 2002, S. 254 - 255.

JÜRGENS, E. (2005) Leistung und Beurteilung in der Schule, Eine Einführung in Leistungs- und Bewertungsfragen aus pädagogischer Sicht, 6., aktualisierte und stark erweiterte Auflage, Academia Verlag, Sankt Augustin, S. 44.

KEENAN, R./DI FUCCIA, D.-S. (2011): Peer assessment und peer diagnosing, Schüler prüfen Schüler und stellen Diagnosen auf, in: Naturwissenschaft im Unterricht Chemie, Diagnose, Heft 124/125 August 2011, 22. Jahrgang, S. 32-35.

KEENAN, R./DI FUCCIA, D.-S. (2011): Peer assessment und peer diagnosing, Schüler prüfen Schüler und stellen Diagnosen auf, In: Naturwissenschaft im Unterricht Chemie, Diagnose, Heft 124/125 August 2011, 22. Jahrgang, S. 34.

KEENAN, R./DI FUCCIA, D.-S. (2011): Peer assessment und peer diagnosing, Schüler prüfen Schüler und stellen Diagnosen auf, In: Naturwissenschaft im Unterricht Chemie, Diagnose, Heft 124/125 August 2011, 22. Jahrgang, S. 34-35.

KEENAN, R./DI FUCCIA, D.-S. (2011): Peer assessment und peer diagnosing, Schüler prüfen Schüler und stellen Diagnosen auf, In: Naturwissenschaft im Unterricht Chemie, Diagnose, Heft 124/125 August 2011, 22. Jahrgang, S. 35.

KEENAN, R./DI FUCCIA, D.-S. (2011): Peer assessment und peer diagnosing, Schüler prüfen Schüler und stellen Diagnosen auf, In: Naturwissenschaft im Unterricht Chemie, Diagnose, Heft 124/125 August 2011, 22. Jahrgang, S. 33.

KEENAN, R./DI FUCCIA, D.-S. (2011): Peer assessment und peer diagnosing, Schüler prüfen Schüler und stellen Diagnosen auf, In: Naturwissenschaft im Unterricht Chemie, Diagnose, Heft 124/125 August 2011, 22. Jahrgang, S. 33 - 34.

KRAPP, A./WEIDENMANN, B. (2006): Pädagogische Psychologie, Ein Lehrbuch, 5. vollständig überarbeitete Auflage, Beltz Verlag, Weinheim, Basel, S. 176 - 177.

KRUMM, B./ZIMMERER, E./KREMER, M. (2008): Gesellschaft Deutscher Chemiker, Fachgruppe Chemieunterricht, Diagnostizieren und Fördern im Chemieunterricht, Frankfurt am Main, S. 5.

KRUMM, B./ZIMMERER, E./KREMER, M. (2008): Gesellschaft Deutscher Chemiker, Fachgruppe Chemieunterricht, Diagnostizieren und Fördern im Chemieunterricht, Frankfurt am Main, S. 4.

KRUMM, B./ZIMMERER, E./KREMER, M. (2008): Gesellschaft Deutscher Chemiker, Fachgruppe Chemieunterricht, Diagnostizieren und Fördern im Chemieunterricht, Frankfurt am Main, S. 6.

KRUMM, B./ZIMMERER, E./KREMER, M. (2008): Gesellschaft Deutscher Chemiker, Fachgruppe Chemieunterricht, Diagnostizieren und Fördern im Chemieunterricht, Frankfurt am Main, S. 10.

KRUMM, B./ZIMMERER, E./KREMER, M. (2008): Gesellschaft Deutscher Chemiker, Fachgruppe Chemieunterricht, Diagnostizieren und Fördern im Chemieunterricht, Frankfurt am Main, S. 11.

KRUMM, B./ZIMMERER, E./KREMER, M. (2008): Gesellschaft Deutscher Chemiker, Fachgruppe Chemieunterricht, Diagnostizieren und Fördern im Chemieunterricht, Frankfurt am Main, S. 12-28.

LEISEN, J. (2003): Vorgänge und Experimente beschreiben, In: Naturwissenschaft im Unterricht Physik, Methodenwerkzeuge, Heft 75/76, Juli 2003, 14 .Jahrgang, S. 18 - 19.

LEISEN, J. (2003): Vorgänge und Experimente beschreiben, In: Naturwissenschaft im Unterricht Physik, Methodenwerkzeuge, Heft 75/76, Juli 2003, 14 .Jahrgang, S.: 19.

LESSING, G. E. (1778): Suche nach der Wahrheit. Zitiert nach: BIERMANN, H./SCHURF, B., Texte, Themen und Strukturen, Deutschbuch für die Oberstufe, 1. Auflage, 8. Druck 2004, Cornelsen Verlag, Berlin, 1999, S. 27.

NIEDERSÄCHSISCHES KULTUSMINISTERIUM (2007): Kerncurriculum für die Realschule, Schuljahrgänge 5-10, Naturwissenschaften, Niedersachsen, Hannover, S. 6, 9.

NIEDERSÄCHSISCHES KULTUSMINISTERIUM (2007): Kerncurriculum für die Realschule, Schuljahrgänge 5-10, Naturwissenschaften, Niedersachsen, Hannover, S. 46.

NIEDERSÄCHSISCHES KULTUSMINISTERIUM (2007): Kerncurriculum für die Realschule, Schuljahrgänge 5-10, Naturwissenschaften, Niedersachsen, Hannover, S. 92.

NIEDERSÄCHSISCHES KULTUSMINISTERIUM (2007): Kerncurriculum für die Realschule, Schuljahrgänge 5-10, Naturwissenschaften, Niedersachsen, Hannover, S. 58.

NIEDERSÄCHSISCHES KULTUSMINISTERIUM (2007): Kerncurriculum für die Realschule, Schuljahrgänge 5-10, Naturwissenschaften, Niedersachsen, Hannover, S 49, 60, 9.

NIEDERSÄCHSISCHES KULTUSMINISTERIUM (2007): Kerncurriculum für die Realschule, Schuljahrgänge 5-10, Naturwissenschaften, Niedersachsen, Hannover, S. 49.

NIEDERSÄCHSISCHES KULTUSMINISTERIUM (2007): Kerncurriculum für die Realschule, Schuljahrgänge 5-10, Deutsch, Niedersachsen, Hannover, S. 22.

NIEDERSÄCHSISCHES KULTUSMINISTERIUM (2007): Kerncurriculum für die Realschule, Schuljahrgänge 5-10, Deutsch, Niedersachsen, Hannover, S. 25.

NIEDERSÄCHSISCHES KULTUSMINISTERIUM (2007): Kerncurriculum für die Realschule, Schuljahrgänge 5-10, Deutsch, Niedersachsen, Hannover, S. 27.

PFEIFER, P./LUTZ, B./BADER, H.J. (2002): Konkrete Fachdidaktik Chemie, Neubearbeitung, 3. Auflage 2002, Druck 2009, Oldenbourg Schulbuchverlag, München, S. 252 - 254.

PFEIFER, P./LUTZ, B./BADER, H.J. (2002): Konkrete Fachdidaktik Chemie, Neubearbeitung, 3. Auflage 2002, Druck 2009, Oldenbourg Schulbuchverlag, München, S. 254 - 255.

PFEIFER, P./LUTZ, B./BADER, H.J. (2002): Konkrete Fachdidaktik Chemie, Neubearbeitung, 3. Auflage 2002, Druck 2009, Oldenbourg Schulbuchverlag, München, S. 254.

PFEIFER, P./LUTZ, B./BADER, H.J. (2002): Konkrete Fachdidaktik Chemie, Neubearbeitung, 3. Auflage 2002, Druck 2009, Oldenbourg Schulbuchverlag, München, S. 133 - 134.

PRECHTL, M. (2011): Protokolle als Chemie-Foto-Storys, Diagnostizieren anhand selbst gezeichneter Bildergeschichten, In: Naturwissenschaft im Unterricht Chemie, Diagnose, Heft 124/125 August 2011, 22. Jahrgang, S. 48.

PRECHTL, M. (2011): Protokolle als Chemie-Foto-Storys, Diagnostizieren anhand selbst gezeichneter Bildergeschichten, In: Naturwissenschaft im Unterricht Chemie, Diagnose, Heft 124/125 August 2011, 22. Jahrgang, S. 51.

PRECHTL, M. (2011): Protokolle als Chemie-Foto-Storys, Diagnostizieren anhand selbst gezeichneter Bildergeschichten, In: Naturwissenschaft im Unterricht Chemie, Diagnose, Heft 124/125 August 2011, 22. Jahrgang, S. 48 - 49.

PRECHTL, M. (2008): Protokolle als sequenzielle Kunst, Schülerinnen und Schüler erstellen gezeichnete „Foto-Stories" In: Naturwissenschaften im

Unterricht Physik, Argumentationsanlässe für den Mechanikunterricht, Heft 107, Oktober 2008, 19. Jahrgang, S. 43.

RALLE, B. (2008): Diagnostizieren und fördern- auch das noch!, In: Der mathematische und naturwissenschaftliche Unterricht, Heft 05, 15. Juli 2008, 61. Jahrgang, S. 259.

SACHER, W. (2009): Überprüfung und Beurteilung von Schülerleistungen, In: APEL, H. J./SACHER W., Studienbuch Schulpädagogik, 4. durchgesehene Auflage, Verlag Julius Klinkhardt, Bad Heilbrunn, S. 284-285.

SAGER, N./RALLE, B. (2011): Wissensstrukturen erkennen, Diagnose und Leistungsbewertung beim schülerzentrierten Arbeiten mit „Lücken Concept Maps", In: Naturwissenschaft im Unterricht Chemie, Diagnose, Heft 124/125 August 2011, 22. Jahrgang, S. 63 - 67.

SAGER, N./RALLE, B. (2011): Wissensstrukturen erkennen, Diagnose und Leistungsbewertung beim schülerzentrierten Arbeiten mit „Lücken Concept Maps", In: Naturwissenschaft im Unterricht Chemie, Diagnose, Heft 124/125 August 2011, 22. Jahrgang, S. 64.

SAGER, N./RALLE, B. (2011): Wissensstrukturen erkennen, Diagnose und Leistungsbewertung beim schülerzentrierten Arbeiten mit „Lücken Concept Maps", In: Naturwissenschaft im Unterricht Chemie, Diagnose, Heft 124/125 August 2011, 22. Jahrgang, S. 64 - 65.

SAGER, N./RALLE, B. (2011): Wissensstrukturen erkennen, Diagnose und Leistungsbewertung beim schülerzentrierten Arbeiten mit „Lücken Concept Maps", In: Naturwissenschaft im Unterricht Chemie, Diagnose, Heft 124/125 August 2011, 22. Jahrgang, S. 65.

SAGER, N./RALLE, B. (2011): Wissensstrukturen erkennen, Diagnose und Leistungsbewertung beim schülerzentrierten Arbeiten mit „Lücken Concept Maps", In: Naturwissenschaft im Unterricht Chemie, Diagnose, Heft 124/125 August 2011, 22. Jahrgang, S. 67.

SAGER, N./RALLE, B. (2011): Wissensstrukturen erkennen, Diagnose und Leistungsbewertung beim schülerzentrierten Arbeiten mit „Lücken Concept Maps", In: Naturwissenschaft im Unterricht Chemie, Diagnose, Heft 124/125 August 2011, 22. Jahrgang, S. 65 - 67.

SCHANZE, S./GRÜß-NIEHAUS, T./HUNDERTMARK, S. (2011): Verstehen sichtbar machen, Instrumente zur Unterstützung einer (Selbst-)Diagnose des

Konzeptverständnisses, in: Naturwissenschaft im Unterricht Chemie, Diagnose, Heft 124/125 August 2011, 22. Jahrgang, S. 68 - 74.

SCHANZE, S./GRÜß-NIEHAUS, T./HUNDERTMARK, S. (2011): Verstehen sichtbar machen, Instrumente zur Unterstützung einer (Selbst-)Diagnose des Konzeptverständnisses, in: Naturwissenschaft im Unterricht Chemie, Diagnose, Heft 124/125 August 2011, 22. Jahrgang, S. 72.

SCHRADER, F.-W./HELMKE, A. (2001): Alltägliche Leistungsbeurteilung durch Lehrer. In: WEINERT, F.E.: Leistungsmessungen in der Schule. Weinheim/Basel, S. 45-58. Zitiert nach: JÜRGENS, E., Leistung und Beurteilung in der Schule, Eine Einführung in Leistungs- und Bewertungsfragen aus pädagogischer Sicht, 6., aktualisierte und stark erweiterte Auflage, Academia Verlag, Sankt Augustin, 2005, S. 44.

STÄUDEL, L. (2011): Rückmeldung erhalten -aber bitte gleich! In: Naturwissenschaft im Unterricht Chemie, Diagnose, Heft 124/125 August 2011, 22. Jahrgang, S. 92.

STÄUDEL, L. (2011): Rückmeldung erhalten -aber bitte gleich! In: Naturwissenschaft im Unterricht Chemie, Diagnose, Heft 124/125 August 2011, 22. Jahrgang, S. 92 - 93.

STEINER, I. (1983): Interessengeleitetes Lernen, Theorie und Praxis eines tätigkeitsspezifischen Motivationsmodells, Mit einem Vorwort von HANZ SCHLIEFELE, Franz EhrenwirthVerlag, München, S. 108.

TOMCIN, R./REINERS, C. S. (2009): Auf malerischem Weg zur Chemie, Zum didaktischen Potential von Chemie-Foto-Storys, in: ChemKon, Chemie konkret, 1/2009, Volume 16, S. 11.

TOULMIN, S. E. (1996): *Der Gebrauch von Argumenten* (2.Aufl.). Weinheim: Beltz. Zitiert nach: HEITMANN, P./TIEMANN, R., Bewertungskompetenz von Zehntklässlern im Fach Chemie, Betrachtung von Kriterien und Argumenten am Beispiel Pestizideinsatz In: Der mathematische und naturwissenschaftliche Unterricht, Würfeln mit Quadern, Heft 04, Juni 2011, 64. Jahrgang, S. 239.

WEINERT, F.E.(2000): Lehren und Lernen für die Zukunft- Ansprüche an das Lernen in der Schule. In: Pädagogische Nachrichten Rheinland-Pfalz 2/2000 S. 1-16, In: DI FUCCIA, D.-S./ STÄUDEL, L., Diagnostizieren im Chemieunterricht, In: Naturwissenschaft im Unterricht Chemie, Diagnose, Heft 124/125 August 2011, 22. Jahrgang, S. 7.

WEISER, B. (2000): Feedback einholen. In: Lernende Schule H. 11 (2000), S. 38-41. Zitiert nach: STÄUDEL, L., Rückmeldung erhalten -aber bitte gleich! In: Naturwissenschaft im Unterricht Chemie, Diagnose, Heft 124/125 August 2011, 22. Jahrgang, S. 92 - 93.

Mathematisch-naturwissenschaftliche Talente[1] diagnostizieren
– eine Fallstudie –

ANNA GIESSEL, KERSTIN HÖNER

Kurzfassung
Im folgenden Artikel wird eine Pilotstudie beschrieben, die sich mit der Diagnose mathematisch-naturwissenschaftlich begabter Kinder beschäftigt.
Es wurden Aufgabensequenzen entwickelt und mit zwei Schülergruppen erprobt. Die Ergebnisse deuten daraufhin, dass es einen Zusammenhang zwischen einer mathematischen und einer naturwissenschaftlichen Begabung gibt, und dass die naturwissenschaftliche Aufgabensequenz geeignet ist, um naturwissenschaftliche Talente zu entdecken.

1. Einleitung

Das Thema *Begabtenförderung* hat in den letzten Jahren auf bildungspolitischer Ebene vor dem Hintergrund des Fachkräftemangels enorm an Popularität gewonnen. Dabei sind insbesondere die Förderbedürfnisse potentiell begabter Kinder in mathematisch-naturwissenschaftlichen Bereichen in den Fokus gerückt worden (BEEKEN ET AL. 2009, MÖNKS ET AL. 2003). Auch wenn es inzwischen eine Vielzahl außerschulischer Förderprogramme und Wettbewerbe (HELLER 2002, NATIONALES MINT FORUM 2013) gibt, kommt dem regulären Schulunterricht in diesen Fächern, aber auch bereits dem Sachunterricht an den Grundschulen, eine besondere Bedeutung zu. Es ist wichtig, entsprechende Interessen bei den Kindern frühzeitig zu wecken und langfristig zu fördern.

---

[1] Die Begriffe Begabung, Talent und hohe Fähigkeiten bzw. Kompetenzen werden im folgenden Text gleichbedeutend verwendet, so wie es international häufig üblich ist (ÖZBF 2010).

Im Bereich der Forschung gibt es eine Vielzahl von Veröffentlichungen zum Thema Begabung, wobei in den letzten Jahren vermehrt bereichsspezifische Begabungen (NATIONALES MINT FORUM 2013) näher betrachtet werden, sowie die mögliche Integration von Begabungsförderung in den normalen Unterricht (IPN BLÄTTER 2012). Letzteres stellt die Fachlehrkräfte vor die Aufgabe, sich sowohl mit der Identifikation als auch mit der Förderung von Begabung vertraut zu machen. Während es für die mathematische Begabungsdiagnose und Förderung bereits eine Vielzahl von Publikationen gibt (z. B. KÄPNICK 1998, KÄPNICK 2001, FUCHS 2006), liegt für den Bereich der naturwissenschaftlichen Begabung bisher kaum Literatur vor, die auf eine genauere Definition und die Diagnosemöglichkeiten eingeht.

Weiterhin scheint es Indizien dafür zu geben, dass es einen Zusammenhang zwischen einer mathematischen und einer naturwissenschaftlichen Begabung gibt (KÄPNICK 1998, HÖNER, KÄPNICK 2005, MUND 2007), welcher aber empirisch noch nicht belegt ist. Nachgewiesen wurde bisher nur, dass sich häufig schon sehr früh ein paralleles Interesse im Bereich der Mathematik und den Naturwissenschaften entwickelt (HÖNER 1996, HÖNER, GREIWE 2000, HÖNER, KÄPNICK 2005).

Im Rahmen einer Masterarbeit wurde eine Fallstudie durchgeführt, die u. a. der Frage nachgeht, ob Kinder mit besonderen Fähigkeiten in den Naturwissenschaften (hier Schwerpunkt: Chemie) auch ein besonderes Potential in der Mathematik aufweisen (GIESSEL 2013). Methodisch wurde ein mehrfaktorielles Vorgehen gewählt, das sich an aktuellen Tendenzen der Begabungsforschung orientiert und an das Vorgehen von KÄPNICK (1998) angelehnt ist.

2. Begabung und Begabungsdiagnose

Begabung ist ein komplexer Begriff, der in der Literatur oft synonym mit Spitzenbegabung, Genie, hoher Intelligenz, Talent oder sogar Leistung verwendet wird, wobei die einzelnen Begriffe je nach Kontext neu beschrieben werden oder andere Begriffsnuancen ansprechen (HUSER 2000, ÖZBF 2010). Zwischen einer Hochbegabung und einer durchschnittlichen Begabung gibt es keine eindeutig bestimmbare Grenze. Die Unterschiede sind graduell und sogenannte Cut-off-Grenzwerte (wie beim IQ) dienen in der Hauptsache der Beantwortung einer bestimmten Fragestellung (ÖZBF 2010). Im Hinblick auf die Begriffsdefinition von Begabung gibt es viele Vorschläge, die aber bisher nicht zu einer allgemeinen, von der Mehrzahl der Begabungsforscher anerkannten Definition zusammengeführt werden konnte. DAVIS und RIMM haben aber ein Klassifikationsschema aufgestellt, dass die meisten Definitionen in fünf Gruppen einteilt (zitiert nach HOLLING, KANNING 1999, S. 5).

Neben der Definitionsvielfalt gibt es auch verschiedene Konzeptionen bzw. Modelle, die die Zusammenhänge der Entwicklung und der Erscheinungsformen von Begabung schematisch darzustellen versuchen. Einen guten Überblick bietet HOLZINGER (2010).

In der aktuellen Begabungsforschung gibt es zwei Tendenzen, die sich im Wesentlichen darin unterscheiden, ob Begabung als sichtbare Leistung oder als Disposition zu hohen Fähigkeiten, die aber nicht zwangsläufig beobachtbar sind, angesehen wird (HOLLING, KANNING 1999). Aktuell dominiert das Verständnis, Begabung als Disposition zu betrachten.

Früher wurde Begabung mit hoher Intelligenz gleichgesetzt und eher eindimensional betrachtet. Heute weiß man, dass neben hohen kognitiven Fähigkeiten auch andere Persönlichkeitsmerkmale, wie Motivation und Kreativität, eine wichtige Rolle spielen. Es wurden mehrfaktorielle Modelle entwickelt, die in der Forschung genutzt werden (HOLZINGER 2010) und von denen hier exemplarisch nur das Münchner (Hoch)Begabungsmodell von HELLER (2000) genannt sei.

Dabei wird von einem dynamischen Begabungsbegriff beim Menschen ausgegangen, d. h. eine Anlage benötigt Anregung und Förderung von der Umwelt, um sich zu entwickeln. Trotzdem wird auch die Vererbung von Anlagen weiterhin berücksichtigt (SOLZBACHER 2002). Auf der Grundlage verschiedener Kriterien werden mittlerweile neun verschiedene, eigenständige Intelligenzen definiert (vgl. GARDNER 1991, zitiert nach HUSER 2000).

Um Informationen über die Potenziale eines Kindes zu erhalten, ist eine diagnostische Analyse notwendig, bei der mehrere im Zusammenhang zur Begabung stehende Bereiche berücksichtigt werden. Die Begabungsdiagnose ist ein Prozess, der immer mehrere Stufen durchläuft und u. a. von den Zielen (z. B. Einzelfalldiagnose oder Talentsuche für Förderprogramme) abhängig ist (HELLER 2000).

Bei den Diagnosemethoden werden objektive und subjektive Verfahren unterschieden (FEGER, PRADO 1998, HOLZINGER 2010, S. 77ff). Bei objektiven Verfahren werden Fähigkeiten in bestimmten Schwerpunkten abgefragt, und es gelten für alle Teilnehmer gleiche Bedingungen. Die Testergebnisse können untereinander und relativ zur Bezugsnorm verglichen werden. Bei den subjektiven Verfahren fließen individuelle Einflüsse der Teilnehmer mit ein. Allerdings bewerten diese Verfahren in der Regel Prozesse und erfassen Ergebnisse über einen längeren Zeitraum (FEGER, PRADO 1998).

Einige Beispiele von Diagnosemethoden mit ihren Vor- und Nachteilen sind in Tabelle 1 dargestellt.

Verfahren	Vorteile	Nachteile
Objektive Verfahren		
Intelligenztest	Erfüllt Gütekriterien, zuverlässig, umfasst verschiedene Begabungsschwerpunkte	Deckeneffekt, einzelne Test untereinander kaum vergleichbar
Kreativitätstest	Testet divergentes Denken	Gering valide, spezifische Begabungsausprägung
Leistungstest	Erfüllt Gütekriterien, Vergleichbarkeit	Deckeneffekt, spezifisches Fachwissen, geringe Aussage über Begabung
Subjektive Verfahren		
Zensuren	ökonomisch	Unzuverlässig, Bewertung der Leistung
Lehrerurteil	Ökonomisch, langer Beobachtungszeitraum	Verzerrungen, ohne Fachwissen geringer Wert
Elternurteil	Ökonomisch, langer Beobachtungszeitraum, außerschulischer Kontext, eher Überschätzung	Verzerrungen, ohne Fachwissen geringer Wert

Selbsturteil	Ökonomisch, langer Beobachtungszeitraum, Motivation, alle Lebensbereiche	Verzerrungen
Beobachtung	Sehr detaillierte Information, Informationsfülle	Sehr aufwendig, Gefahr der Verzerrung
Talent-Portfolio	Vielschichtigkeit, langer Beobachtungszeitraum, Vorlieben, Interessen	Sehr aufwendig

Tab. 1: Übersicht der Diagnoseverfahren nach FEGER und PRADO (1998, S. 56) und HOLZINGER (2010, S. 77ff)

Im Rahmen der hier vorgestellten Fallstudie wurden objektive und subjektive Verfahren miteinander kombiniert, um eine mehrdimensionale Betrachtung durchzuführen.

3. Mathematische und naturwissenschaftliche Begabung und deren Diagnose

Unter mathematischer Begabung versteht KÄPNICK (1998) eine Begabung für mathematische Tätigkeiten. Diese sind komplex und umfassen viele Spezialgebiete.

Zur Kennzeichnung mathematischer Begabung gibt es drei verschiedene Theorieansätze (KÄPNICK 1998, FUCHS 2006): Die mathematische Begabung wird als Teilbereich der allgemeinen (kognitiven) Intelligenz interpretiert, als Spezialbegabung im mathematischen Bereich oder als Interaktionsprozess aufgefasst (KÄPNICK 1998 zitiert nach GIESSEL 2013, S. 19).

KÄPNICK (1998) hat auf Grundlage der theoretischen Ansätze ein spezifisches Merkmalsystem für Dritt- und Viertklässler mit einer potentiellen mathematischen Begabung entwickelt, indem grundlegende relevante Fähigkeiten, die mathematischen Begabungsmerkmale und begabungsstützende allgemeine Persönlichkeitsmerkmale, aufgeführt werden. Auch hier gilt, alle Merkmale können gemeinsam in unterschiedlicher Ausprägung auftreten, müssen es aber nicht (KÄPNICK 2001).

Bereits Anfang der 50er Jahre unterscheidet RÉVÉSZ (1952) verschiedene Begabungsformen und führt u. a. die naturwissenschaftliche Begabung an, die für ihn an die Arbeit eines Naturwissenschaftlers gebunden ist. Neben einer genauen Wahrnehmungsfähigkeit und der Fähigkeit zum empirisch-induktiven Denken wird als Merkmal ein außergewöhnliches Interesse an naturwissenschaftlichen Phänomenen angeführt. Innerhalb der naturwissenschaftlichen Begabung differenziert RÉVÉSZ noch zwischen der Physik und Chemie auf der einen und der Biologie auf der anderen Seite, da insbesondere Physik und Chemie eine ausgeprägte Beziehung zur Mathematik haben (RÉVÉSZ 1952).

Heute nimmt man an, dass naturwissenschaftliche Talente besonders gut beim Lösen naturwissenschaftlicher Rätsel und Fragen sind (KIRCHER 2006). Die Kinder und Jugendlichen haben dabei individuelle Fähigkeiten, gute oder gar ausgezeichnete Leistungen in den Naturwissenschaften zu erbringen (MÖNKS et al. 2003). Man kann auch URBAN (1996) interpretierend sagen, dass naturwissenschaftliche Talente abstrakt-intellektuelle und/oder praktisch-instrumentelle Begabungen haben. Dazu kommen sicherlich, wie für die Mathematik, auch weitere Persönlichkeitsmerkmale wie intellektuelle Neugier, Kreativität und Anstrengungsbereitschaft (URBAN 1996, KÄPNICK 2001). D. h. auch hier gibt es nicht nur ein einziges Charakteristikum, sondern es handelt sich um ein komplexes Zusammenspiel verschiedener Persönlichkeitsmerkmale und Fähigkeiten, wobei für die Naturwissenschaften noch experimentelle Kompetenzen hinzukommen.

Bei der Bearbeitung eines naturwissenschaftlichen Problems gibt es keine standardmäßige Vorgehensweise, aber das naturwissenschaftliche Arbeiten wird mittels wiederkehrender Aktivitäten charakterisiert und ist durch verschiedene Denk- und Arbeitsweisen gekennzeichnet (DUIT 2007, HÖNER 2015): Vermuten und Prüfen, Erkunden und Experimentieren, Beobachten und Messen, Vergleichen und Ordnen, Diskutieren und Interpretieren, Recherchieren und Kommunizieren.

Die Fachliteratur über naturwissenschaftliche Begabung und ihrer Diagnose ist im Gegensatz zur mathematischen Begabung sehr begrenzt und empirisch wenig belegt (GIESSEL 2013, FUCHS 2006).

Einen guten Beitrag zur Diagnose naturwissenschaftlicher Begabung liefert KIRCHER (2006) mit einer Handreichung im Rahmen des Projekts SINUS-Transfer Grundschule (G5 Naturwissenschaften). Allerdings wurden nur Lehrkräfte nach Merkmalen in ihrer Einschätzung gefragt, ohne dass eine Überprüfung stattfand. Es ist noch nicht geklärt, ob damit ein Merkmalssystem für diese Bereichsspezifik vorliegt (GIESSEL 2013).

4. Ausgangspunkt

Bis zum heutigen Zeitpunkt gibt es keinen Beweis für das gemeinsame Auftreten einer mathematischen und einer naturwissenschaftlichen Begabung und auch keine gemeinsame, empirisch belegte Merkmalsliste. Es wird lediglich ein Zusammenhang zwischen beiden Bereichen auf Grund gewisser Ähnlichkeiten der Tätigkeiten vermutet (KÄPNICK 1998, GARDNER 1991, MUND 2007).

Weiterhin ist bekannt, dass die Fachbeliebtheit für die Mathematik hoch signifikant mit den Fachbeliebtheiten für die beiden „harten" Naturwissenschaften Chemie und Physik korreliert. Dies kann sich in guten Noten in allen drei Fächern widerspiegeln (HÖNER 1996, HÖNER, GREIWE 2000). Auch MUND (2007, S. 46f) listet Untersuchungen auf, die versuchen, einen Zusammenhang zwischen der Mathematiknote und den Noten in den naturwissenschaftlichen Fächern nachzuweisen, jedoch sind die genannten Ergebnisse nicht eindeutig. Es scheint aber, dass Kinder, die gute Noten im Fach Mathematik haben, auch sonst gute Noten aufweisen, und Kinder mit schlechten Mathematiknoten oft auch in anderen Fächern schlecht sind (MUND 2007, KRUTEZKI 1966, RAHN 1985, POLLMER 1992, HEILMANN 1999, KRAWIETZ 1995, HÖNER, KÄPNICK 2005).

Im Rahmen einer Fallstudie mit Vergleichsgruppendesign konnte gezeigt werden, dass mathematikbegabte Kinder der vierten Jahrgangsstufe ein deutlich besseres Erinnerungsvermögen für chemische Versuche aufweisen und bereits andere Zugänge zu den chemischen Phänomenen und deren Deutung haben als die Kontrollgruppe. Die Ergebnisse deuten darauf hin, dass die Kinder bereits in dem Alter bereichsspezifische Interessen und Fähigkeiten entwickelt haben. Allerdings zeigte sich auch hier, dass die mathematikbegabten Grundschulkinder insgesamt zu den besseren Schülerinnen und Schülern auch in anderen Fächern gehören (HÖNER, KÄPNICK 2005, VGL. auch MUND 2007).

Die Merkmalslisten für bereichsspezifische Begabungsmerkmale in Mathematik (KÄPNICK 2001) und in den Naturwissenschaften (KIRCHER 2006) weisen viele Übereinstimmungen auf und sind in Tabelle 2 (Spalten 1 und 2) gegenübergestellt. In der dritten Spalte sind allgemeine begabungsstützende Persönlichkeitsmerkmale aufgeführt, die vermutlich für beide Bereiche als identisch angesehen werden können (KIRCHER 2006, HÖNER 2015).

Mathematikspezifische Begabungsmerkmale (Käpnick 2001)	Naturwissenschaftsspezifische Begabungsmerkmale (Kircher 2006)	Begabungsstützende allgemeine Persönlichkeitseigenschaften
Mathematische Fantasie	Fantasie für Erklärungen und Experimente	Hohe geistige Aktivität, Freude am Problemlösen
Fähigkeit im selbstständigen Transfer erkannter Strukturen	Transferfähigkeit von neuem, naturwissenschaftlichen Wissen	Hervorragende Gedächtnisleistung, Konzentrationsfähigkeit
Mathematische Sensibilität	Besonderes Interesse an naturwissenschaftlichen Themen, Fragehaltung gegenüber Phänomenen aus der Umwelt	Intellektuelle Neugier, Selbstständigkeit
Fähigkeit zum Speichern mathematischer Sachverhalte im Kurzzeitgedächtnis unter Nutzung erkannter mathematischer Strukturen	Fähigkeit zum genauen Beobachten und Beschreiben von Phänomenen, Fähigkeit zur Analyse von Beobachtungen, Bereitschaft zur sorgfältigen Durchführung von Experimenten	Anstrengungsbereitschaft, Beharrlichkeit, Ausdauer

Fähigkeit zum Strukturieren mathematischer Sachverhalte	Fähigkeit zur Bildung von Kausalketten	Ausdrucksvolles Sprechen

Tab. 2: Gegenüberstellung spezifischer Begabungsmerkmale in Mathematik (KÄPNICK 2001), den Naturwissenschaften (KIRCHER 2006) sowie allgemeine begabungsstützende Persönlichkeitseigenschaften (KÄPNICK 2001)

Die genannten Merkmale (Tab. 2, Spalte 3) entsprechen z. T. den Prädiktoren (z. B. hohe geistige Aktivität) und z. T. den Moderatoren (z. B. Ausdauer) im Münchner (Hoch-)Begabungsmodell nach HELLER (2000, S. 24).

5. Untersuchungsdesign und Thesen

Die theoretische Basis für das gesamte methodische Vorgehen ist ein mehrdimensionales Begabungsmodell, welches sowohl den komplexen als auch den dynamischen Charakter des Begabungsbegriffes berücksichtigt. Dabei wird Begabung als Disposition verstanden, wobei mathematisch-naturwissenschaftliche Begabung als bereichsspezifische Kompetenz aufgefasst wird, die sich als überdurchschnittliche Leistung aus der Wechselwirkung von Persönlichkeitsmerkmalen, Begabungsfaktoren (Prädiktoren), nicht-kognitiven Persönlichkeitsmerkmalen (Moderatoren) und Umweltfaktoren (Moderatoren) individuell zeigen kann, jedoch nicht muss. Mittels der vorgestellten Merkmalssysteme zur Identifikation von Begabung wurden sowohl zwei chemische Aufgabensequenzen ausgearbeitet (MALZ 2013) als auch mathematische Indikatoraufgaben (KÄPNICK 2001) ausgewählt (s. u.). Weiterhin wurden Fragebögen für die Schülerinnen und Schüler, Eltern und Lehrkräfte entwickelt und eingesetzt. Die begabungsstützenden Persönlichkeitseigenschaften (s. Tab. 2, Spalte 3) wurden in den Eltern- und Lehrerfragebögen berücksichtigt. Da gute Noten ein Indikator für eine Begabung sein können (FELS 1999), wurden die Fachnoten[2] in Mathematik und Chemie bzw. Sachunterricht bei den Schülerfragebögen mit erhoben sowie besondere Fachinteressen. Eine ausführliche Übersicht über die getesteten Bega-

---

[2] Die Notenangaben der Kinder wurden mit den Angaben der Lehrkräfte auf Korrektheit überprüft.

bungsmerkmale in den einzelnen Aufgabenteilen und Testinstrumenten findet sich bei GIESSEL (2013, S. 44).

Im Rahmen dieser Fallstudie wurden folgende Thesen aufgestellt:
1. Es gibt eine mathematisch-naturwissenschaftliche Begabung.
2. Die aufgestellte Merkmalsliste (s. Tab. 2) eignet sich zur Indikation einer naturwissenschaftlichen Begabung.
3. Die entwickelte Aufgabensequenz zum Thema Härte eignet sich im Hinblick auf die Indikation einer naturwissenschaftlichen Begabung (Schwerpunkt hier: Chemie).
4. Es besteht eine Zusammenhang zwischen einer bereichsspezifischen Begabung und guten Schulnoten.

6. Untersuchungsinstrumente und Durchführung

6.1. Naturwissenschaftliche Aufgabensequenz

Die beiden experimentellen Aufgabenstellungen zum Thema Härte wurden im Vorfeld entwickelt. Es sollen verschiedene Stoffe durch gegenseitiges Anritzen hinsichtlich ihrer Härte verglichen und geordnet werden (MALZ 2013). Bei den Aufgaben sind verschiedene Lösungswege möglich und das Aufstellen von Hypothesen (Vermutungen) sowie das Entwickeln einer Lösungsstrategie und das Schlussfolgern werden berücksichtigt. Darüber hinaus werden die Fähigkeiten zum genauen Beobachten, zum Beschreiben und zum Bilden von Kausalketten abgetestet. Beide Aufgaben enthalten offene und geschlossene Aufgabenteile (GIESSEL 2013). Prinzipiell können die Aufgaben bereits ab der 4. Klasse bearbeitet werden, wobei unterschiedliche Niveaustufen erreicht werden können (MALZ 2013, BOS et al. 2003).

Aufgabe 1

Zu vergleichen sind die beiden Feststoffe Eisen und Marmor. Es soll festgestellt werden, welcher Feststoff härter ist.

Merke: Ein härterer Feststoff ritzt immer einen weicheren.

1. Stelle eine Vermutung auf, welcher der beiden Feststoffe härter ist!
2. Versuche deine Vermutung mit einem Experiment zu bestätigen. Beschreibe genau, wie du vorgegangen bist! Kannst du deine Vermutung bestätigen?

Zur Testung der Aufgabe 1 erhielt jedes Kind eine Experimentierbox mit folgenden Materialien: ein Eisenblech, ein Stück Marmor, ein freier Platz „für" den Fingernagel[3], ein Stück Korundschleifpapier, ein Metallblech aus Aluminium und einen Spatel aus Stahl. Die Kinder bekamen 12 Minuten Zeit für die Bearbeitung und weitere 3 Minuten, um die schriftlichen Ausführungen zu beenden.

Aufgabe 2
Zu vergleichen sind die vier Feststoffe: Eisen, Marmor, Quarz und Gips. Es sind keine weiteren Materialien zugelassen!
1. Stelle eine Vermutung auf, wie die Rangfolge der Feststoffe nach zunehmender Härte aussieht.
2. Versuche deine Vermutung mit einem Experiment zu bestätigen. Jeder Vergleich von zwei Feststoffen untereinander zählt dabei als ein Untersuchungsschritt. Beschreibe genau, wie du vorgegangen bist und notiere deine Untersuchungsschritte! Kannst du deine Vermutung bestätigen?
3. Wie kannst du das Ergebnis aus Aufgabe 1 nutzen, um mit möglichst wenig Untersuchungsschritten eine eindeutige Reihenfolge der vier Feststoffe nach zunehmender Härte festzulegen?

Zur Testung der Aufgabe 2 erhielt jedes Kind eine neue Experimentierbox, die dieses Mal folgende Materialien enthielt: ein Eisenblech, ein Stück Marmor, ein Stück Quarz und ein Stück Gips. Der zeitliche Rahmen für die Bearbeitung war identisch mit dem bei Aufgabe 1.

6.2. Mathematische Aufgabensequenz

Die bei der Testung verwendeten drei Aufgaben sind dem Indikatoren-Aufgaben-Test zur Identifikation mathematisch potentiell begabter Kinder von KÄPNICK (2001, S. 165ff) entnommen. Die Aufgaben sind bereits erprobt und sprechen verschiedene Fähigkeiten einer spezifischen mathematischen Begabung an (KÄPNICK 2001, GIESSEL 2013).

Bei der ersten Aufgabe erhalten die Kinder ein Zahlenfeld mit elf eher unstrukturierten Zahlen, dass sie sich in 20 Sekunden einprägen und danach

---

[3] Die Teilnehmer sollten sich keinen Fingernagel abreißen und in die Box legen, sondern können des Fingernagel an ihrem Finger ebenfalls als Hilfsmittel benutzen.

aus dem Gedächtnis aufschreiben sollen. Die zweite Aufgabe ist analog, nur gibt es dieses mal 16 strukturierte Zahlen für die die Kinder 60 Sekunden Zeit zum Einprägen haben.

Die dritte Aufgabe (KÄPNICK 2001, S. 177) testet die Fähigkeit erkannter Strukturen, im Wechsel der Repräsentationsebene und im Umkehren von Gedankengängen (s. Abb. 1).

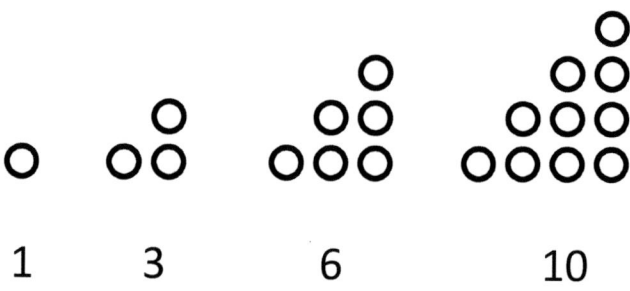

1. Hier sind Kreise so angeordnet, dass Dreiecksanordnungen entstehen. Nach ein und derselben Regel werden die Dreiecksanordnungen schrittweise vergrößert. Wie viele Kreise enthält die nächstfolgende Dreiecksanordnung?
2. Wie viele Kreise enthält die Dreiecksanordnung, die in der untersten Reihe aus 30 Kreisen besteht?
3. Wie groß ist die Summe aller Zahlen von 1 bis 30? Begründe deine Lösung.

Abb. 1: Mathematikaufgabe 3: Dreieckszahlen (KÄPNICK 2001, S. 177)

Die nach Vorgaben. Durchführung der Testung der Aufgaben erfolgt in Anlehnung an den Indikatoren-Aufgabentest Sowohl die Bearbeitungszeiten als auch die sprachlichen Instruktionen sind festgelegt und einheitlich, womit eine Vergleichbarkeit der Ergebnisse der Testung in unterschiedlichen Testgruppen erreicht wird (Durchführungsobjektivität).

6.3. Benotung der Aufgabensequenzen

Die Bewertung der naturwissenschaftlichen Aufgabensequenz orientiert sich an den Bewertungsempfehlungen zum Indikatoren-Aufgaben-Test von

KÄPNICK (2001, S. 180f), der exemplarischen Musterlösung (MALZ 2013, S. 6ff) und insbesondere den Begabungsmerkmalen nach KIRCHER (2006). Bei der Beurteilung der Ergebnisse spielt die Richtigkeit der Schülerlösungen keine Rolle, da auf die Beurteilung von Begabungen beim naturwissenschaftlichen Arbeiten nicht auf die Diagnose von erbrachten Leistungen abgezielt wird. Die Punkteverteilung ist in Tabelle 3 angegeben.

Aufgabe	Bewertungsmodus	Punktzahl
1a	Vermutung angegeben – mindestens ein Wort (Eisen oder Marmor)	1
1b	Beschreibung des experimentellen Vorgehens	1
	Methode des gegenseitigen Ritzens angegeben	1
	Nennung des Ergebnisses	1
	Erneutes Eingehen auf die Vermutung	1
2a	Vermutung angegeben (Reihenfolge aller vier Stoffe)	1
	Beachtung des Ergebnisses aus 1	1
2b	Strukturierte Beschreibung des experimentellen Vorgehens	1
	Nummern für Untersuchungsschritte	1
	Reihenfolge als Deutung angegeben	1
	Erneutes Eingehen auf Vermutung	1
2c	Erkennen der Vereinfachung aus Aufgabe 1	1
	Summe	12

Tab. 3: Bewertung der chemischen Aufgabensequenz

Die Auswertung der Mathematikaufgaben erfolgte analog der Bewertungsempfehlungen von KÄPNICK (2001) und ist in Tabelle 4 angegeben. Lediglich bei Aufgabe 3 c wurde ein weiterer Punkt für einen sinnvollen Lösungsansatz gegeben.

Aufgabe	Bewertungsmodus	Punktzahl
1	Richtige Zahl, richtige Position je 1 Punkt	11
2	Richtige Zahl, richtige Position je 1 Punkt	16
3a	Angabe der richtigen Lösung (15 Kreise)	1

3b	Sinnvoller Lösungsansatz	1
	Richtiges Ergebnis (465)	1
3c	Berechnung eines sinnvollen Ansatzes	1
	Erkennen des Zusammenhangs zwischen 3 b und 3 c	1
	Summe	**32**

Tab. 4: Bewertung der mathematischen Aufgabensequenz

7. Fragebögen

Um weitere Informationen über die Kinder zu erhalten und begabungsstützende Persönlichkeitsmerkmale zu testen, wurden Fragebögen an die Kinder, die Eltern und die Lehrkräfte der Kinder ausgegeben. Die Fragebögen wurden in Anlehnung an die vorgeschlagenen Begabungsmerkmale sowie begabungsstützende Persönlichkeitsmerkmale (s. Tabelle 2) entwickelt und z. T. bereits in einer anderen Studie pilotiert (HÖNER 2015). Die Fragebögen sollen als Hilfestellungen für die Diagnose dienen; sie können durch einen gemeinsamen Code einander zugeordnet werden.

In dem Schülerfragebogen wird neben der Angabe des Geschlechts nach den Noten in Chemie[4] und Mathematik gefragt, und es sollen die Fachbeliebtheiten in den Fächern Chemie, Biologie[5], Mathematik, Physik, Deutsch und Musik auf einer 5er-Skala angegeben werden. Darüber hinaus werden weitere Schülermerkmale erfasst, z. B. zum Fähigkeitsselbstkonzept („Im Fach Chemie fällt es mir sehr leicht, mir Dinge zu merken."), zum Interesse („Ich bin sehr am Fach Chemie interessiert.") und zur intrinsischen Motivation („Ich mache meine Hausaufgaben für Chemie besonders gerne."). Parallele Fragen werden auch zur Mathematik gestellt (s. Tab. 7).

In dem Elternfragebogen soll auf einer 5er-Skala angeben werden, wie das Kind die Hausaufgaben in den Fächern Chemie bzw. Sachunterricht und Mathematik erledigt. Dabei geht es um solche Aspekte wie Hilfestellungen, Konzentriertheit, Freiwilligkeit usw. In einem weiteren Teil sollen die Eltern

---

[4] Bzw. Sachunterricht in der Grundschule.
[5] Grundschule ohne Biologie

Mathematisch-naturwissenschaftliche Talente diagnostizieren

bestimmte allgemeine Merkmale ihres Kindes einschätzen: Anstrengungsbereitschaft, Fantasie, ausdrucksvolle Sprache usw. (s. Tab. 5).

Für die beteiligten Lehrkräfte wurde ein Fragebogen entwickelt, der ähnlich angelegt ist wie der Elternfragebogen. Sie sollen die Kinder individuell in Bezug auf die Aufgabenbearbeitung im Fach Chemie bzw. Sachunterricht einstufen sowie auf allgemeine Merkmale, die begabungsfördernd sein können (s. Tab. 5). Die Angaben der Lehrkräfte sollen mit denen der Eltern abgeglichen werden.

Wie bearbeitet Ihr Kind seine Hausaufgaben im Fach Chemie[6]?						
Ohne Hilfestellung	☐	☐	☐	☐	☐	Mit viel Hilfestellung
Wenig konzentriert	☐	☐	☐	☐	☐	Sehr konzentriert
Sehr ungern	☐	☐	☐	☐	☐	Sehr gern
Wenig ausdauernd	☐	☐	☐	☐	☐	Sehr ausdauernd
Unfreiwillig	☐	☐	☐	☐	☐	Freiwillig

Wie stark sind die folgenden Merkmale bei Ihrem Kind ausgeprägt?					
	gering	eher gering	mittel	eher hoch	hoch
Kurzzeitgedächtnisleistung	☐	☐	☐	☐	☐
Konzentrationsfähigkeit	☐	☐	☐	☐	☐
Durchhaltevermögen	☐	☐	☐	☐	☐
Anstrengungsbereitschaft	☐	☐	☐	☐	☐
Interesse an naturwissenschaftlichen Phänomenen	☐	☐	☐	☐	☐
Ausdrucksvolle Sprache	☐	☐	☐	☐	☐
Fantasie	☐	☐	☐	☐	☐

Tab. 5: Items des Elternfragebogens zur Hausaufgabenbearbeitung und zu allgemeinen Persönlichkeitsmerkmalen

---

[6] Bei den Grundschulgruppen erfolgte die Frage nach dem Sachunterricht. Ein weiteres Item enthielt jeweils analoge Fragen zur Mathematik.

8. Stichprobe

Da eines der Ziele darin bestand, die naturwissenschaftliche Aufgabensequenz hinsichtlich ihrer Eignung für die Begabungsdiagnose zu testen, wurden naturwissenschaftlich potentiell begabte Viertklässler zweier Fördergruppen des Agnes-Pockels-SchülerInnenlabors als Testgruppen ausgewählt. Die Kinder stammen aus verschiedenen Grundschulen in Braunschweig und verbringen jeweils 2 Stunden pro Woche (donnerstags bzw. freitags) in der Förder-AG als außerschulisches Angebot. In der AG findet keine (direkte) Begabtenförderung statt, sondern es geht darum, naturwissenschaftlich interessierte Kinder zu fordern und fördern. Zum Vergleich der Ergebnisse wurde eine ältere Vergleichsgruppe (6. Klasse eines Gymnasiums) gewählt, die hinsichtlich ihrer Leistungsstärke heterogen zusammengesetzt ist.

An der Testung nehmen insgesamt 54 Kinder teil, davon 23 Jungen und 31 Mädchen. Die Zusammensetzung der Stichprobe zeigt Tabelle 6.

Gruppe	Abk.	Gesamtschülerzahl	Jungen	Mädchen
Klasse 4 AG Donnerstag	FFDo	17	8	9
Klasse 4 AG Freitag	FFFr	14	6	8
Klasse 6 Gymnasium	K6	24	9	15
	Gesamtzahl	54	23	31

Tab. 6: Zusammensetzung der Stichprobe

9. Ergebnisse

Es werden jeweils erst Ergebnisse für die Gesamtgruppe (N = 54) vorgestellt, um auf verschiedene Zusammenhänge zu testen, bevor ggf. Unterschiede zwischen den Gruppen dargestellt werden.

9.1. Kinderfragebogen

Die Kinder sollten im Fragebogen ihre Noten in Chemie und Mathematik sowie die Fachbeliebtheiten in fünf Fächern (Chemie, Biologie, Mathematik, Deutsch, Musik) bzw. vier (Grundschulgruppen ohne Biologie) auf einer 5-

er-Skala (1 = sehr beliebt ... 5 = sehr unbeliebt) angeben. Es korrelieren die Noten in Chemie bzw. Sachunterricht hoch signifikant mit den Mathematiknoten (R = 0,530 mit p = 0,002).

Des Weiteren sollten verschiedene Aussagen (s. Tab. 7) bewertet werden. Alle Items der genannten Fragen wurden auf bivariate Korrelationen nach Spearman-Rho (einseitg) untersucht. Es ergaben sich eine Vielzahl von signifikanten Korrelationen zwischen den Items der verschiedenen Fragen, sodass zur Dimensionsreduzierung eine Faktorenanalyse durchgeführt wurde. Es ergaben sich drei Faktoren mit einer erklärten Gesamtvarianz von 68,55 % und einem KMO-Wert von 0,692. Die Items der drei Faktoren sind mit den zugehörigen Faktorladungen in Tabelle 7 dargestellt. Da es nur zwei Aussagen zum Fach Mathematik gab, enthält dieser Faktor nur zwei Items.

Faktor 1: Motivation für Chemie	Faktorladung
Ich bin sehr am Fach Chemie interessiert.	,826
Für den Chemieunterricht mache ich meine Hausaufgaben besonders gerne.	,800
Ich kann mir vorstellen, freiwillig an einer Chemie-AG teilzunehmen.	,764
Für mich ist Chemie eines der leichteren Fächer.	,695
Im Fach Chemie fällt es mir sehr leicht, mir Dinge zu merken.	,674
Faktor 2: Noten und Fachbeliebtheiten Chemie und Mathematik	**Faktorladung**
Note Chemie	,854
Fachbeliebtheit Chemie	,788
Note Mathe	,735
Fachbeliebtheit Mathe	,504
Faktor 3: Motivation für Mathematik	
Ich bin sehr am Fach Mathe interessiert.	,869
Im Fach Mathe fällt es mir sehr leicht, mir Dinge zu merken.	,812

Tab. 7: Faktoren und Faktorladungen der Items zu den Fragen nach Noten, Fachbeliebtheiten und -interessen

Die Fachbeliebtheiten der anderen Fächer wurden nicht in die Faktorenanalyse einbezogen. Aus den bivariaten Korrelationsberechnungen ergab sich aber, dass die Chemienote (bzw. Sachunterrichtsnote) und Chemie- wie auch Mathematikbeliebtheit signifikant mit den Fachbeliebtheiten für Deutsch und Musik korrelieren.

Zwischen den beiden Frühfördergruppen und der 6. Klasse gab es einige Unterschiede (Kruskal-Wallis-Test). So ist bei beiden Frühfördergruppen der Sachunterricht signifikant beliebter als der Chemieunterricht bei der K6-Gruppe ($p = 0,001$), ebenso sind die Noten der Kinder im Sachunterricht signifikant besser als die Chemienoten der K6-Gruppe ($p = 0,002$). Die Fachbeliebtheit des Mathematikunterrichts ist dagegen nur bei der FFDo-Gruppe höher und unterscheidet sich signifikant von den beiden anderen Gruppen.

9.2. Eltern und Lehrerfragebogen

In dem Eltern- und dem Lehrerfragebogen wurde in verschiedenen Items mit einer 5er-Skala danach gefragt, wie die Kinder ihre (Haus)Aufgaben in Chemie bzw. im Sachunterricht bearbeiten. In einer anderen Frage wurde jeweils nach den Ausprägungen bestimmter Merkmale bei den Kindern gefragt (s. Tab. 5). Von diesen beiden Itemclustern wurden jeweils Summenscores berechnet und auf Korrelationen (Spearman-Rho) untersucht. Es ergaben sich jeweils signifikante Korrelationen für diese Summen bei den Elternfragebögen ($R = 0,394$ mit $p = 0,016$) und bei den Lehrerfragebögen ($R = 0,909$ mit $p < 0,001$). Insgesamt korrelieren aber die Beurteilungen der Begabungsmerkmale durch die Eltern und die Lehrer nicht miteinander.

Setzt man die Einschätzung der allgemeinen begabungsstützenden Merkmale durch die Eltern in Beziehung zu den erreichten Punktzahlen der Kinder bei den beiden Chemieaufgaben, ergibt sich eine negative Korrelation ($R = -0,454$ mit $p = 0,002$), die zeigt, dass besonders hoch eingeschätzte Kinder eher wenig Punkte erreicht haben. Dies betrifft besonders die Merkmale „ausdrucksvolle Sprache", „Fantasie", „Kurzzeitgedächtnisleistung" und sogar „Interesse an naturwissenschaftlichen Phänomenen". Bei der Lehrerbeurteilung gibt es in diesem Vergleich keinen signifikanten Zusammenhang.

Hinsichtlich der Art der Aufgabenbearbeitung lässt sich kein Zusammenhang mit den erreichten Punkten in Chemie oder Mathematik nachweisen.

Auch bei der Auswertung der Lehrerfragebögen in Zusammenhang mit den Testergebnissen der Chemieaufgaben ergeben sich z. T. negative signifikante Korrelationen: Aufgaben freiwillig ($R = -0,238$ mit $p = 0,045$), Fantasie ($R = -0,241$ mit $p = 0,046$), Interesse an naturwissenschaftlichen Phänomenen ($R = -0,250$ mit $p = 0,036$).

Hinsichtlich der Beurteilung bei den Fragen zu den Persönlichkeitsmerkmalen und zur Aufgabenbearbeitung durch die Eltern und die Lehrer gibt es keinen Unterschied bei den drei Gruppen. Nur von der Tendenz her werden die beiden Frühfördergruppen besser eingeschätzt ($p = 0,007$).

9.3. Aufgabensequenzen

Es werden Zusammenhänge zwischen dem Abschneiden in der naturwissenschaftlichen und der mathematischen Aufgabensequenz untersucht. Ziel ist es, darüber Rückschlüsse ziehen zu können, ob die Ergebnisse sich bedingen, und welche Aufgabenteile ggf. zusammenhängen. Indirekt kann so getestet werden, ob die Aufgaben gleiche Merkmale abtesten.

Die Punkteverteilungen für die Gesamtgruppe für beide Chemieaufgaben sind in Summe jeweils normalverteilt, ebenso die Punktesummen für die Mathematikaufgaben.

Zwischen den einzelnen (Teil)Aufgaben der Chemie und der Mathematik ergeben sich verschiedene signifikante Korrelationen. Z. B. korrelieren die Punkte für die Chemieaufgaben 1 und 2 miteinander ($R = 0,410$ mit $p = 0,001$) und die Punkte für die erste und zweite Mathematikaufgabe ($R = 0,472$ mit $p \leq 0,001$). Aber auch die Punkte für die erste Chemieaufgabe und die erste Mathematikaufgabe korrelieren ($R = 0,337$ mit $p = 0,006$). Um nicht alle signifikanten Korrelationen einzeln zu betrachten, wurde ein Summenscore für die Chemie- und die Mathematikaufgaben berechnet. Zwischen diesen beiden Summenscores ergibt sich eine hochsignifikante Korrelation ($R = 0,324$ mit $p = 0,008$).

Darüber hinaus korrelieren diese beiden Summenscores mit der Fachbeliebtheit Chemie (Summe Mathematik $R = 0,231$ mit $p = 0,047$, Summe Chemie $R = 0,319$ mit $p = 0,009$). Während der Summenscore für Chemie nicht mit der Chemienote korreliert, gibt es zwischen dem Summenscore für Mathematik und der Mathematiknote einen signifikanten Zusammenhang (R = -0,288 mit p = 0,023, negative Korrelation aufgrund der gegensätzlichen Codierung). Der Summenscore für Mathematik korreliert darüber hinaus signifikant mit der Fachbeliebtheit für Musik (R = 0,307 mit p = 0,013). Der Chemiesummenscore weist insgesamt einen positiven Zusammenhang mit den Items des Faktor 1 „Motivation für Chemie" aus dem Schülerfragebogen auf (R = 0,319 mit p = 0,024).

Interessant sind auch die signifikanten Korrelationen zwischen der Note in Chemie mit den Punkten der Mathematikaufgabe 3 c und der Note in Mathematik mit den Mathematikaufgabenteilen 1, 3 b und 3 c.

Bei den erreichten Punkten der Aufgaben in Summe zeigen sich z. T. Unterschiede bei den drei Gruppen. Bei den Chemieaufgaben schneidet die 6. Klasse signifikant besser ab (p = 0,006) als die FFFr-Gruppe, während der der Unterschied zur FFDo-Gruppe nicht signifikant ist. Interessant ist hier, dass die FFFr-Gruppe signifikant seltener bei der Chemieaufgabe 1 das gegenseitige Ritzen von Eisen und Marmor benutzt haben, sondern häufiger auch die anderen Gegenstände genutzt haben. Bei der Chemieaufgabe 2 hat die FFFr-Gruppe dagegen weniger Schritte benötigt, um zu einer Lösung zu kommen. Bei den Mathematikaufgaben erreichen die Kinder der FFFr-Gruppe (p = 0,019) und der 6. Klasse (p = 0,001) jeweils signifikant mehr Punkte als die FFDo-Gruppe.

In Abbildung 2 sind die Mittelwerte der erreichten Punkte bei den Chemie- und Mathematikaufgaben mit ihren Standardabweichungen für die drei Gruppen angegeben.

Mathematisch-naturwissenschaftliche Talente diagnostizieren

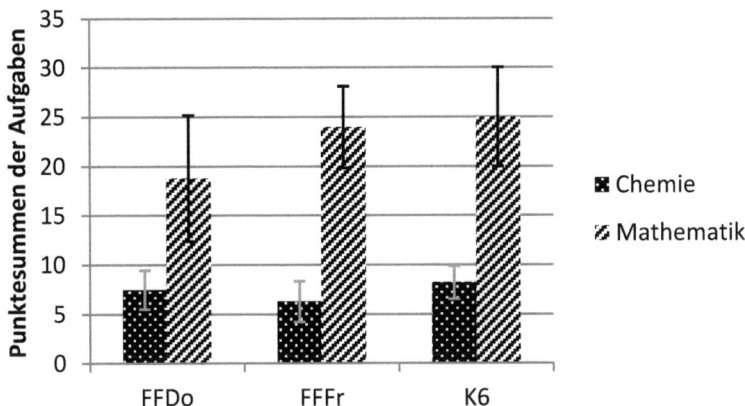

Abb. 2: *Mittelwerte der erreichten Punkte ± Standardabweichungen für die drei Gruppen*

10. Zusammenfassung und Diskussion

Im Folgenden werden die Ergebnisse im Hinblick auf die oben formulierten Thesen zusammengefasst und diskutiert.

These 1: *Es gibt eine mathematisch-naturwissenschaftliche Begabung.*

Die signifikanten Zusammenhänge zwischen den erreichten Punktzahlen in den Chemie- und den Mathematikaufgaben zeigen, dass die Kinder, die die Chemieaufgaben gut bearbeitet haben, auch bei den Mathematikaufgaben viele Punkte erreichen und umgekehrt. Ein weiteres Indiz dafür sind auch die signifikanten Korrelationen zwischen den beiden Fachnoten.

Es konnte wieder gezeigt werden, dass die Noten in Mathematik und in Chemie bzw. im Sachunterricht sowie auch die jeweiligen Fachbeliebtheiten signifikant positiv miteinander korrelieren (s. Tab. 7). Dies steht in Übereinstimmung mit der Literatur (HÖNER, GREIWE 2000, HÖNER 1996) und würde auch die Aussage von RÉVÉSZ (1952) zum Zusammenhang zwischen Chemie und Mathematik stützen.

Unter der Annahme, dass die Noten auf eine bereichsspezifische Begabung hindeuten, wäre dies auch ein indirekter Hinweis auf eine mathematisch-naturwissenschaftliche Begabung.

Die Faktorenanalyse (Tab. 7) zeigt aber auch, dass die Motivation für die beiden Fächer auf zwei unterschiedliche Faktoren lädt.

Die Fachbeliebtheiten für Mathematik und Chemie korrelieren jeweils auch signifikant mit denen für Deutsch und Musik. Dies kann ein Indiz dafür sein, dass es sich insgesamt um interessiertere und ggf. bessere Schülerinnen und Schüler handelt (MUND 2007, KRUTEZKI 1996, RAHN 1985, POLLMER 1992, HEILMANN 1999, KRAWIETZ 1995).

Die aufgestellte These wird also durch die Ergebnisse dieser Fallstudie eher bestätigt.

These 2: Die aufgestellte Merkmalsliste (s. Tab. 2) eignet sich zur Identifikation einer naturwissenschaftlichen Begabung.

Es zeigt sich aufgrund der hohen signifikanten Korrelationen, dass die begabungsstützenden Merkmale sich in der Art der Aufgabenbearbeitung niederschlagen, was aus den Angaben der Eltern und der Lehrkräfte hervorgeht. D. h. die Kinder, bei denen Merkmale wie Konzentrationsfähigkeit usw. ausgeprägt sind, bearbeiten auch ihre (Haus)Aufgaben gerne, ausdauernd und selbstständig.

Insgesamt lässt sich aber feststellen, dass es kaum signifikante Ergebnisse zwischen den erreichten Punktzahlen und den begabungsstützenden Merkmalen bzw. der Aufgabenbearbeitung gibt. Es werden sogar z. T. widersprüchliche Aussagen erhalten, sodass dass die Einschätzungen der Eltern und der Lehrkräfte nicht mit den gezeigten Leistungen beim Indikatorentest übereinstimmen bzw. sogar besonders „begabt" eingeschätzte Kinder eher schlecht abschneiden.

Darüber hinaus lässt sich feststellen, dass die Beurteilungen der Eltern nicht immer mit denen der Lehrkräfte übereinstimmen, da die selben Kinder recht unterschiedlich eingeschätzt werden. Dies bestätigt die Aussage von ULBRICHT (2011), dass Elternurteile nicht immer valide sind, da sie besonders die Stärken ihrer Kinder wahrnehmen.

Als Fazit lässt sich festhalten, dass sich keine Rückschlüsse über die Eignung der Merkmale nach KIRCHER (2006) zur Identifikation einer naturwissenschaftlichen Begabung ziehen lassen. Diese These kann aus den vorliegenden Daten nicht bestätigt werden.

These 3: Die naturwissenschaftliche Aufgabensequenz eignet sich als Indikatoraufgabe für die Indikation einer naturwissenschaftlichen Begabung (hier Schwerpunkt: Chemie).

Diese These wird im Rahmen dieser Fallstudie bestätigt. Beide Chemieaufgaben differenzieren recht gut, sodass sich eine Normalverteilung der Punkte insgesamt ergibt und jeweils nur ein kleiner Teil der Schülerinnen und Schüler in der Spitzengruppe liegt.

Die hochsignifikante Korrelation zwischen den beiden Chemieaufgaben zeigt, dass sie in etwa gleiche Merkmale testen. Dabei muss allerdings auch berücksichtigt werden, dass bei Aufgabe 2 bereits ein Lerneffekt eingetreten sein kann, da die Methode des Ritzens in Aufgabe 1 ja bereits genutzt wurde.

Zwar haben die Kinder der K6-Vergleichsgruppe insgesamt besser abgeschnitten (s. Abb. 2), aber die Unterschiede zu den beiden Frühfördergruppen sind nur für die FFFr-Gruppe signifikant. Bei der Teilaufgabe Chemie 1 b ist z. B. die FFDo-Gruppe signifikant besser als die K6-Gruppe.

Daher kann im Rahmen der Standardabweichungen geschlossen werden, dass die Kinder der Frühförderung ähnlich begabt für die naturwissenschaftlichen Aufgaben sind, d. h. die Fähigkeiten sind gleich stark ausgeprägt. Die Ergebnisse können als Indiz gesehen werden, dass die naturwissenschaftliche Aufgabensequenz sich zur Identifikation einer potentiellen Begabung eignet, da (überwiegend) ein Altersunterschied von immerhin zwei Jahren zwischen der K6-Vergleichsgruppe und den beiden FF-Gruppen ausgeglichen wird. Daraus kann weiterhin geschlossen werden, dass beide FF-Gruppen (eher) überdurchschnittlich für die Naturwissenschaften begabt sind[7].

---

[7] Dieser Rückschluss basiert auf der Annahme, dass die gesamte Vergleichsgruppe insgesamt durchschnittlich begabt ist, da keine Selektion im Vorfeld stattgefunden

These 4: Es besteht ein Zusammenhang zwischen einer bereichsspezifischen Begabung und guten Schulnoten.
Die Aussage von FELS (1999), dass gute Noten als Indikatoren für Begabung geeignet sind, kann mit der vorliegenden Untersuchung weder bestätigt noch widerlegt werden.

Während die Mathematiknoten größtenteils mit den erreichten Punkten der Mathematikaufgaben positiv korrelieren, trifft dies für die Chemienoten und die erreichten Ergebnisse bei den Chemieaufgaben nicht zu. Eindeutiger ist hier der Zusammenhang zwischen dem Testergebnis in Chemie und der Fachbeliebtheit von Chemie. Interessant ist dabei, dass sowohl für die Mathematik wie für die Chemie beide Noten untereinander und auch die beiden Fachbeliebtheiten ein signifikant positiver Zusammenhang besteht und diese Items auf einen gemeinsamen Faktor laden (s. Tab. 7).

Aus den bivariaten Korrelationsberechnungen ergab sich zudem, dass die Chemienote (bzw. Sachunterrichtsnote) und die Chemie- wie auch Mathematikbeliebtheit signifikant mit den Fachbeliebtheiten für Deutsch und Musik zusammenhängen, was darauf hindeuten könnte, dass mathematisch-naturwissenschaftlich interessierte Schülerinnen und Schüler insgesamt breiter gefächerte Interessen haben (vgl. HÖNER, KÄPNICK 2005).

Der positive Zusammenhang zwischen der Chemie- und der Mathematiknote deutet darauf hin, dass Kinder mit guten Noten in Mathematik möglicherweise auch in anderen Fächern besser sind. Dieses wurde hier nur für den Zusammenhang mit der Chemienote bewiesen, spiegelt sich aber auch in den breiter gefächerten Fachbeliebtheiten der Kinder wider, sowie es bereits in der Literatur beschrieben wurde (HÖNER, KÄPNICK 2005).

Als ein wichtiger Indikator für eine naturwissenschaftliche Begabung kann der Faktor „Motivation für Chemie" angesehen werden, da zwischen diesem Faktor und den erreichten Punkten bei den Chemieaufgaben ein signifikanter positiver Zusammenhang besteht.

Zwischen den beiden Frühfördergruppen und der 6. Klasse gab es bei den Noten und Fachbeliebtheiten Unterschiede. So ist bei beiden Frühförder-

---

hat und Intelligenz, somit auch Begabung, als normalverteilt (innerhalb der Bevölkerung) angesehen wird (HUSER 2000, S. 7).

gruppen der Sachunterricht signifikant beliebter als der Chemieunterricht bei der K6-Gruppe, ebenso sind die Noten der Kinder im Sachunterricht signifikant besser als die Chemienoten der K6-Gruppe. Dies ist natürlich nicht verwunderlich, da davon ausgegangen werden kann, dass nur interessierte Schülerinnen und Schüler längerfristig an der naturwissenschaftlichen Frühförderung teilnehmen.

11. Fazit

Die entwickelten Chemieaufgabensequenzen eignen sich gut, um mögliche naturwissenschaftliche Begabungen zu diagnostizieren. Die gezeigten Leistungen korrelieren signifikant mit den Angaben der Kinder zur Fachbeliebtheit und zu anderen Aspekten der Motivation für Chemie. Die Befragung der Kinder selber liefert dabei bessere Hinweise auf eine mögliche Begabung als die Angaben der Eltern und der Lehrkräfte zu begabungsfördernden Persönlichkeitsmerkmalen.

Die vorliegenden Ergebnisse deuten darauf hin, dass es eine gemeinsame naturwissenschaftlich-mathematische Begabung gibt. Die Bestätigung dieser These muss in umfangreicheren Folgestudien überprüft werden.

Im Anschlussprojekt „Chemiepotenzial! – Mathematisch-naturwissenschaftliche Talente diagnostizieren", das vom Fonds der Chemischen Industrie finanziell gefördert wird, wird eine umfangreichere Stichprobe aus verschiedenen Jahrgangsstufen untersucht werden. Die Ergebnisse werden in Kürze publiziert.

12. Literatur

BEEKEN, M., WOTTLE, I., LÜHKEN, A., PARCHMANN, I. (2009): Interessiert und begabt – und dann? Begabungsdifferenzierende Experimentalaufgaben, Unterricht Chemie 20, 111/112, 86-93.

BOS, W., LANKES, E.-M., PRENZEL, M., SCHWIPPERT, K., WALTHER, G., VALTIN, R. (2003): Erste Ergebnisse aus IGLU – Schülerleistungen am Ende der vierten Jahrgangsstufe im internationalen Vergleich. Münster, Waxmann.

FEGER, B., PRADO, T.M. (1998): Hochbegabung – Die normalste Sache der Welt. Darmstadt, Primus-Verlag.

FELS, C. (1999): Identifizierung und Förderung Hochbegabter in den Schulen der Bundesrepublik Deutschland. Schulpädagogik – Lehrerbildung (Band 2), Bern: Haupt.

FUCHS, M. (2006): Vorgehensweise mathematisch potentiell begabter Dritt- und Viertklässler beim Problemlösen. Empirische Untersuchungen zur Typisierung spezifischer Problembearbeitungsstile. Icbf, Begabungsforschung, Band 3, Münster, LIT

GARDNER, H. (1991): Abschied von IQ – Die Rahmen-Theorie der vielfachen Intelligenzen. Stuttgart, Klett-Cotta.

GIESSEL, A. (2013): Mathematisch-naturwissenschaftliche Begabung erkennen – Erprobung einer Aufgabensequenz. Masterarbeit (M Ed. Gym), IFdN, Abteilung Chemie und Chemiedidaktik, TU Braunschweig.

HEILMANN, K. (1999): Begabung – Leistung – Karriere. Göttingen: Hogrefe

HELLER, K.A. (2002): Bildungsempfehlungen für die Förderung besonders befähigter Gymnasialschüler. In: K.A. HELLER (Hrsg.), Begabungsförderung am Gymnasium – Ergebnisse einer zehnjährigen Längsschnittstudie, Opladen, Leske + Budrich,.

HELLER, K.A. (Hrsg.) (2000): Begabungsdiagnostik in der Schul- und Erziehungsberatung. 2. Aufl., Bern: Hans Huber.

HÖNER, K. (1996): Mathematisierungen im Chemieunterricht – ein Motivationshemmnis?, ZfDN Jg. 2, H. 2, 51-70.

HÖNER, K. (2015) (im Druck): Expedition Naturwissenschaften – Lernen über die Natur der Naturwissenschaften in Kindertagesstätten. In: FISCHER, C., FISCHER-ONTRUP, C., KÄPNICK, F., MÖNKS, F.J., SCHEERER, H. & SOLZBACHER, C. (Hrsg.): Begabungsförderung von der frühen Kindheit bis ins Alter, Münster.

HÖNER, K., GREIWE, T. (2000): Chemie – nein danke? Eine empirische Untersuchung affektiver und kognitiver Aspekte des Chemieunterrichts der Sekundarstufe I in Abhängigkeit von der Jahrgangsstufe, Chim. Did. 26, H. 1, Nr. 82, 25-55.

HÖNER, K., KÄPNICK, F. (2005). Naturwissenschaftliche Experimente und deren Deutung – eine Fallstudie zur Identifizierung mathematisch-naturwissenschaftlicher Begabungen. In: K. HÖNER, M. LOOß, R. MÜLLER (Hrsg.), Naturwissenschaften vermitteln – Braunschweiger Beiträge zu Lehrerbildung und Fachdidaktik, Band 2, Naturwissenschaftlicher Unterricht – handlungsorientiert und fächerübergreifend, Hamburg, LIT Verlag, S. 83-104.

HOLLING, H., KANNING, U.P. (1999): Hochbegabung – Forschungsergebnisse und Fördermöglichkeiten. Göttingen: Hogrefe.

HOLZINGEN, A. (2010): Identifikation und Förderung von Begabungen im schulischen Kontext. Dissertation Graz: Karl-Franzens-Universität. Institut für Erziehungs- und Bildungswissenschaften.

HUSER, J. (2000): Lichtblick für helle Köpfe – Ein Wegweiser zur Erkennung und Förderung von hohen Fähigkeiten bei Kindern und Jugendlichen auf allen Schulstufen. 2. Aufl. Lehrmittelverlag des Kantons, Zürich.

Internationales MINT Forum (Hrsg.): Zehn Thesen und Forderungen zur MINT-Lehramtsausbildung – Empfehlungen des Nationalern MINT Forum. Nr. 1 Nationales MINT Forum 2013. URL: http://www.nationalesmintforum.de/fileadmin/user_upload/gerke/NMF/Empfehlungspapier_final_Webversion.pdf (letzter Zugriff 18.6.2015).

IPN Blätter. Vortragsreihe zur (Hoch-)Begabtenförderung. Ausgabe 01/2012. Leibniz-Institut für die Pädagogik der Naturwissenschaften und Mathematik. Uni Kiel. URL: ftp://ftp.rz.uni-kiel.de/pub/ipn/ipn-blaetter/IPN_Blaetter_1_2012.pdf (letzter Zugriff 18.06.2015).

KÄPNICK, F. (1998): Mathematisch begabte Kinder. Frankfurt a. M., Berlin, Bern, New York, Paris, Wien: Lang.

KÄPNICK, F. (2001): Mathe für kleine Asse (Handbuch für die Förderung mathematisch interessierter und begabter Dritt- und Viertklässler, Berlin, Volk und Wissen.

KIRCHER, E. (2006): SINUS-Transfer Grundschule, Naturwissenschaften, Modul G5: Talente entdecken und fördern, IPN, Kiel.

KRAWIETZ, B. (1995): Begabung, Persönlichkeit und familiäre Sozialisation von Naturwissenschaftlerinnen. Beiträge zur Psychologie, 105. Idstein, Schulz-Kirchner.

KRUTEZKI, V.A. (1966): Zur Struktur der mathematischen Fähigkeiten. Psychologische Beiträge, 6., Berlin, Volk und Wissen.

MALZ, I. (2013): Ausarbeitung einer Aufgabensequenz zur Diagnostik naturwissenschaftlicher Begabung zum Thema Härte, unveröffentl. Manuskript, IFdN, Abt. Chemie und Chemiedidaktik, TU Braunschweig.

MÖNKS, F.J., PETERS, W.A.M., PFLÜGER, R. (2003): Schulische Begabungsförderung in Europa – Vergleichende Bestandsaufnahme und Ausblick. Bundesministerium für Bildung, Wissenschaft, Forschung und Technologie, Bonn.

MUND, W. (2007): Jugend forscht und Jugend musiziert: Kognitive Fähigkeiten und Persönlichkeitsmerkmale erfolgreicher Teilnehmer, Dissertation, Philipps-Universität Marburg.

Nationales Mint Forum (Hrsg.) (2013): Zehn Thesen und Forderungen zur MINT-Lehramtsausbildung – Empfehlungen des Nationalen MINT Forums Nr. 1, München, Herbert Utz Verlag.

ÖZBF (2010): Österreichisches Zentrum für Begabtenförderung und Begabungsforschung: FAQs zur Begabungs- und Begabtenförderung, S. 9 (http://www.oezbf.net/cms/tl_files/Publikationen/Veroeffentlichungen/faqs%20komplett%20download.pdf) (letzter Zugriff 18.06.2015)

POLLMER, K. (1992): Intellektuelle Hochbegabung und mathematische Spezialbegabung – Theoretische Auffassungen, empirische Befunde, Konsequenzen für die Förderung. In: K.K. URBAN (Hrsg.), Begabungen entwickeln, erkennen, fördern. Theorie und Praxis, 43, 273-286. Hannover: Universität, FB Erziehungswissenschaften I.

RAHN, H. (1985): Talente finden – Talente fördern. Göttingen, Hogrefe.

RÉVÉSZ, G. (1952): Talent und Genie – Grundzüge einer Begabungspsychologie. Lizenzausgabe. Sammlung DALP (Band 76), Bern: Francke.

SOLZBACHER, C. (2002): Keine Angst vor klugen Kindern, Geschichte und Hintergründe der Diskussion um Hochbegabung in Deutschland. In: C. SOLZBACHER, A. HEINBOKEL (Hrsg.), Hochbegabte in der Schule – Identifikation und Förderung. Münster, LIT.

ULBRICHT, H. (2011): Besondere Begabungen – Hochbegabung. Modelle, Beobachtungen, Statistiken, Diagnostik. (https://www.isb.bayern.de/download/9590/cover_besondere_begabungen.pdf) (letzter Zugriff 18.06.2015)

URBAN, K. (1996): Besondere Begabungen in der Schule, Beispiele, H. 1, 21-27.

Relevanz und Qualität der universitären Lehrerausbildung hinsichtlich der Anforderungen im Referendariat in den naturwissenschaftlichen Fächern aus Sicht der Referendare
– Ergebnisse einer niedersachsenweiten Befragung –

DAGMAR HILFERT-RÜPPELL, AXEL EGHTESSAD, MAIKE LOOß, KERSTIN HÖNER

Kurzfassung
Im Zentrum dieser empirischen quantitativen Studie steht die Analyse der Relevanz und Qualität der universitären Lehrerausbildung hinsichtlich der Anforderungen im Referendariat. Wie gut fühlen sich Referendare durch das Studium auf das Referendariat vorbereitet und wie nützlich ist das Gelernte aus der ersten Ausbildungsphase für die zweite Phase? Es wurden niedersächsische Anwärter und Referendare[1] der Fächer Biologie, Chemie und Physik (N=232) mit Hilfe eines standardisierten Fragebogens um die Selbsteinschätzung verschiedener didaktischer und fachdidaktischer Kompetenzen zu unterschiedlichen Zeiten ihrer Ausbildung gebeten sowie zu Relevanz, Umfang und Qualität fachlicher, fachdidaktischer und fachpraktischer Studienanteile befragt. Es werden Ergebnisse zur Praxisnähe der Ausbildung und zum Verhältnis von Ausbildungsbestandteilen präsentiert. Daneben werden Aspekte der Spezifität von Lehramtsstudiengängen sowie die Abstimmung zwischen erster und zweiter Phase beleuchtet.
Neben der praxisnahen Ausbildung wird vor allem die fachdidaktische Ausbildung für einen guten Fachlehrer als wichtig erachtet. Die

---

[1] Aus Gründen der Lesbarkeit wird auf die weibliche Form verzichtet, die männliche Form beinhaltet immer beide Geschlechter. Weiterhin wird im Folgenden von HR Referendaren („Haupt/Realschule") und von gymnasialen Referendaren gesprochen.

Befragten wünschen sich ein ausgewogenes Verhältnis von fachwissenschaftlichen und fachdidaktischen Anteilen in der gesamten ersten Ausbildungsphase. Für die Sekundarstufe II sollte der fachwissenschaftliche Anteil stärker betont werden - jedoch nicht so stark, wie er momentan im Studium tatsächlich hervorgestellt ist. Auch sprechen sich die Probanden eher positiv für eine spezifische, vom reinen Fachstudium differenzierte Lehramtsausbildung aus. Die Abstimmung der fachwissenschaftlichen Inhalte und der fachdidaktisch-methodischen Inhalte zwischen der ersten und zweiten Phase wird auf einer Schulnotenskala in allen Fächern etwa mit befriedigend bewertet.

1. Einleitung

Lehrerprofessionalität ist ein aktuelles Thema der bildungswissenschaftlichen und fachdidaktischen Forschung (REINISCH 2009; TERHART 2009), wobei insbesondere die Frage nach der Kompetenzentwicklung von Lehrpersonen zu einem bedeutenden Gegenstand der Lehrerbildung avanciert ist (vgl. GRÖSCHNER & SCHMITT 2012). Die Debatte um Professionalität entzündet sich an gesellschaftlicher Kritik an der Arbeit der Lehrkräfte (TENORTH 2006) und dem schlechten Abschneiden deutscher Schülerinnen und Schüler im internationalen Vergleich. Im Fokus steht die Frage, wann und wie Lehrkräfte in der Lehreraus-, -fort- und -weiterbildung Kompetenzen erwerben (SCHEUNPFLUG et al. 2006); zentral ist dabei die individuelle Professionalisierung der einzelnen Lehrkraft innerhalb der institutionalisierten Lehrerbildung.

Auf der Grundlage der Vorgaben der Standards für die Lehrerbildung (KMK 2004) und den ländergemeinsamen inhaltlichen Anforderungen für die Fachwissenschaften und Fachdidaktiken in der Lehrerbildung (KMK 2008) sowie den Kompetenzen und Standards für die 1. Phase der Lehrerbildung (GFD 2005) wurde ein Fragebogen entwickelt. Simultan wurden mit diesem standardisierten Erhebungsinstrument niedersächsische Referendare der Fächer Biologie, Chemie und Physik (Haupt- und Realschule (HR) sowie Gymnasium (Gy) befragt. Ziel der Untersuchung war es, aus der Perspektive der Referendare rückblickend die Qualität des Studiums einschätzen zu lassen, ihre subjektiv wahrgenommenen Kompetenzen ebenso wie ihre

Defizite zu erheben, um Ansatzpunkte für eine mögliche Verbesserung der Lehrerbildung ableiten zu können. Zu berücksichtigen ist, dass es sich bei den Ergebnissen um Einschätzungs- und Selbsteinschätzungsantworten handelt. Es geht also z.b. nicht um die Evaluation tatsächlich erreichter Kompetenzen. Dies allein sollte jedoch relevant genug sein, weiter nachzuforschen und das Studium wie auch die gesamte Ausbildung im Urteil der Betroffenen zu einem konsistenten, transparenten und effektiven Weg der Lehrerprofessionalisierung werden zu lassen.

2. Fragestellung und theoretischer Hintergrund

In den letzten Jahren hat die empirische Forschung zur Lehrerbildung gezeigt, dass die Qualität an Lerngelegenheiten, die von Lehrern geboten werden, das Lernen und die Motivation von Schülern beeinflusst (HATTIE, 2009; LIPOWSKY, 2006; MCCAFFREY ET AL. 2004). Die Professionalität der Lehrperson spielt dabei eine entscheidende Rolle, so dass die Kompetenzentwicklung in der Lehrerbildung zu einer bedeutenden Forschungsfrage gediehen ist. Trotz einer großen Zahl an Publikationen zur Lehrerbildung fehlt häufig eine abgesicherte empirische Basis, eine Vergleichbarkeit der Ergebnisse ist oft nicht gegeben. Die defizitäre Forschungslage generell zum Thema Lehrerbildung in Deutschland betonen z.B. ORTENBURGER (2010), auf europäischer Ebene inklusive Deutschland z.B. ZLATKIN-TROITSCHANSKAIA und KUHN (2010) auch zum Thema „Messung akademisch vermittelter Fertigkeiten und Kenntnisse von Studierenden und Hochschulabsolventen".

Die Kritikpunkte an der Lehrerbildung sind vielfältig. Das Nebeneinander der verschiedenen Lehrerausbildungsphasen anstelle eines kontinuierlichen Aufbaus von Professionalität wird seit längerem diskutiert (HERICKS 2004; OELKERS 2001, SIELAND & WEBER 2008). Auch der Anteil von theoretisch-wissenschaftlichen und berufspraxisorientierten Studienanteilen ist Gegenstand der Diskussion (LOOß & BUCK-DOBRICK 2010).

Curriculare Vorgaben für die Lehrerbildung stehen zur Verfügung (vgl. GRÖSCHNER 2008, 2012): In den Standards für die Lehrerbildung werden die zu erwartenden Kompetenzen angehender Lehrkräfte für die erste und die zweite Phase der Lehrerbildung formuliert (KMK 2004, 2008) sowie für fachwissenschaftliche und vor allem fachdidaktische Anteile ausformuliert (GFD, 2005). Standards beziehen sich auf Kompetenzen und somit auf berufsbezogene Fähigkeiten, Fertigkeiten und Einstellungen, die im Verlauf der Ausbildung erworben werden (KMK, 2004; Oelkers, 2004) und bilden den Maßstab für den Ausbildungsgrad von Kompetenzen (Terhart 2002; Weinert 2001). Ausgehend von Shulman (1986) sind es die Dimensionen des Fachwissens (content knowledge), des fachdidaktischen Wissens (pedagogical content knowledge) und des allgemeinpädagogischen Wissens (pedagogical knowledge), die sich als Kernkomponenten des Professionswissens etabliert haben (z.B. Bromme 1992; Brunner et al. 2006). Der Schwerpunkt der vorliegenden Untersuchung liegt auf den ersten beiden Wissenskomponenten (vgl. auch Hilfert-Rüppell et al. 2012).

3. Methode

In Anlehnung an vorhergehende Studien (Looß & Buck-Dobrick 2007, 2009) wurde ein bereits bestehender, standardisierter Fragebogen überarbeitet und für die Fächer Chemie und Physik angepasst. Im self-report-Verfahren wurden dabei Einschätzungen der Referendare zur Bedeutsamkeit, Qualität und Quantität fachwissenschaftlicher sowie fachdidaktischer Studienanteile hinsichtlich der Anforderungen der zweiten Phase erhoben. Das subjektiv erreichte Niveau von einer Auswahl an Kompetenzen nach KMK- (2004, 2008) und GFD (2005)-Standards wurde mit Hilfe von Rating-Skalen erhoben.

Trotz der teilweise kritischen Sicht bezüglich der Aussagekraft von Selbsteinschätzungen stellen diese als Element des Selbstkonzeptes einen Indikator zur Bewertung von erlebter Ausbildung dar (Bong & Skaalvik 2003). Als Spiegel ihrer professionellen Entwicklung können subjektive Ausbildungserfahrungen Studierender dienen, Studien beziehen sich aber bisher selten auf die Lehrerbildung (Cramer 2012).

Die Eingabe der Daten und deren Auswertung erfolgte in den Programmen Excel 2007 und SPSS 20. Bei der Analyse wurde zuerst auf Unterschiede in den Antworten der Probanden der drei Fächer getestet. Um schulformspezifische Unterschiede herauszufinden, wurden in einem zweiten Schritt zwischen der Ausbildung für Haupt-/Realschulen und Gymnasien differenziert sowie nach Fach und Schulform als Kombination der beiden. Nach der

Analyse auf Normalverteilung wurden nichtparametrische Tests zum Prüfen auf Mittelwertunterschiede zweier oder mehrerer Variablen angewendet (Kruskal-Wallis-Test, Mann-Whitney-U-Test). Zur Beurteilung der Relevanz wurden Effektgrößen nach Cohen berechnet (BORTZ & DÖRING 2009).

4. Beschreibung der Stichprobe

Im Herbst 2009 wurden die Fachleitungen der Fächer Biologie, Chemie und Physik über ihre 18 Seminarleitungen für Gymnasien und 17 Seminarleitungen für Haupt- und Realschulen in Niedersachsen gebeten, sich an der Fragebogenstudie zu beteiligen. Insgesamt betrug die Anzahl versandter Fragebögen 598, der Rücklauf belief sich auf 232 (38,8%) Fragebögen. Die Untersuchungspopulation bildeten alle Referendare, die sich zum Untersuchungszeitpunkt in Niedersachsen im Vorbereitungsdienst befanden, die tatsächliche Stichprobe umfasst 136 Probanden für das gymnasiale Lehramt und 96 Probanden für die Schulform Haupt- und Realschule (Abb. 1). Davon hatten 62,8 % ihr Studium an einer niedersächsischen Universität absolviert, die restlichen überwiegend in benachbarten Bundesländern. Der Großteil legte als Studienabschluss das erste Staatsexamen ab (201, entspricht 87,5 %), lediglich 29 (12,5 %) den Master of Education. 120 (52,0 %) Probanden haben das Unterrichtsfach Biologie, 80 (34,6 %) Chemie und 31 (13,4 %) Physik studiert. Bei der Auswertung wird meist die Gesamtstichprobe herangezogen, so dass eine Analyse trotz des unterschiedlichen Stichprobenumfangs in den einzelnen Fächern zulässig ist. Im Mittel hatten die Probanden bereits 11,8 Monate (Minimum 3, Maximum 27 Monate (Prüfungswiederholung) im Referendariat verbracht.

Zum Zeitpunkt der Erhebung betrug die Ausbildungsdauer in Niedersachsen 18 Monate (Gy und HR). Einige Probanden des gymnasialen Lehramts absolvierten das Referendariat noch nach alter Ausbildungsordnung in 24 Monaten.

Da es bei der Datenanalyse zwischen den Fächern wenig Unterschiede gab bzw. der Frauenanteil den Prozentsatz an Frauen im Studium und Referendariat in den Fächern wiederspiegelt, wird meist die Gesamtstichprobe herangezogen. Diese ist hinreichend groß, um bedeutsame Zusammenhänge aufzudecken.

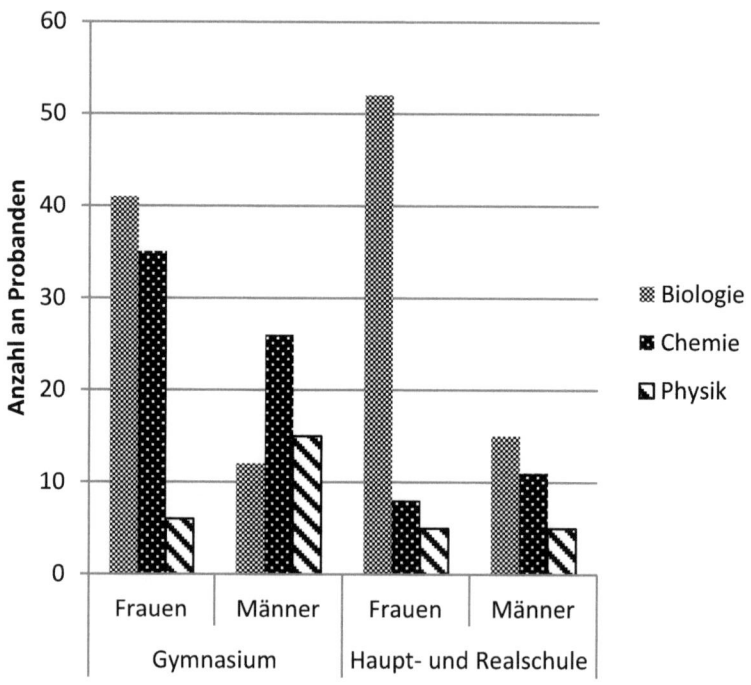

Abb. 1: Zusammensetzung der Stichprobe, N = 232

5. Ergebnisse

Im Folgenden werden die Ergebnisse in Bezug zur wörtlich wiedergegebenen Frage des Erhebungsinstruments dargelegt.

5.1. Berücksichtigung der Berufspraxis im Studium

„Wie wurde in Ihrem Studium die Berufspraxis des Biologie-/ Chemie-/ Physiklehrers berücksichtigt?"

Die Berücksichtigung der Berufspraxis im Studium wurde von den Befragten insgesamt negativ beurteilt (N = 231, MW = 2,8, SD ± 0,8. Skala von 1 =„gut" bis 4 = „gar nicht"), auch wenn sie beim HR-Studium etwas positiver (n = 94, MW=2,6, SD±0,8) bzw. für HR Referendare Chemie signifikant positiver ausfiel (KW-Test, χ^2 = 11,74; p< 0,05; Cohens d= 0,86) (Abb. 2).

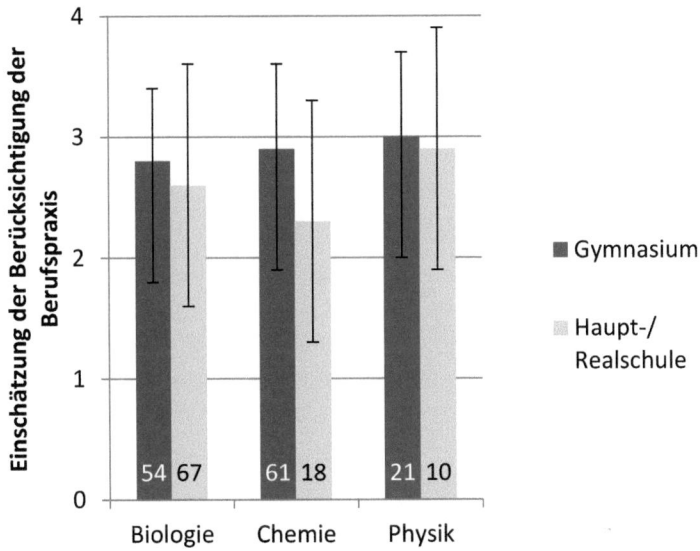

Abb. 2: *Mittelwerte ± Standardabweichungen der Antworten (Skala von 1 = „gut" bis 4= „gar nicht") der Probanden auf die Frage: „Wie wurde in Ihrem Studium die Berufspraxis des Biologie-/ Chemie-/ Physiklehrers berücksichtigt?" (n in den Säulen, N = 231).*

5.2. Bedeutung, Qualität und Quantität der Fachdidaktik im Studium

„Wie beurteilen Sie die Qualität Ihres Studiums als Basis für Ihre Ausbildung als Fach-Lehrer(in) insgesamt?"

Insgesamt beurteilten über die Hälfte (56,5 %) der Befragten (n = 225) die Qualität ihres Studiums mit „sehr gut" oder „eher gut", 38,2 % mit „eher schlecht" und 5,3% mit „schlecht" (Skala: 4 = „sehr schlecht", „eher schlecht", „eher gut", 1 = „sehr gut").

Differenziert nach den drei Fächern fiel das Urteil der Referendare statistisch gleich aus (KW-Test, n.s.). Zwischen den Probanden der unterschiedlichen Schulformen innerhalb der Fächer ergaben sich keine signifikanten Unterschiede (MW- U-Test, n.s.). Im Mittel beurteilten die Referendare der Biologie die Qualität ihres Studiums für die Schulform HR (n = 52) mit 2,4 ± 0,7; für das Gymnasium (n = 63) mit 2,5 ± 0,6. Die Referendare der Chemie gaben für die Schulform HR (n = 61) im Mittel 2,4 ± 0,8; für das Gymnasium (n = 18) 2,4 ± 0,7 an. Die Physikreferendare urteilten für die Schulform HR (n = 21) durchschnittlich mit 2,1 ± 0,7; für das Gymnasium (n = 10) mit 2,6 ± 0,7.

„Wie beurteilen Sie die Qualität Ihres fachwissenschaftlichen Studiums für Ihre Ausbildung zum/zur Fachlehrer(in) insgesamt?"
(„sehr schlecht", „eher schlecht", „eher gut", „sehr gut")

Bezogen auf das rein fachwissenschaftliche Studium urteilten die Befragten (n= 229) insgesamt etwas besser: 61,6 % sahen dieses als „sehr gut" oder „eher gut" an. Über ein Drittel (33,2 %) befanden die Qualität jedoch als „schlecht", 5,2 % als „sehr schlecht". Auch hier ergaben sich sowohl statistisch zwischen den Referendaren der drei Fächer (KW-Test, n.s.) als auch zwischen den Probanden der unterschiedlichen Schulformen innerhalb der Fächer keine signifikanten Unterschiede (Tab. 1).

Fach	Schulform					
	Gymnasium				Haupt-Realschule	
	Sek I		Sek II			
	MW ± SD	n	MW ± SD	n	MW ± SD	n
Biologie	2,4 ± 0,7	54	2,2 ± 0,7	54	2,2 ± 0,7	65
Chemie	2,5 ± 0,8	61	2,3 ± 0,8	61	2,1 ± 0,9	18
Physik	2,8 ± 0,5	21	2,5 ± 0,7	21	2,0 ± 0,8	10

Tab. 1: Mittelwerte ± Standardabweichung der Beurteilung des fachwissenschaftlichen Studiums insgesamt für die Ausbildung zum Fachlehrer (Skala 1= sehr gut, 4= sehr schlecht, n = 229)

„Wie beurteilen Sie die Qualität der von Ihnen im Studium besuchten Veranstaltungen zur Fachdidaktik im Hinblick auf Ihre Berufsvorbereitung als Lehrer(in) insgesamt?"
(„sehr schlecht", „eher schlecht", „eher gut", 1 = „sehr gut")

Die Qualität der besuchten Veranstaltungen zur Fachdidaktik im Hinblick auf die Berufsvorbereitung hielten fast alle Gruppen mit über 50 % eher für gut, statistisch ergaben sich auch hier keine signifikanten Unterschiede

(KW-Test, n.s.). Die HR-Referendare schätzten die Qualität höher ein – „sehr gut" und „gut" wurde von 77,8 % im Fach Chemie und von 80 % im Fach Physik angegeben. Im Vergleich dazu lagen die sehr guten bis guten Einschätzungen bei den gymnasialen Referendaren in diesen beiden Fächern bei 54,1 bzw. 57,1 %. Für das Fach Biologie fielen die Beurteilungen am schlechtesten aus. Die HR-Biologiereferendare wählten zu 62,7 % die Kategorie „sehr gut" und „gut", die gymnasialen nur zu 49 %.

„Wie beurteilen Sie die Bedeutung der von Ihnen im Studium besuchten Veranstaltungen zur Fachdidaktik im Hinblick auf Ihre Berufsvorbereitung als Lehrer(in) insgesamt?"

Die Bedeutung der im Studium besuchten Veranstaltungen zur Fachdidaktik im Hinblick auf die Berufsvorbereitung sahen die Biologiereferendare eher negativ (Skala: sehr groß, eher groß, eher gering, sehr gering). Dies traf im besonderen Maße auch auf die Mehrheit der Physiker der HR-Referendare mit 80 % zu. Nur die Chemiker unter den HR-Probanden schätzten die Bedeutung mit 66,7 % positiv ein, jedoch waren die Unterschiede statistisch sowohl zwischen den Probanden der drei Fächer als auch hinsichtlich der Schulform nicht signifikant (KW-Test, n.s.).

„Wie sollte für ihre Schulform in ihrem Fach das Verhältnis von fachwissenschaftlichen zu fachdidaktischen Studienanteilen in der gesamten 1. Ausbildungsphase sein?"

Das Gros der Befragten wünschte sich ein ausgewogenes Verhältnis von fachwissenschaftlichen zu fachdidaktischen Studienanteilen in der Sekundarstufe I, oder bis auf die Gymnasialphysiker, sogar stärker zugunsten des fachdidaktischen Anteils gewichtet. Hingegen sollte im Studium für die Sekundarstufe II der fachwissenschaftliche Anteil einen größeren Anteil ausmachen. Ein signifikanter Unterschied ergab sich aber nur innerhalb der Probanden des Faches Physik. Bei der Frage

„Wie war für ihre Schulform in ihrem Fach das Verhältnis von fachwissenschaftlichen zu fachdidaktischen Studienanteilen in der gesamten 1. Ausbildungsphase?"

nahmen die Referendare für die gymnasiale Ausbildung ihr Studium als signifikant fachwissenschaftlicher geprägt wahr als die Befragten der Haupt-

und Realschulausbildung (MW-U-Test, U = 4481,0; p = 0,000; Cohens d = 0,47).

5.3. Differenzierung von Lehrangeboten für Lehramtsstudierende und andere Studiengänge

„War das fachwissenschaftliche Studium für alle Biologie/Chemie/Physikstudierenden gleich? D.h. es wurde nicht nach Diplom- (bzw. BSc) und Lehramtsstudium (bzw. BA) differenziert?"

(„Ja, es war gleich"; „Nein, es wurde differenziert")

Bei 85 der Befragten wurde das Studium nach Lehramtsstudierenden und Diplom- bzw. BSc/MSc differenziert, bei 140 nicht (N = 225). Dabei gaben von den 96 HR-Probanden 42,4 % an, dass das Studium differenziert war, von den 136 Gy-Probanden 35,3 %.

„Das ist Ihrer Meinung nach ... sehr schlecht, eher schlecht, eher gut, sehr gut?"

Absolventen von Universitäten, an denen im Studium zwischen Diplom- (bzw. BSc/MSc) und Lehramtsstudium (bzw. BA/MEd) differenziert wird, empfanden diesen Zustand im Mittel mit 1,9 ± 0,7 als eher positiv (n = 140), während diejenigen, deren Studium nicht differenziert war, dieses mit im Mittel 2,7 ± 0,9 eher negativ beurteilten (n = 85) (MW-U-Test, U = 2845; p = 0,00; Cohens d = 1,0).

5.4. Nutzen sowie Vor- und Nachbereitung der Fachpraktika

Von den gymnasialen Referendaren hatten 69,6 % (n =71) im Studium an einem Fachpraktikum in Biologie, Chemie oder Physik teilgenommen. Die HR Referendare nahmen zu 72,5 % (n=58) in einem dieser naturwissenschaftlichen Fächer an einem Fachpraktikum teil. Von diesen jeweils zwei Dritteln der Befragten bewerteten aber nur etwa ein Drittel den zeitlichen Umfang als „angemessen" bis „gut", etwa zwei Drittel demgegenüber als eher zu gering (Abb. 3). Die Bewertung durch die HR-Referendare fiel dabei im Mittel mit 2,61 etwas besser aus als diejenige der gymnasialen Referendare mit im Mittel 2,84 (MW-U-Test, U = 2872,5; p = 0,05; Cohens d = 0,33).

Relevanz und Qualität der universitären Lehrerausbildung

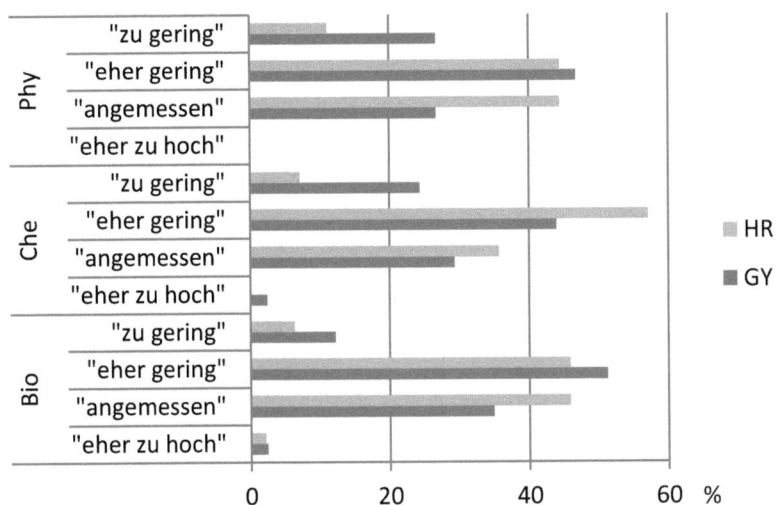

Abb. 3: Verteilung der Antworten der Probanden in Prozent auf die Frage: „Wie beurteilen Sie den zeitlichen Umfang des Fachpraktikums?" (Gy n = 71; HR n = 58).

Bei der Frage bezüglich des Nutzens des Schulpraktikums war ebenfalls die Bewertung der HR-Referendare in den Kategorien „ja" und „eher ja" mit 77,6 % etwas besser als bei den gymnasialen Referendaren mit 62,8 % (MW-U-Test, U = 2620; p<0,01; Cohens d = 0,40).

Die gymnasialen Referendare bewerteten die inhaltliche Vorbereitung zu 63 % negativ, während die HR-Referendare diese signifikant positiver mit 60 % als gut bezeichnete (MW-U-Test, U = 2322; p< 0,05; Cohens d = 0,35) (Abb. 4). Die gymnasialen Referendare sahen auch die Nachbereitung des Praktikums durch die Universität mit 79 % überwiegend negativ. Die Nachbereitung war auch für die HR-Referendare verbesserungsbedürftig, wenn auch das Urteil nicht so klar ausfiel (nur 56 % hielten sie für schlecht) (MW-U-Test, U = 2256; p = 0,01; Cohens d = 0,41). Bei der Differenzierung nach den drei Fächern beurteilten die Probanden des Fachs Chemie die Nachbereitung durch die Universität negativer als die Biologen (MW-U-Test, U = 1600; p< 0,01; Cohens d = 0,45) und die Physiker (MW-U-Test, U = 330; p< 0,01; Cohens d = 0,70). Mit der Betreuung durch die Schule waren dagegen zwei Drittel der Gymnasialreferendare und sogar über vier Fünftel der HR-Referendare zufrieden.

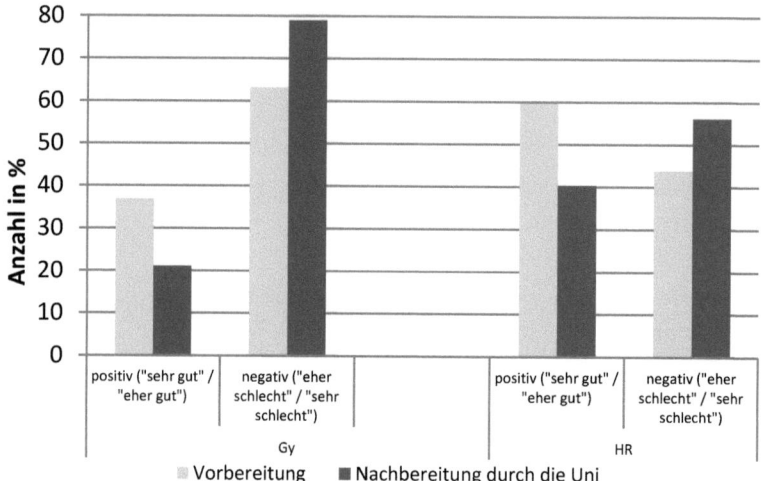

Abb. 4: *Antworten der Probanden auf die Fragen: „Wie beurteilen Sie die Qualität des Fachpraktikums hinsichtlich der inhaltlichen Vorbereitung/ Nachbereitung durch die Universität?" (Skala sehr gut, eher gut hier als „positiv"; eher schlecht und sehr schlecht" hier als „negativ" zusammengefasst; Gy n = 71; HR n = 58).*

5.5. Ausbildungsaspekte im Studium und im Referendariat

„Wie bewerten Sie die folgenden Aspekte hinsichtlich ihrer Wichtigkeit im Studium/ im Referendariat für eine gute Ausbildung zum Fachlehrer?"

(1 =" am wichtigsten", 4 = „am wenigsten wichtig")

Die Befragten wurden um die Bewertung der Wichtigkeit der fachlichen, didaktischen, pädagogischen und praxisnahen Ausbildung zu einem guten Fachlehrer gebeten. Im Studium war nach Meinung aller HR-Referendare und der gymnasialen Chemiereferendare rückblickend die praxisnahe Ausbildung am wichtigsten. Für das Studium bewerteten die Befragten insgesamt die Wichtigkeit der fachlichen Ausbildung mit 1,7 ± 0,7 (N = 213), die der didaktischen mit 1,6 ± 0,8 (N = 225), die der pädagogischen mit 2,1 ± 0,9 (N = 226) und die der praxisnahen mit 1,5 ± 0,8 (N = 226) (Tab. 2). Die gym-

Relevanz und Qualität der universitären Lehrerausbildung

nasialen Biologie- und Physikreferendare erachteten die fachliche Ausbildung mit im Mittel 1,6 ± 0,8 bzw. 1,3 ± 0,6 als am wichtigsten. Damit bewerteten die gymnasialen Biologiereferendare diese signifikant wichtiger als die Biologie- HR-Referendare (MW-U-Test, U = 1208,5; p = 0,01; Cohens d = 0,40) und die gymnasialen Physikreferendare signifikant wichtiger als die gymnasialen Chemiereferendare (MW-U-Test, U = 437,5; p< 0,05; Cohens d = 0,50). Insgesamt erachteten die gymnasialen Referendare die fachliche Ausbildung mit im Mittel 1,6 ± 0,7 signifikant wichtiger als die HR-Referendare mit im Mittel 1,9 ± 0,7 (MW-U-Test, U =4038; p =0,00, Cohens d = 0,47). Die pädagogische Ausbildung wurde einheitlich als am wenigsten wichtig gesehen, wobei die Biologiereferendare diese signifikant wichtiger einschätzten als die Chemiereferendare (MW-U-Test, U = 3686; p = 0,01; Cohens d = 0,39).

	Bio		Chemie		Physik		Bio-Che-Phy GESAMT		
	Gy	HR	Gy	HR	Gy	HR	Gy	HR	Gy/HR
Fachliche Ausbildung	1,6 ± 0,8	1,9 ± 0,7	1,6 ± 0,6	2,1 ± 0,8	1,3 ± 0,6	1,7 ± 0,5	1,6 ± 0,7	1,9 ± 0,7	1,7 ± 0,7
Didaktische Ausbildung	1,7 ± 0,9	1,7 ± 0,7	1,6 ± 0,7	1,7 ± 0,7	1,4 ± 0,7	1,8 ± 1,0	1,6 ± 0,8	1,7 ± 0,7	1,6 ± 0,8
Pädagogische Ausbildung	2,0 ± 0,8	1,9 ± 0,8	2,3 ± 0,9	2,3 ± 1,0	2,3 ± 0,9	1,9 ± 0,9	2,2 ± 0,9	2,0 ± 0,8	2,1 ± 0,9
Praxisnahe Ausbildung	1,6 ± 1,0	1,4 ± 0,8	1,4 ± 0,7	1,5 ± 0,7	1,9 ± 1,0	1,6 ± 0,7	1,6 ± 0,9	1,4 ± 0,8	1,5 ± 0,8

Tab. 2: Mittelwerte ± Standardabweichung der Bewertungen der Wichtigkeit von Ausbildungsaspekten *im Studium* sowie der Praxisnähe für eine gute Ausbildung zum Fachlehrer. Antworten von 4 („am wenigsten wichtig") bis 1 („am wichtigsten"). Auch gleichrangige Bewertungen waren möglich. (N = 231)

Im Referendariat dagegen ergab sich bezüglich der Wichtigkeit von Ausbildungsinhalten bis auf die HR-Physik-Referendare (n=9) ein einheitliches Meinungsbild (Tab. 3). Am wichtigsten wurde eine praxisnahe Ausbildung mit insgesamt im Mittel 1,1 ± 0,5 gesehen, wobei die gymnasialen Chemiereferendare diese signifikant wichtiger bewerteten als die HR-Chemie-Referendare (MW-U-Test, U= 358,5; p= 0,00; Cohens d= 0,54). Am zweitwichtigsten wurde insgesamt die didaktische Ausbildung mit im Mittel 1,4 ± 0,6 bewertet. Diese erachteten die gymnasialen Referendare insgesamt mit im Mittel 1,3 ± 0,6 signifikant wichtiger als die HR-Referendare mit im Mittel 1,5 ± 0,7 (MW-U-Test, U =4656,0; p =0,05, Cohens d = 0,19). Die Probanden erachteten die pädagogische Ausbildung mit insgesamt im Mittel 1,7 ± 0,8 als am drittwichtigsten und die fachliche Ausbildung mit insgesamt im Mittel 2,7 ± 1,0 als am unwichtigsten.

	Bio		Chemie		Physik		Bio-Che-Phy GESAMT		
	Gy	HR	Gy	HR	Gy	HR	Gy	HR	Gy/HR
Fachliche Ausbildung	2,4 ± 1,0	2,7 ± 0,9	2,7 ± 0,9	3,0 ± 1,0	2,8 ± 1,0	3,2 ± 0,8	2,6 ± 0,9	2,8 ± 1,0	2,7 ± 1,0
Didaktische Ausbildung	1,3 ± 0,7	1,5 ± 0,7	1,3 ± 0,5	1,4 ± 0,7	1,3 ± 0,6	1,4 ± 0,5	1,3 ± 0,6	1,5 ± 0,7	1,4 ± 0,6
Pädagogische Ausbildung	1,7 ± 0,9	1,5 ± 0,7	1,8 ± 0,8	1,8 ± 1,0	2,0 ± 0,9	1,8 ± 0,7	1,8 ± 0,9	1,6 ± 0,7	1,7 ± 0,8
Praxisnahe Ausbildung	1,2 ± 0,6	1,1 ± 0,4	1,1 ± 0,3	1,4 ± 0,5	1,2 ± 0,7	1,4 ± 0,7	1,1 ± 0,5	1,2 ± 0,5	1,1 ± 0,5

*Tab. 3: Mittelwerte ± Standardabweichung der Bewertungen der Wichtigkeit von Ausbildungsaspekten **im Referendariat** sowie der Praxisnähe für eine gute Ausbildung zum Fachlehrer. Antworten von 4 („am wenigsten wichtig") bis 1 („am wichtigsten"). Auch gleichrangige Bewertungen waren möglich. (N = 231)*

5.6. Vermittlung von Kompetenzen im Studium und im Referendariat

„Das fachwissenschaftliche Anforderungsniveau im Studium war...zu niedrig, eher zu niedrig, richtig/ angemessen, eher zu hoch, zu hoch?" (1 = „zu niedrig", 5 = „zu hoch)

Insgesamt beurteilten die Probanden das Anforderungsniveau in der Fachwissenschaft als angemessen (3,3 ± 0,7; N = 231), es gab weder statistisch signifikante Unterschiede zwischen den Probanden der verschiedenen Fächer noch zwischen denjenigen der verschiedenen Schulformen (KW-Test, n.s.).

„Bereiten experimentelle Praktika im Studium angemessen auf das Experimentieren im Fachunterricht vor?"

(„sehr gut", „gut", „eher weniger", „gar nicht")

Das Gros der Befragten beurteilte die Praktika innerhalb des Studiums hinsichtlich der Berufsvorbereitung auf das Experimentieren im Unterricht positiv (Tab. 4). Lediglich die Referendare im Fach Physik für die gymnasiale Ausbildung schätzten diese nur zu 20% positiv ein.

	Gymnasium	HR
	positiv [%]	positiv [%]
Biologie	51,9	46,2
Chemie	58,3	66,7
Physik	20,0	80,0

Tab. 4: *Positive Antworten („sehr gut" und „gut") in Prozent auf die Frage, ob experimentelle Praktika im Studium angemessen auf das Experimentieren im Fachunterricht vorbereiten (N= 227).*

Im Mittel beurteilten die Befragten die Praktika im Studium hinsichtlich der angemessenen Vorbereitung auf das Experimentieren im Fachunterricht, bei denen das Studium nach Lehramtsstudierenden und Diplom- bzw. BSc-Studierenden differenziert wurde, mit 2,4 ± 0,8 (n = 139). Damit ergab sich kein statistisch nachweisbarer Unterschied (MW-U-Tests, n.s) zu denjenigen, bei denen das Studium nicht differenziert wurde (MW 2,5 ± 0,8; n = 87).

„Fühlten Sie sich am Ende des Studiums in der Lage, unbekannte oder neue Inhalte mit Hilfe der erworbenen fachdidaktischen Kompetenz für den Fachunterricht zu strukturieren und adressatengerecht zu gestalten?"

(ja, eher ja, eher nein, nein)

Im Fach Biologie beantworteten knapp 50% der Befragten sowohl für die gymnasiale Schulform als auch für die HR-Ausbildung diese Frage positiv (Tab. 5). Hingegen fühlten sich in den beiden anderen Fächern nur die Probanden der HR-Ausbildung mehrheitlich dazu in der Lage, im Fach Physik war dieser Unterschied statistisch signifikant (MW-U-Test, U = 29,0; p = 0,01).

	Gymnasium	HR
	positiv [%]	positiv [%]
Biologie	48,1	47,8
Chemie	38,3	66,7
Physik	38,1	70, 0

Tab. 5: Verteilung der Antworten auf die Frage, ob die Probanden sich in der Lage sähen, unbekannte oder neue Inhalte am Ende des Studiums adressatengerecht zu gestalten (N= 230).

„Ihr Studium sollte Ihnen fachliche / fachdidaktische Kompetenz vermitteln. Wurde dieses Ziel erreicht?"

(1 „sehr gut", „recht gut", „eher nicht", 4 = „gar nicht")

Die Vermittlung der fachlichen Kompetenz im Studium wurde mit 82,8 % als „sehr gut" bis „recht gut" bewertet. Die Vermittlung der fachdidaktischen Kompetenz im Studium wurde deutlich schlechter beurteilt, 58,8 % der Befragten gaben an, dass dieses Ziel „eher nicht" und „gar nicht" erreicht wurde.

Generell bewerteten die Probanden der Schulform HR die Vermittlung fachdidaktischer Kompetenz mit im Durchschnitt 2,3 bis 2,6 positiver als diejenigen des Gymnasiums, deren Durchschnittswerte zwischen 2,6 und 3,1 liegen (Tab. 6). Die gymnasialen Referendare der Physik beurteilten diese für das Studium signifikant schlechter als die gymnasialen Referendare der Biologie (MW-U-Test, U= 462,5; p= 0,00; Cohens d=0,74) und Chemie (MW-U-Test, U= 496,5; p< 0,05; Cohens d= 0,51).

	Fach	Gymnasium		HR	
		MW ± SD	n	MW ± SD	n
Fachkompetenz	Biologie	2,0 ± 0,5	51	2,0 ± 0,6	66
	Chemie	1,9 ± 0,6	61	1,7 ± 0,6	18
	Physik	2,1 ± 0,7	21	1,9 ± 0,4	8
Didaktische Kompetenz	Biologie	2,6 ± 0,6	51	2, 6± 0,7	67
	Chemie	2,7 ± 0,8	61	2,3 ± 0,7	18
	Physik	3,1 ± 0,7	21	2,5 ± 0,5	8

Tab. 6: *Beurteilung des Studiums hinsichtlich der Vermittlung von fachlicher Kompetenz (N=225) und didaktischer Kompetenz (N=226). Mittelwerte (MW) und Standabweichung (SD). Antwortskala 1=„sehr gut", 2=„recht gut", 3=„eher nicht", 4=„gar nicht"*

„Wie schätzen Sie rückblickend Ihre Kompetenzen am Ende des Studiums und zum gegenwärtigen Zeitpunkt hinsichtlich der folgenden zehn Standards ein?"

(1 = „sehr hoch", „hoch", „befriedigend", „ausreichend", 5 = „schlecht")

Die zehn Standards lauten entsprechend ihrer Nummerierung in Abb. 5:

1. Fähigkeit zur begründeten Darlegung des Fachunterrichts
2. Fähigkeit zur Auswahl von Medien und Gestaltung von Einsatzkonzepten
3. Einsatz von Methoden im Fachunterricht
4. Beurteilung von eigener Lehrleistung und Unterrichtsqualität
5. Beurteilung von fremder Lehrleistung und Unterrichtsqualität
6. Aktive Einbeziehung von Lernenden in den Unterricht
7. Steigerung der Lernmotivation durch fachliche Möglichkeiten
8. Förderung selbstbestimmten, eigenverantwortlichen und kooperativen Lernens
9. Beurteilen und Erfassen von Schülerleistungen durch unterschiedliche Methoden
10. Kriterien- und adressatengerechte Aufgabenstellung

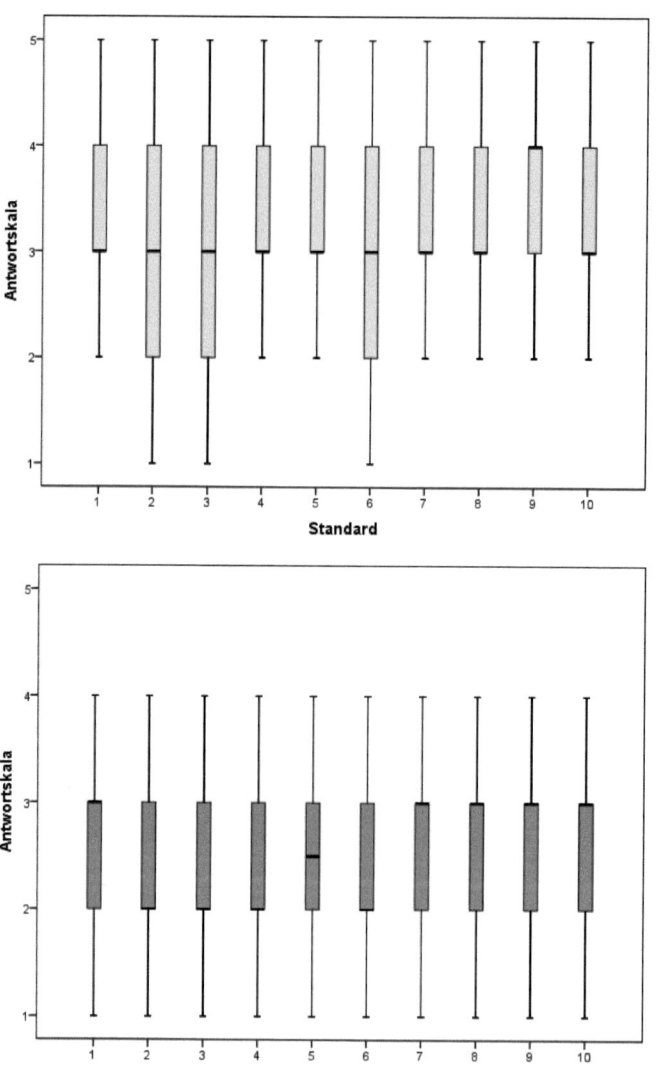

Abb. 5: Einschätzung der Befragten (N = 228) zu ausgewählten **Standards am Ende des Studiums (oben)** und zum **gegenwärtigen Zeitpunkt (unten) in der Zweiten Phase**. Antwortskala von 1 =„sehr hoch", 2 =„hoch", 3 =„befriedigend", 4 =„ausreichend" bis 5 = „schlecht"

Die Befragten schätzten zu beiden Ausbildungszeitpunkten ihre „Fähigkeit zur Auswahl von Medien und die Gestaltung von Einsatzkonzepten" und ihre „Fähigkeit zur aktiven Einbeziehung von Lernenden in den Unterricht" am höchsten ein. Am geringsten sowohl am Ende des Studiums als auch zum gegenwärtigen Zeitpunkt wurde die „Fähigkeit zur Beurteilung und Erfassung von Schülerleistungen" durch unterschiedliche Methoden eingeschätzt (Abb. 5).

Die verschiedenen Items messen im Wesentlichen das gleiche und können daher zu einem Gesamtscore zusammengefasst werden: Die Prüfung der internen Konsistenz der verschiedenen Items (jeweils 10 Standards) zu diesen didaktischen Fähigkeiten ergab einen hohen Wert sowohl bei den Kompetenzen am Ende des Studiums mit $\alpha = 0,87$ als auch zum gegenwärtigen Zeitpunkt mit $\alpha = 0,86$.

Die rückblickende Einschätzung aller zehn didaktischen Fähigkeiten zusammengefasst am Ende des Studiums auf einer Skala von 1 = „sehr hoch" bis 5 = „schlecht" fiel im Mittel mit 3,3 ± 1 signifikant geringer aus als die Einschätzung der Fähigkeiten zum gegenwärtigen Zeitpunkt mit im Mittel 2,5 ± 0,8 (MW-U-Test, U = 1595582,5; p = 0,00; Cohens d = 0,88; N = 232).

Die Gesamtkompetenz am Ende des Studiums bzw. zum gegenwärtigen Zeitpunkt wurde jeweils mit der im Vorbereitungsdienst verbrachten Zeit korreliert: Die Einschätzung, kompetenter zu sein, korreliert dabei signifikant (Spearman-Rang-Korrelation, r = -0,4; p = 0,00).

5.7. Bewertung der Abstimmung zwischen den beiden Ausbildungsphasen

„Bewerten Sie bitte mit einer Note in der Skala von 1 (sehr gut) bis 6 (ungenügend) die Abstimmung zwischen den beiden Lehrerausbildungsphasen in Bezug auf fachwissenschaftliche sowie fachdidaktisch-methodische Inhalte"

Insgesamt wurde von allen Befragten die Abstimmung sowohl fachwissenschaftlicher Inhalte als auch fachdidaktisch-methodischer Inhalte mit „befriedigend" beurteilt. Es konnten hier keine statistisch signifikanten Unterschiede gefunden werden (MW-U-Test, n.s.) (Abb. 6).

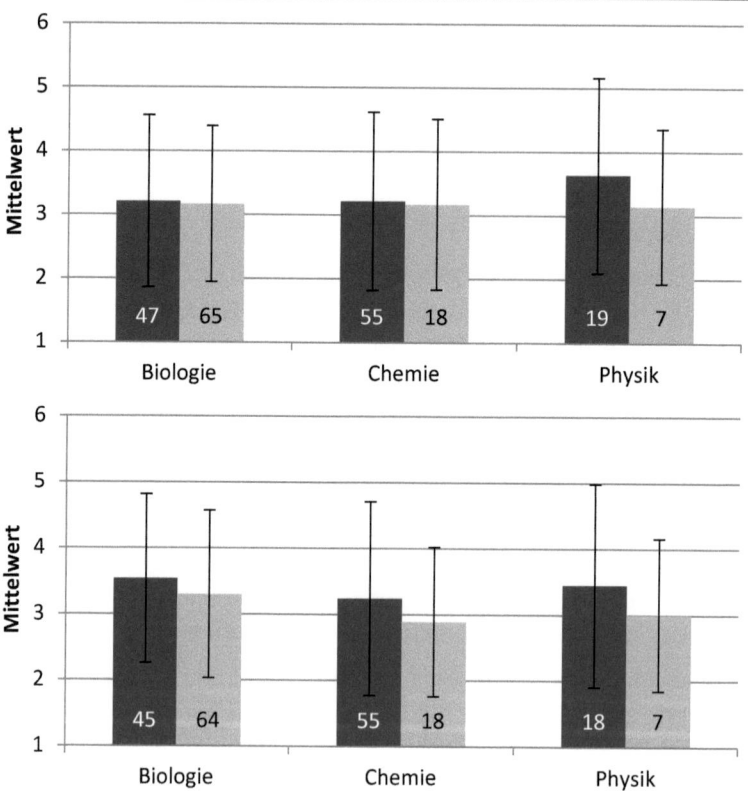

Abb. 6: *Bewertungen nach Schulnoten (1 = „sehr gut" bis 6 = „ungenügend") auf die Fragen nach der Abstimmung von fachwissenschaftlichen (N = 211, oben) und fachdidaktisch-methodischen Inhalten (N=207, unten) zwischen der ersten und zweiten Ausbildungsphase. (Mittelwerte ± Standabweichung (SD); Gymnasium schwarz, HR grau; n unter den Fehlerbalken).*

„Das Studium sollte Ihnen eine zutreffende Einschätzung dessen vermittelte, was Sie im Vorbereitungsdienst/ in der Schulpraxis erwartet. Wurde dieses Ziel erreicht?

(gar nicht, eher nicht, recht gut, sehr gut)

Diese Frage wurde von 84,4 % aller Befragten mit „eher nicht" und „gar nicht" beantwortet (Tab. 7). Es ergaben sich hier weder bei der Differenzierung zwischen den Befragten der drei Fächer (KW-Test, n.s) noch bei der Differenzierung zwischen denen der verschiedenen Schulformen (MW-U-Tests, n.s) statistisch signifikante Unterschiede.

Fach	Gymnasium		HR	
	MW ± SD	n	MW ± SD	n
Biologie	3,2 ± 0,8	51	3,1 ± 0,8	67
Chemie	3,2 ± 0,7	61	3,2 ± 0,6	18
Physik	3,5 ± 0,6	21	3,3 ± 0,8	7

Tab. 7: Antworten auf die Frage: „Das Studium sollte Ihnen eine zutreffende Einschätzung dessen vermitteln, was Sie im Referendariat und der Schulpraxis erwartet. Wurde dieses Ziel erreicht?" nach Likert-Skala: 1=„sehr gut", 2=„recht gut", 3=„eher nicht", 4=„gar nicht" (N=225).

6. Diskussion und Schlussfolgerungen für die Lehrerbildung

Referendare der Fächer Biologie, Chemie und Physik wurden zur Einschätzung einiger ihrer berufsrelevanten Kompetenzen hinsichtlich ihres Faches befragt und gebeten, rückblickend die Qualität und den Nutzen ihres fachbezogenen Lehramtsstudiums zu beurteilen. Die Verlässlichkeit von Studien zur Selbsteinschätzung wird kontrovers diskutiert (vgl. RAUIN & MEIER 2007; BAUMERT ET AL. 2008). Nach BAER ET AL. (2007) haben Referendare allerdings ein realistisches Bild ihres Kompetenzniveaus und können recht gut beurteilen, welche Dimensionen einer Kompetenz noch zu entwickeln sind. Eine realistische Selbsteinschätzung kann auch in der vorliegenden Studie angenommen werden. So wächst die Einschätzung, kompetenter zu sein, mit der im Referendariat verbrachten Zeit.

Die Ergebnisse zeigen, dass bezüglich der Antwortspektren keine durchgängigen Unterschiede zwischen gymnasialen Referendaren und HR-Referendaren oder zwischen den Fächern gefunden werden konnten. Das heißt, dass sowohl fachübergreifend als auch studiengangübergreifend aus Sicht der Probanden gleiche Kritikpunkte und Einschätzungen bestehen.

Die Probanden schätzen sich zum gegenwärtigen Zeitpunkt ihrer Ausbildung als wesentlich kompetenter ein als am Ende ihres Studiums. Angesichts der Natur der in der Erhebung abgefragten Standards ist dies nicht weiter verwunderlich, entsprechen sie doch Kriterien unterrichtlichen Handelns, die sich durch unterrichtliche Praxis schulen lassen. „Knowledge in action" ist damit ein Entwicklungsziel, das erst durch die Praxis in der zweiten Ausbildungsphase erreicht werden kann (TERHART 2002, 2006). Diese Selbsteinschätzungen wurden in der Zwischenzeit in Interviewstudien mit Fachleitern des Faches Chemie (EGHTESSAD 2014) sowie Biologie (HILFERT-RÜPPELL, LOOß 2015) abgeglichen. ist eines der Ziele eines sich anschließenden Projektes.

Die zweiphasige Lehrerausbildung enthält sowohl Theorie- als auch Praxisanteile mit unterschiedlicher Gewichtung. Eine solide fachliche Qualifikation wird laut Befragten im Studium erreicht, auch die Qualität der im Studium besuchten fachdidaktischen Veranstaltungen wurde als eher gut bewertet. Dem gegenüber wurde der Erwerb didaktischer Handlungskompetenz weniger gut eingeschätzt, so dass die Vermittlung des didaktischen Wissens offenbar wenig konkreten Nutzen für die unterrichtliche Praxis hat. Nur knapp die Hälfte der Biologiebefragten sieht sich in der Lage, unbekannte Inhalte fachdidaktisch für den Unterricht adressatengerecht aufzubereiten, für die beiden anderen Fächer fiel das Urteil in der HR-Schulform besser, in der gymnasialen Schulform negativer aus. Die Probanden dieser Studie möchten ebenso wie die Befragten in einer Studie von BECKER und LABAHN (2007) den fachdidaktischen Anteil im Studium gegenüber dem fachwissenschaftlichen durchgehend stärker gewichtet sehen. Die vorliegende Studie hat gezeigt, dass die Qualität fachdidaktischer Veranstaltungen im Studium bis auf die gymnasialen Biologiereferendare mehrheitlich als gut beurteilt wird, im Hinblick auf die Berufsvorbereitung quantitativ jedoch als zu gering angesehen wird. SCHMELZING ET AL. (2010) zeigen, dass zwischen der Anzahl besuchter fachdidaktischer Veranstaltungen im Studium und dem Umfang des deklarativen fachdidaktischen Wissens keine signifikante Korrelation besteht (Stichprobe N=93). KLEICKMANN ET AL. (2013) zeigten, dass die erste Phase der Lehrerbildung einen großen Einfluss auf die Entwicklung von Fachwissen hat, während für die Entwicklung von fachdidaktischem Wissen sowohl die erste als auch die zweite Phase eine wichtige Rolle spielen. Verschiedene Studien zeigen hierbei eine Korrelation der Bereiche „Fachwissen" und „fachdidaktisches Wissen" des Professionswissens (BLÖMEKE ET AL. 2008, 2010; KUNTER ET AL. 2007; MAHLER ET AL. 2013; RIESE & REINHOLD 2010; UNIVERSITÄT DUISBURG-ESSEN 2013). Weiter konnten BOROWSKI et al. (2010) zeigen, dass die Wissenszunahme an fachdidaktischem Wissen hauptsächlich in der zweiten Phase des Referendariats erfolgt und damit auch abhängig von der Unterrichtserfahrung innerhalb des Referendariats ist.

GERM ET AL. (2013) kritisieren eine mangelnde inhaltliche Kohärenz der verschiedenen Studienbereiche und bemerken, dass die Bereiche Fachwissenschaft, Fachdidaktik und allgemeine Bildungswissenschaften ohne verzahnende Elemente und entsprechend vorstrukturierte Lerngelegenheiten in der Ausbildung keine gute Wissensbasis bilden könnten. Entsprechend beurteilen über 80 % der Befragten die realistische Vorbereitung auf das Referendariat bzw. den Schuldienst negativ. Bei der Frage nach der Wichtigkeit verschiedener Ausbildungsaspekte im Studium schnitt in der hier vorgelegten Studie die pädagogische Ausbildung als am wenigsten wichtig ab. Im Studium halten die Biologie- und Physikreferendare die fachliche Ausbildung für am wichtigsten, die Chemiereferendare die praxisnahe Ausbildung. Im Referendariat halten alle Befragten die praxisnahe Ausbildung für am wichtigsten und die fachliche für am wenigsten wichtig. BAUMERT und KUNTER (2006) weisen darauf hin, dass, obwohl das Schulfach mit seinen spezifischen Inhalten der eigentliche Handlungsrahmen der Lehrertätigkeit ist, das Fachwissen von Lehrpersonen entweder „gering geschätzt oder geradezu übersehen wird". RIESE und REINHOLD (2010) schlagen diesbezüglich mehr Raum für schulbezogenes Fachwissen in der universitären Lehrerausbildung vor.

In Bezug auf eine praxisnahe Ausbildung wäre allerdings noch zu klären, was genau in Bezug auf die naturwissenschaftlichen Unterrichtsfächer unter Praxis zu verstehen ist, beispielsweise fachwissenschaftliche und fachdidaktische Experimentalpraktika. Entsprechend wäre auch zu klären, welche Lehrveranstaltungen von Studierenden und Referendaren als Praxis bzw. praxisnah angesehen werden.

Der Wunsch nach einer berufsbezogeneren Ausbildung, also auch nach einem stärkeren Praxisanteil, ist allgemein deutlich hoch. Die Universitäten scheinen dem offenbar nur im HR-Studium bzw. in einzelnen Bereichen (z. B. Vorbereitung unterrichtliches Experimentieren in einzelnen Fächern) etwas stärker nachzukommen. Eine negative Bewertung der Berücksichtigung der Berufspraxis sowie der Wunsch nach einem höheren Praxisanteil wurden für beide Schulformen deutlich (vgl. EGHTESSAD ET AL. 2011; HILFERT-RÜPPELL ET AL. 2012). Dass diese im HR-Studium etwas geringer ausfallen, verwundert angesichts des höheren Anteils an pädagogisch-didaktischen Veranstaltungen im Vergleich zum Gymnasiallehramtsstudium nicht. Aufgabe der Hochschuldozenten sollte daher sein, Studierenden die besondere Relevanz einer theoretisch-wissenschaftlichen Ausbildung stärker zu verdeutlichen. Auch Fach(seminar)leiter sehen das Studium vorrangig als den theorieorientierten Ausbildungsabschnitt an (HILFERT-RÜPPELL, LOOß 2015).

Bereits ältere Studien problematisieren immer wieder das Theorie-Praxis-Verhältnis in der Lehramtsausbildung (z.B. FLACH ET AL. 1995; ULICH 1996; HIRN & BÖHMANN 2001; MÄGDEFRAU & SCHUMACHER 2001). Die Frage, die empirisch bisher nicht ausreichend untersucht wurde, bleibt jedoch, welchen wirksamen Beitrag Praktika neben anderen Studienanteilen zur Kompetenzentwicklung der Studierenden leisten. Die quantitative Erhöhung bewirkt keine großen Unterschiede in den Selbsteinschätzungen von Lehramtsstudierenden bezüglich Kompetenz und Relevanz (DÖRR ET AL. 2009). LOOß (2004) sowie LOOß und BUCK-DOBRICK (2010) fordern daher eine qualitative Veränderung der Praxislerngelegenheiten durch Hineinwirken der Theorie in die Praxis sowie der Praxiserfahrung in den weiteren Studienverlauf. Dieses sollte die Vor- und Nachbereitung der Schulpraktika durch die Universität betreffen, da diese mehrheitlich negativ beurteilt wurden.

Die Abstimmung zwischen den beiden Ausbildungsphasen in Bezug auf fachwissenschaftliche sowie fachdidaktisch-methodische Inhalte benoteten die Befragten mit „befriedigend". Wie bereits erwähnt wurde die Nachbereitung der Schulpraktika durch die Universität negativ bewertet. Diese Zusammenarbeit zwischen Fachdidaktikern der Universität, Fachseminarleitern und Lehrkräften in der Schule wird nun in den neu konzipierten Masterstudiengängen in Niedersachsen im Grund-, Haupt- und Realschulbereich realisiert.

Forschungen belegen die Wichtigkeit der Lehrerprofessionalisierung („teacher knowledge") für die Unterrichtsqualität und die Progression der Schülerinnen und Schüler, daher muss die Lehrerausbildung als zentrales Ziel und Hebel der Bildungsreform angesehen werden (KLEICKMANN ET AL., 2013). Eine empirische Begleitforschung wäre gleich bei der Einführung der Reform sinnvoll, um die Veränderungen zu evaluieren und die Zufriedenheit aller Beteiligten mit der Praxisphase zu erheben, um belastbare Daten für eine Optimierung vorliegen zu haben.

Danksagung:

Wir danken Thomas Dammaschke und Rainer Müller für die Anregungen bei der Erstellung des Fragebogens.

Die Untersuchung wurde durch das Niedersächsische Ministerium für Wissenschaft und Kultur gefördert, Gz 26- 04032-53(2009).

7. Literatur

BAUMERT, J., KUNTER, M (2006). Stichwort: Professionelle Kompetenz von Lehrkräften. Zeitschrift für Erziehungswissenschaft, 9 (4), S. 469-520.

BAUMERT, J., BLUM, W., BRUNNER, M., DUBBERKE, T., JORDAN, A, KLUSMANN, U., ET AL. (2008). Professionswissen von Lehrkräften, kognitiv aktivierender Mathematikunterricht und die Entwicklung von mathematischer Kompetenz (COAKTIV): Dokumentation der Erhebungsinstrumente. Berlin: Max-Planck-Institut für Bildungsforschung.

BAER, M., DÖRR, G., FRAEFEL, U., KOCHER, M., KÜSTER, O., LARCHER, S. & P. MÜLLER (2007). Werden angehende Lehrpersonen durch das Studium kompetenter? Kompetenzaufbau und Standarderreichung in der berufswissenschaftlichen Ausbildung an drei Pädagogischen Hochschulen in der Schweiz und in Deutschland. In: Unterrichtswissenschaft, Zeitschrift für Lernforschung, Jg. 35, H. 1, 15–47.

BECKER, H.-J., LABAHN, B. (2007). Trendbericht „Chemiedidaktik 2006". Nachrichten aus der Chemie, 55, 320-324.

BLÖMEKE, S., KAISER, G., LEHMANN, R. (HG.) (2008): Professionelle Kompetenz angehender Lehrerinnen und Lehrer. Wissen, Überzeugungen und Lerngelegenheiten deutscher Mathematikstudierender und -refendare ; erste Ergebnisse zur Wirksamkeit der Lehrerausbildung. Münster: Waxmann.

BLÖMEKE, S., KAISER, G., LEHMANN, R. (HG.) (2010): TEDS-M 2008. Professionelle Kompetenz und Lerngelegenheiten angehender Mathematiklehrkräfte für die Sekundarstufe I im internationalen Vergleich. Münster: Waxmann.

BONG, M., SKAALVIK, E.M. (2003). Academic self-concept and self-efficacy: How different are they really? Educational Psychology Review 15, 1-40.

BOROWSKI, A., OLSZEWSKI, J. & H.E. FISCHER (2010). Fachdidaktisches Wissen von Physikreferendaren. MNU 63 (5), 260-263.

BORTZ, J., DÖRING, N. (2009). Forschungsmethoden und Evaluation. Springer-Verlag, Berlin, Heidelberg, pp. 897.

BROMME, R. (1992). Der Lehrer als Experte: Zur Psychologie des professionellen Wissens. Huber, Bern

BRUNNER, M., KUNTER, M., KRAUSS, S., KLUSMANN, U., BAUMERT, J., BLUM, W. et al. (2006). Die professionelle Kompetenz von Mathematiklehrkräften: Konzeptualisierung, Erfassung und Bedeutung für den Unterricht. Eine Zwischenbilanz des COACTIV-Projekts. In M. PRENZEL & L. ALLOLIO-NÄCKE (Hrsg.), Untersuchungen zur Bildungsqualität von Schule. Abschlussbericht des DFG-Schwerpunktprogramms (S. 54-82). Münster: Waxmann.

CRAMER, C. (2012). Entwicklung von Professionalität in der Lehrerbildung. Empirische Befunde zu Eingangsbedingungen, Prozessmerkmalen und Ausbildungserfahrungen Lehramtsstudierender. Bad Heilbrunn: Verlag Julius Klinkhardt.

DÖRR, G., MÜLLER, K., BOHL, T. (2009). Wie entwickeln sich Kompetenzselbsteinschätzungen bei Lehramtsstudierenden während des Praxisjahres? Ergebnisse einer längsschnittlichen Fragebogen- und Interviewstudie. In M. DIEK, G. DÖRR, D. KUCHARZ (Hrsg.), Kompetenzentwicklung von Lehramtsstudierenden während des Praktikums, Erkenntnisse aus dem Modellversuch Praxisjahr Biberach. Baltmannsweiler: Schneider-Verlag Hohengehren.

EGHTESSAD, A. (2014). Merkmale und Strukturen von Professionalisierungsprozessen in der ersten und zweiten Phase der Chemielehrerbildung. Eine empirisch-qualitative Studie mitniedersächsischen Fachleiter_innen der Sekundarstufenlehrämter. Studien zum Physik- und Chemielernen, Bd. 176, Berlin: Logos-Verlag.

EGHTESSAD, A., D. HILFERT-RÜPPELL, M. LOOß, K. HÖNER, R. MÜLLER (2011). Professionalisierung in der Lehrerbildung der naturwissenschaftlichen Fächer - Die Rolle des Studiums aus der Sicht von Lehramtsanwärtern und Referendaren. In: Institut für Unterrichts- und Schulentwicklung (Hrsg.):

Baustelle Lehrerbildung. Abstractband. Zur AEPF-Tagung, Klagenfurt 2011, 296 (http://ius.uni-klu.ac.at/misc/AEPF2011_klagenfurt/files/AEPF_Tagungsprogramm_%282011_08_08%29.pdf) [18.06.2015]

FLACH, H., LÜCK, J., PREUSS, R. (1995). Lehrerausbildung im Urteil ihrer Studenten. Zur Reformbedürftigkeit der deutschen Lehrerbildung. Frankfurt: Peter Lang.

GERM, M., MÜLLER, A., HARM, S. U. (2013). Naturwissenschaftsdidaktische Lernaufgaben, generatives Lernen und wahrgenommene Kohärenz im naturwissenschaftlichen Lehramtsstudium. ZfDN, 19, 287-314.

GFD (2005). Publikationen zur Lehrerbildung: Fachdidaktische Kompetenzbereiche, Kompetenzen und Standards für die 1. Phase der Lehrerbildung (BA + MA) (Anlage 1) sowie die Anlagen 2-4. Bad Salzau.

Gröschner, A., Schmitt, C. (2012). Kompetenzentwicklung im Praktikum? Entwicklung eines Instruments zur Erfassung von Kompetenzeinschätzungen und Ergebnisse einer Befragung von Lehramtsstudierenden im betreuten Blockpraktikum. Lehrerbildung auf dem Prüfstand 5 (2), 112-128.

GRÖSCHNER, A. (Hrsg.). (2008). Skalen zur Erfassung von Kompetenzen in der Lehrerausbildung. Ein empirisches Instrument in Anlehnung an die KMK „Standards für die Lehrerbildung: Bildungswissenschaften", 2008.

GRÖSCHNER, A. (2012). Langzeitpraktika in der Lehrerausbildung - Für und Wider ein innovatives Studienelement im Rahmen der Bologna-Reform. Beiträge zur Lehrerbildung 30 (2), 200-208.

HATTIE, J. (2009). Visible learning: A synthesis of over 800 meta-analyses relating to achievement. London: Routledge.

HERICKS, U. (2004). Professionalisierung als Entwicklungsaufgabe. Rekonstruktionen zur Berufseingangsphase von Lehrerinnen und Lehrern. Wiesbaden: VS Verlag für Sozialwissenschaften.

HILFERT-RÜPPELL, D., LOOß, M. (2015). Fach(seminar)leiter im Interview: Welche Basis braucht die zweite Phase? In: HAMMANN, M., MAYER, J., WELLNITZ, N. (Hg): Lehr- und Lernforschung in der Biologiedidaktik. Bd. 6. Innsbruck: Studienverlag, 155-172.

HILFERT-RÜPPELL, D., A. EGHTESSAD, M. LOOß, HÖNER, K. (2012). Kompetenzentwicklung in der LehrerInnenbildung – Empirische Studien zum Professionalisierungsprozess in den naturwissenschaftlichen Fächern der Lehramtsstudiengänge. Lehrerbildung auf dem Prüfstand 5 (2), 157-179.

HIRN, M., BÖHMANN, M. (2001). Nicht Trennung, Verbindung ist das Gebot der Stunde. Die Deutsche Schule, 93, 348-352.

KLEICKMANN, T., RICHTER, D., KUNTER, M., ELSNER, J., BESSER, M., KRAUSS, S. BAUMERT, J. (2013). Teachers' Content Knowledge and Pedagogical Content Knowledge: The Role of Structural Differences in Teacher Education. Journal of Teacher Education 64 (I), 90-106.

KMK: Kultusministerkonferenz der Länder (2004). Standards für die Lehrerbildung: Bildungswissenschaften. Beschluss der Kultusministerkonferenz vom 16.12.2004.

KMK: Kultusministerkonferenz der Länder (2008). Ländergemeinsame inhaltliche Anforderungen für die Fachwissenschaften und Fachdidaktiken in der Lehrerinnen- und Lehrerbildung, 18.10.2008. Verfügbar unter: http://www.kmk.org/fileadmin/veroeffentlichungen_beschluesse/2008 /2008_10_16-Fachprofile.pdf [11.05.2011]

KUNTER, M., KLUSMANN, U. (2010). Kompetenzmessung bei Lehrkräften. Unterrichtswissenschaft 38, 68-86.

KUNTER, M., KLUSMANN, U., DUBBERKE, T., BAUMERT, J., BLUM, W., BRUNNER, M., et al. (2007): Linking aspects of teacher competence to their instruction. Results from the COACTIV project. In: MANFRED PRENZEL (Hg.): Studies on the Educational Quality of Schools: The Final Report on the DFG Priority Programme. Münster: Waxmann, S. 32–52.

LIPOWSKY, F. (2006). Auf den Lehrer kommt es an. Empirische Evidenzen für Zusammenhänge zwischen Lehrerkompetenzen, Lehrerhandeln und dem Lernen der Schüler. In: ALLEMANN-GHIONDA, C. & E. TERHART (Hrsg.): Kompetenzen und Kompetenzentwicklung im Lehrerberuf: Ausbildung und Beruf, 51. Beiheft der Zeitschift für Pädagogik. Weinheim: Beltz, 47-70.

LOOß, M. (2004). Denn grau ist alle Theorie? Perspektiven der Verzahnung von Lehreraus- und -fortbildung im Fach Biologie. In M. LOOß, K. HÖNER, R. MÜLLER, W. THEUERKAUF (Hrsg.), Naturwissenschaftlich-technischer Unterricht auf dem Weg in die Zukunft. Neue Ansätze aus Theorie und Praxis (S. 141-152). Frankfurt am Main: Peter Lang.

LOOß, M., BUCK-DOBRICK, T. (2007). „Nun vergessen Sie erst einmal alles, was Sie an der Uni gelernt haben!"? Erste Ergebnisse einer Befragung von Lehramtsanwärtern zur beruflichen Relevanz ihres Biologiestudiums. In Bayrhuber, H. et al. (Hrsg.), Ausbildung und Professionalisierung von Lehrkräften (S. 280). Kassel: Universität Kassel.

LOOß, M., BUCK-DOBRICK, T. (2009). Kompetenzentwicklung in der Lehrerbildung - welchen Beitrag leistet das Studium im Fach Biologie? In HARMS,

UTE et al. (Hrsg.), Heterogenität erfassen - individuell fördern im Biologieunterricht (S. 50-51). Kiel: IPN.
LOOß, M., BUCK-DOBRICK, T. (2010). Qualität der Lehrerausbildung – Die Sicht von Lehramtsanwärtern auf das Studium des Faches Biologie. In Bundesarbeitskreis der Seminar- und Fachleiter/innen e.V. (BAK) (Hrsg.), Seminar - Lehrerbildung und Schule 2/ 2010 (S. 123-140). Baltmannsweiler: Schneider Verlag Hohengehren.
MÄGDEFRAU, J., SCHUMACHER, E. (2001). Zwischen Wissen und Können? Die Deutsche Schule, 93, 411-422.
MAHLER, D., GROßSCHEDL, J., HARMS, U. (2013). Welche Beziehung besteht zwischen den Bereichen des Professionswissens angehender Biologielehrkräfte? In J. MEYER, M. HAMMANN, N. WELLNITZ, J. ARNOLD & M. WERNER (Hrsg): Theorie, Empirie, Praxis. Abstractband Internationale Tagung der Fachsektion Didaktik der Biologie (FDdB) im VBio, Kassel, 6-7.
MCCAFFREY D., J.R. LOCKWOOD, D. KORETZ, T.A. LOUIS & L. HAMILTON (2004). Models for value-added modeling of teacher effects. Journal of Educational and Behavioral Statistics, 29 (1), 67-101. doi:10.3102/10769986029001067
OELKERS, J. (2001). Die historische Konstruktion „Lehrerbildung". In F. OSER, & J. OELKERS (Hrsg.), Die Wirksamkeit der Lehrerbildungssysteme. Von der Allrounderbildung zur Ausbildung professioneller Standards (S. 37-65). Zürich: Rüegger Verlag.
OELKERS, J. (2004). Entwicklung curricularer Standards für die Lehrerbildung. Vortrag vor dem Erziehungswissenschaftlichen Fakultätentag am 19. November 2004 in der Philipps-Universität in Marburg.
ORTENBURGER, A. (2010). Professionalisierung und Lehrerausbildung. Zur Bedeutung professionsbezogener Einstellungsmuster für Studienwahl und Studienverläufe von Lehramtsstudierenden. Frankfurt am Main: Peter Lang.
RAUIN, U., MEIER, U. (2007). Subjektive Einschätzungen des Kompetenzerwerbs in der Lehramtsausbildung. In M. LÜDERS & J. WISSINGER (Hrsg.), Forschung zur Lehrerbildung. Kompetenzentwicklung und Programmevaluation (S. 102-131). Münster: Waxmann.
REINISCH, H. (2009). „Lehrerprofessionalität" als theoretischer Term. In O. Zlatkin-Troitschanskaia, K. BECK, D. SEMBILL, R. NICKOLAUS & R. MULDER (Hrsg.), Lehrprofessionalität. Bedingungen, Genese, Wirkungen und ihre Messung (S. 33-43), Weinheim/Basel: Beltz.

RIESE, J., REINHOLD, P. (2010). Empirische Erkenntnisse zur Struktur professioneller Handlungskompetenz von angehenden Physiklehrkräften. ZfDN, 16, 167-187.

SCHEUNPFLUG, A., BAUMERT, J., KUNTER, M. (2006). Editorial. Zeitschrift für Erziehungswissenschaft 9 (4), 465-467.

SCHMELZING, S., WÜSTEN, S. SANDMANN, A., NEUHAUS, B. (2010). Fachdidaktisches Wissen und Reflektieren im Querschnitt der Biologielehrerbildung. ZfDN, 16, 189-207.

SHULMAN, L. S. (1986). Those who understand: Knowledge growth in teaching. Educational Researcher, 15, 4-14.

SIELAND, B., WEBER, S, (2008). Strategien zur Verzahnung der Lehrerbildung über alle Phasen. In: Bundesarbeitskreis der Seminar- und Fachleiter/innen e.V. (BAK) (Hrsg.), Seminar - Lehrerbildung und Schule 1/ 2008 (S. 62-75). Baltmannsweiler: Schneider Verlag Hohengehren.

TERHART, E. (2002). Standards für die Lehrerbildung: Eine Expertise für die Kultusministerkonferenz. Münster: Institut für Schulpädagogik und Allgemeine Didaktik der Westfälischen Wilhelms-Universität Münster.

TERHART, E. (2006). Was wissen wir über gute Lehrer? Pädagogik, 58, 42-47.

TERHART, E. (2009). Erste Phase: Lehrerbildung an der Universität. In O. Zlatkin-Troitschanskaia, K. BECK, D. SEMBILL, R. NICKOLAUS & R. MULDER (Hrsg.), Lehrprofessionalität. Bedingungen, Genese, Wirkungen und ihre Messung (S. 425-437), Weinheim/Basel: Beltz.

TENORTH, H.-E. (2006). Professionalität im Lehrerberuf. Ratlosigkeit der Theorie, gelingende Praxis. Zeitschrift für Erziehungswissenschaft 9 (4), 580-597.

ULICH, K. (1996). Lehrer/innen-Ausbildung im Urteil der Betroffenen. Die Deutsche Schule, 88, 81-97.

UNIVERSITÄT DUISBURG-ESSEN (Hrsg.) (2013): Bericht Phase 1. Professionswissen in den Naturwissenschaften - die ProwiN-Studie. Online verfügbar unter https://www.uni-due.de/prowin/phase1-phy.shtml [18.06.2015].

WEINERT, F. (Hrsg.). (2001). Leistungsmessung in Schulen. Weinheim/Basel: Beltz.

ZLATKIN-TROITSCHANSKAIA, O., KUHN, C. (2010). Messung akademisch vermittelter Fertigkeiten und Kenntnisse von Studierenden bzw. Hochschulabsolventen – Analyse zum Forschungsstand. Arbeitspapiere WP Nr. 56, http://www.wipaed.uni-mainz.de/ls/382.php [18.05.15].

Die Autorinnen und Autoren

Anschrift der Autorinnen und Autoren des IfdN:
TU Braunschweig
Institut für Fachdidaktik der Naturwissenschaften
Bienroder Weg 82
38106 Braunschweig

Homepage: www.tu-braunschweig.de/ifdn

CHRISTINA BAUMGÄRTNER ist Referendarin an der IGS Gifhorn
Email: baumgaertner_r@t-online.de

Dr. AXEL EGHTESSAD ist wissenschaftlicher Mitarbeiter in der Abt. Chemie und Chemiedidaktik, IfdN, TU Braunschweig;
Email: a.eghtessad@tu-braunschweig.de

ANNA GIESSEL ist Referendarin am Gymnasium Große Schule in Wolfenbüttel
Email: anna_giessel@web.de

Dr. DAGMAR HILFERT-RÜPPELL, ist wissenschaftliche Mitarbeiterin in der Abt. Biologie und Biologiedidaktik, IfdN;
Email: d.hilfert-rueppell@tu-braunschweig.de

Prof. Dr. KERSTIN HÖNER ist Leiterin der Abt. Chemie und Chemiedidaktik, IfdN, TU Braunschweig;
Email: k.hoener@tu-braunschweig.de

Dr. KONSTANTIN KLINGENBERG ist wissenschaftlicher Mitarbeiter in der Abt. Biologie und Biologiedidaktik, IfdN, TU Braunschweig;
Email: k.klingenberg@tu-braunschweig.de

Prof. Dr. MAIKE LOOß ist Leiterin der Abt. Biologie und Biologiedidaktik, IFdN, TU Braunschweig;
Email: m.looss@tu-braunschweig.de

Prof. Dr. RAINER MÜLLER ist Leiter der Abt. Physik und Physikdidaktik; IFdN, TU Braunschweig;
Email: rainer.mueller@tu-braunschweig.de

Prof. Dr. VERENA PIETZNER ist Leiterin der Arbeitsgruppe Didaktik der Chemie der Carl von Ossietzky Universität Oldenburg;
Email: verena.pietzner@ uni-oldenburg.de

Dr. INSKE PREIßLER ist Studiengangskoordinatorin für die Studieneingangsphase an der Universität Hannover;
Email: inske.preissler@et-inf.uni-hannover.de

Ass.Prof. Dr. ALEXANDER STRAHL ist Leiter der Arbeitsgruppe Didaktik der Physik der Universität Salzburg; www.strahl.info
Email: alexander.strahl@sbg.ac.at